朱广贤 著

国学方法论

北京大学出版社
PEKING UNIVERSITY PRESS

图书在版编目(CIP)数据

国学方法论/朱广贤著. —北京:北京大学出版社,2019.6
ISBN 978-7-301-16263-7

Ⅰ.①国… Ⅱ.①朱… Ⅲ.①国学—方法论 Ⅳ.①Z126.27

中国版本图书馆 CIP 数据核字(2009)第 206868 号

书　　　名	国学方法论
	GUOXUE FANGFALUN
著作责任者	朱广贤　著
组稿编辑	王炜烨
责任编辑	王炜烨　杨书澜
标准书号	ISBN 978-7-301-16263-7/B·0857
出版发行	北京大学出版社
地　　　址	北京市海淀区成府路 205 号　100871
网　　　址	http://www.pup.cn　新浪微博:@北京大学出版社
电子信箱	zpup@pup.cn
电　　　话	邮购部 010-62752015　发行部 010-62750672　编辑部 010-62750673
印　刷　者	北京虎彩文化传播有限公司
经　销　者	新华书店
	965 毫米×1300 毫米　16 开本　22 印张　300 千字
	2019 年 6 月第 1 版　2019 年 6 月第 1 次印刷
定　　　价	73.00 元

未经许可,不得以任何方式复制或抄袭本书之部分或全部内容。
版权所有,侵权必究
举报电话:010-62752024　电子信箱:fd@pup.pku.edu.cn
图书如有印装质量问题,请与出版部联系,电话:010-62756370

目 录

001　　　序/赵逵夫

001　　　引言　中华国学"道—学—术"三位一体方法论的文化渊源

032　　　导论　中华国学"道—学—术"三位一体方法论的理论基础

086　　　第一章　"道"理——基本原理体系

121　　　第二章　"学"理——基础理论体系

147　　　第三章　"术"理——操作理论体系

178　　　第四章　中华国学"道—学—术"三位一体方法论学科实践

318　　　结论　"(道)提出问题—(学)分析问题—(术)解决问题"构建的三位一体国学方法论

325　　　附录　国学方法论义理图示提要

331　　　后语　应该记忆的图腾

序

赵逵夫

近几年国内掀起"国学热",不少学校设立国学研究院、国学研究所、国学研究中心之类。应该说这是国家富强、文化繁荣、民族自信心增强的表现。一百多年以前,孙中山先生在一篇文章中说:

> 一旦我们革新中国的伟大目标得以完成,不但在我们的美丽的国家将会出现新纪元的曙光,整个人类也将得以共享更为光明的前景。普遍和平必将随中国的新生接踵而至,一个从来也梦想不到的宏伟场所,将要向文明世界的社会经济活动而敞开。①

一百多年来,无数的志士仁人为此呼吁奔走,不断探索,抛头颅,洒热血,努力奋斗。经历了艰苦卓绝的八年抗战,赶走了帝国主义。其后又惊涛骇浪,风风雨雨,有前进、有曲折、有迂回、有反复,终于到了今天,中国作为文化传统不曾中断的世界文明古国,真正体现出"光复旧物的决心"和"屹立于世界民族之林的能力"②。不但彻底摆脱了被列强欺凌、侵略、抢

---

① 孙中山:《中国问题的真解决——向美国人民的呼吁》,见《孙中山全集》(第一卷),北京:中华书局,1981年第1版,第255页。
② 毛泽东:《论反对日本帝国主义的策略》,见《毛泽东选集》(第一卷),北京:人民出版社,1991年第1版,第156页。

掠的时代，不再被西方国家看作是最贫弱的民族、最贫穷的国家，而且成了世界发展中国家中变化最快、最稳定和繁荣的国家之一，为发展中国家在多方面提供了成功的经验与范例，也负责任地承担起了国际义务。

今天，我们为了世界的和平发展，为了将我们祖先几千年中创造的灿烂文化、积累的知识与智慧奉献给世界，使人类文化更为丰富多彩，应该认真地研究我们祖先留下来的丰富的精神财富。"国学热"因此而兴起。

但是，国学的概念是什么？是不是就是指研究从古至今的各种文献？我以为不是。如果是那样，就不必提出"国学"这个概念来，因为自党的十一届三中全会以来，包括传统文化在内的各个领域的研究工作都在正常地进行着，已经显示出历史上空前繁荣的景象。

有的人认为国学包括中国学术中社会科学与人文科学各学科。我以为这也不确切。第一个原因同上。第二个原因，属于今天自然科学范畴的中国古代的算学、天文学等，也应在国学的范畴之中。只指哲学、政治、经济、宗教、伦理、文学、语言、艺术这些，是不完全的。第三，近代以来很多学者引入西方理论框架而形成的学科内容，尽管国人曾经产生了不少高水平著作，形成了几代人的学术传统，但恐怕难纳入国学的范围之中。季羡林先生说：

> 国学决不是"发思古之幽情"。表面上它是研究过去的文化的，因此过去有一些学者使用"国故"这样一个词儿。但是，实际上，它既与过去有密切联系，又与现在甚至将来有密切联系。①

季先生的意思，首先国学是研究过去的文化的，不包括现代的、当代的东西。其次，它与现在甚至将来有密切联系。二者结合起来看，季先生的意思是，国学研究的对象是古代的，但必须要从为当前，甚至是为将来社会的发展提供有益的东西考虑。不是为了研究国学而研究国学，而是为了给今天和今后的建设、发展提供思想资源，提供可供继承、借鉴的东西。这当

---

① 季羡林：《季羡林说国学》，北京：中国书店，2007年第1版，第13页。

中既包含有对过去的东西在内容、范围、材料上的选择问题,也包含着立场、观点、方法的问题。季先生的意思不是说现在甚至将来的学问都在国学的范围中。将来的问题尚未到来,无从研究,此理至明。研究范围也不包括现在,同样至为明显。

如季羡林先生所说,国学研究与现在甚至将来有密切关系,所以并不是凡古代的东西都是国学,像卜筮、相面、解梦书及道教的神系、戒律、科仪之类,在国学研究中会牵扯到,但就其学科总体而言,不能归于国学的范畴之中。它们有些只是属于古代民俗或社会生活史范围。对于道教,自然应该进行研究,尤其是它对道家、墨家等诸子思想的吸收、改造及道教早期经典《太平经》中反映的民主、和谐思想,还有道教对中国古代在养生和科技等方面的积极影响,可纳入国学研究的范围,但就其学科本体而言,并不是国学研究的中心,其神系、戒律、科仪之类对今人及以后并无益处,可资借鉴者极少,并非中华文化之精粹,不应列入国学大范围,现在常常看到一些占卜、解梦之书,也随着"国学热"四处泛滥,是一些人在借机攒钱和骗人,千万不要以为这也反映着"国学热"的程度。

我国古代伦理学与礼仪之中,也是有好的,有不好的。我们应重点挖掘中华文化中对今天的文化建设,对于向世界介绍中华民族的伟大创造和伟大精神上有益者。其有负面影响者,如"三从""四德"和提倡妇女守节之类的东西,要加以批判,而不应加以宣扬,自然也不在重点研究之列。

国学应该以影响中华文化长久,实际上成为中华文化最重要的创造,成为中华文化的主体与灵魂的那些内容为主,而旁及其他。也就是说,国学有其中心,研究也有主有次,不能将所牵扯的各方面等同起来。哪些是中心呢?我以为产生于中华民族的民族精神形成期的"十三经",以先秦诸子为代表的诸子之书,《逸周书》《山海经》《国语》《国策》、"二十四史"等重要历史文献,《黄帝内经》《九章算术》、郦道元的《水经注》、贾思勰的《齐民要术》等科技文献应为中心,包括汉以后在历史上产生过重大影响的思想家、文学家、史学家、科学家的著作。要特别指出的是,国学不等于儒学,也不等于道家学说,也不等于法家学说或其他某一家学说。国学研究应着眼于全部中国文化的精华。

另外,我以为虽然外国学者称关于古代中国文化典籍之学问为"汉学",但国学在我们来说并不等于汉学,不能只包括古代汉族的重要典籍,还应该包括藏族、蒙古族、维吾尔族、彝族等少数民族关于历史、文学、哲学、语言、科技等方面的古代文献,这些均是国学研究的分支。从这个角度说,今日之国学,同民国初年以来一些学者所说的"国故""国粹"等概念有所不同,我们说的这个国学是在新的时代、新的历史阶段中提出的新国学。关于这一点,以往论国学者似乎鲜有论及,我以为不能不加以说明。

作为一门学问,或者一个学科集合体的研究,应该形成一个理论体系,有一套研究方法。固然,作为独立学科,文学有文学的研究方法,史学有史学的研究方法,哲学有哲学的研究方法,等等。但是,国学既然是在一种新的角度上将传统的经学、史学、文学、诸子学、目录学、校雠学等联系起来研究的学科,则必然在关注点上有共同的地方,加以拓展与完善,也就有着共同的目的性。这个共同的目的性便是弘扬中华民族传统文化的精华,如孙中山先生在九十多年以前作的《中国革命史》一文中所说:"对于世界诸民族,务保持吾民族之独立地位,发扬吾固有之文化,且吸收世界之文化而光大之,以期与诸民族并驱于世界,以驯致于大同。"[①]研究国学的目的在于发扬"吾固有之文化",在孙中山先生所说继承民族传统与吸收西方先进文化二者中,属于前一个方面。吸收西方先进文化不能"一切照搬",不能"全盘西化",而只能吸收于我们有益的,可以同我们的国情结合的先进文化;对传统文化的继承也要选取体现着优秀民族精神,于今日、于将来之国家和世界有益的东西,我以为这是国学研究的基本精神,也是它的基本目标。

如何做到这一点,固然大家可以做多方面的探索,也可以用多种研究手段(社会学的、文献学的、历史学的、文艺学的、系统论的、统计学的量化分析,其他不同学科的专门研究,及近四十年中兴起的各种新方法的研究

---

① 孙中山:《中国革命史》,见《孙中山全集》(第7卷),北京:中华书局,1985年第1版,第60页。

等),但掌握传统的研究方法,并把它提高和系统化、理论化,应是基本的要求。因为传统的研究方法一则是在研究中国古代典籍中形成的,具有针对性特色;二则反映着中国传统的思维方式,同中国古代典籍一样,是中国文化土壤中产生的。所以,它对古代典籍的解读,对古人思想的理解,要比我们近真一些。但古代各个学科的研究,由于受儒家"轻言重行"和道家"无为"思想的影响,缺乏归纳、概括、推理的系统化工作,虽然都反映着各方面反复实践的实际,有关论说之间有着一定的联系,但只是一种潜在的体系,相互间的关系不是十分明确,这就需要进行探索、归纳和揭示。

上面所说的只是就一般研究方法而言,如果进一步探索古人在方法的运用中所体现的思想方法,那就不只是就方法而探方法的问题,而应和古人所持的世界观、天人观联系起来考察。

但是,传统的研究方法其体系既然是潜在的,其所体现的思想方法,也就不是十分明晰的。要彰显这种思想体系的框架,也必须从其世界观、天人观的方面去考察,牵扯的问题就更多。应该说,这是一个大的工程。

朱广贤同志近三十年来主要致力于中国古代文艺理论与写作学理论的研究,并且一直试图用中国传统的哲学思想,来找到一些理论之间的联系。《易经》中充满了辩证思想,最重事物之间的相互关联和事物的发展变化,是我国古代对自然界和社会各种现象及天人关系的高度概括。广贤同志特别重视《易》理对中国学术的影响。他似乎是从古代"易象说"和"五行生成推衍说"中受到启发,在古代作家的创作实践、创作思想,文论家的主导思想、理论建构、批评实践中,寻找那种互相贯穿的潜在的东西,希望借以揭示中国古代文学理论的深层结构。他的《文艺创作三位一体论》在这方面已做了一些探索,并且用了关系图的方式来表示其中一些现象、概念、范畴之间的关系。他提出了"道—学—术"三位一体的学术理论,并认为刘勰的《文心雕龙》即是以之为主导性的方法论。广贤同志的文艺理论研究明显地表现出了对《文心雕龙》思想的继承与发挥,并由此而上溯及中国第一次学术繁荣阶段产生的重要经典《易经》《老子》的思想,上下贯通,以见中国学术思想、文艺思想形成、发展、演变之迹。《文心雕龙》是中国古代文论中最伟大的著作,广贤同志由《文心雕龙》为起点而探究中国文学思想与学术思想的内在结构,这可以看出他的用心与立意。

清代杰出诗论家叶燮所著《原诗》,是《文心雕龙》之后对诗歌创作、批评理论的探讨最为全面、体现也最为周密的理论专著。在这部书中,叶燮着力于诗歌创作本原与理论的探讨,寻找、归纳可以统驭、贯穿诗歌创作与理论发展中千变万化的东西。他似乎也是受到《文心雕龙》上至《易经》的启迪。《原诗·内篇下》云:

> 自开辟以来,天地之大,古今之变,万汇之赜,日星河岳,赋物象形,兵刑礼乐,饮食男女,于以发为文章,形为诗赋,其道万千。余得以三语蔽之,曰"理"、曰"事"、曰"情",不出乎此而已。然则诗文一道,岂有定法哉?先揆乎其理,揆之于理而不谬,则理得。次揆事,征之于事而不悖,则事得。终絜诸情,絜之于情而可通,则情得。三者得而不可易,则自然之法立。故法者,当乎理,确乎事,酌乎情,为三者之平准,而无所自为法也。

他在《与友人论文书》中也说:

> 仆尝有《原诗》一篇,以为盈天地间万有不齐之物之数,总不出乎理、事、情三者。故圣人之道自格物始,盖格夫凡物之莫不有理、事、情也。为文者,亦格之文之为物而已矣。……数者条理各不同,分见于经,虽各有专属,其适乎道则一也。有理者与道为体,事与情总贯乎其中,唯明其理,乃能出之而为文。

叶燮总结归纳为诗文之要素,提出"理、事、情"三者,认为三者即是诗文之"道"。

广贤同志的探索路子与叶燮有点相近,只是叶燮着眼于创作而广贤同志则着眼于学术研究的理论与方法,然而他们都首先立足于"道",以之为探索的起点,这与刘勰、叶燮的思想一致。广贤同志关于文艺理论的思考不限于文艺的范围,他不只是就事论事,而是联系古代整个学术理想,以至天人观、宇宙观。

近年来,广贤同志在长期积累的基础上又写成《国学方法论》一书。这部书不仅是将他对中国文化精神的认识在另一个领域中加以体现,同时在某些方面又有所推进,这一点作者在导论中讲得很清楚。因此,由此可以看出他在前一本书写成之后进一步思考的结果。

中国的学术研究,包括国学研究,应该吸收西方的现代科学方法,运用现代科学手段,但不能将我们的文化传统完全砸碎,而根据西方的模型重塑。正如上文所引孙中山先生所说,"发扬吾固有之文化"与"吸收世界之文化"不能偏废,这样才能加以光大,从而"并驱于世界,以驯致于大同"。如果将中国古代几千年中积累下来的珍贵文化遗产轻易丢失,那不仅是中华民族无可估量的损失,也是世界文化的巨大损失。所以,我们应该在这方面做多种探索、研究。至于具体结论,看法不一,这是正常的,学术研究只有在讨论中才能得以发展、进步,逐步走向真理。所以无论怎样说,广贤同志的这部《国学方法论》都是一部具有开拓性、启发性的学术专著,是很有学术价值的。此书即将由北京大学出版社出版,请我作序,谨谈以上看法,以与学界朋友共商"大道之行也,天下为公"的"礼运大同"。

引言

中华国学"道—学—术"三位一体方法论的文化渊源

不知中华国学应该有一个怎样的定义,读曹聚仁先生的《国学十二讲》①,得知国学大概有"国故""国粹""国故学""中国学术"等含义,并没有确切的概念范围。而楼宇烈先生的《十三堂国学课》②,则未下国学的定义,而是以"国学课"的形式主讲了中国儒、释、道三家学说在传统文化中的地位,宏观涵盖了中华传统文化的人文精神。

细一想来,如果国学可以指称为"中国学术",那么这话题可就大了。因为"国故"可以是国人过去的学问,"国粹"可以是中华文化中的精华英粹,"国故学"可以是对国人过去学术思想或学术研究脉络的理论推演,唯独"中国学术"囊天括地,好像把中华文化古往今来、四野八荒的学问都包括在里面了。时至今日,如果弘扬国学即弘扬"中国学术"之文化精神,那就自然还应该把凡是研究中华传统文化方面的学术成果,甚至是融通了中西方文化之后形成的具有中国特色的新的学术研究思想、学术研究方法、学术研究结论等等学术事实,统称为"国学"。因为国学作为"中国学术"的

---

① 曹聚仁:《国学十二讲》,香港:三育图书文具公司,1973年第1版,第3页。
② 楼宇烈:《十三堂国学课》,北京:北京大学出版社,2008年第1版。《十三堂国学课》主讲了中国文化中的儒、释、道三家学说之文化精神,以及对中西方文化的历史评判和对中国文化的反思及展望。

存在,不应该是一个切断历史的概念,而应该是一个既有过去,又有现在,还有未来的承继中华传统文化、延传中华传统文化精神的概念。

再读《季羡林说国学》,季羡林先生说:

> 国学决不是"发思古之幽情"。表面上它是研究过去的文化的,因此过去有一些学者使用"国故"这样一个词儿。但是,实际上,它既与过去有密切联系,又与现在甚至将来有密切联系。现在我们不是都谈建设有中国特色的社会主义吗?什么叫"特色"?特色表现在什么地方?我曾反复思考过这个问题。我觉得,科技对我们国家建设来说,对发展生产力来说,是非常重要的,万万不能缺少的。但是,科技却很难表现出什么特色。你就是在原子能、电脑、宇宙飞船等等尖端科技方面,有突出的成就,超过了世界先进国家,同其他国家比较起来,也只能是程度的差别,是水平的差别,谈不到什么特色。我姑且称这些东西为"硬件"。硬件的本质都是一样的,没有什么特色可言。
>
> 特色最容易表现在精神文化方面,我姑且称之为"软件",哲学、宗教、文学、艺术、伦理、道德、经营、管理等等都属于这个范畴。这些东西也是能够交流的,所谓"固有"并不排除交流,这个道理属于常识范围。以上这些学问基本上都保留在我们所说的"国学"中,其中有不少的东西可以说是中华文化、中华智慧的结晶。[①]

如此说来,面对中华文化的大视野,要给国学下一个定义,真不是一件易事,因为只有定义才能涵盖学术对文化的理解,然而任何定义却又难以确定学术对文化的包容[②]——何况中华国学博大精深,又岂是一个定义能涵盖其全部的。于是我们才有了这样的国学文化之悟解:

[①] 季羡林,《季羡林说国学》,北京:中国书店,2007年第1版,第13页。
[②] 有关资料表明,关于"文化"的定义,总计多达到了一百六十多种。20世纪80年代末,不同的文化定义已多达二百多种。这两个数据,足见"文化"概念的宽泛和人们理解的差异性。

在中华文化的大视野里，自古至今，国学作为中华民族的"国"学，同时也是中华国人的"家"学、"人"学。① 只要我们进入国学领域，就会发现：国学是一个"圈"（○），它可以圈住所有学问家的学术思想；国学是一张"网"（□），它可以网罗所有学问家的学术心灵；国学是一块"三角地"（△），它可以让所有学问家的学术研究有什么样的文化追求就有什么样的学术收获。国学是中华民族物质文化和精神文化传统的智慧结晶，作为过去时、现在时、未来时的一种精神虚在和物质实存，其遗产形态更多地被今天的人们解读为一种激励生灵的"气、象"实体，一种绵延宇内的"道、德"精神。它大德洋洋、大象无形，大气磅礴、大道非常，不亢不卑、不折不挠地滋养化育着天下万物、宇内生灵。国学作为中华民族传统文化的核心和精髓，随着中华国人的脚步纵贯古今，一路哲思，为"真"而著文，为"善"而立说，为"美"而造型，悄然潜入人们的生活常态与血肉灵魂里，铸就了中华大地"天人合一"的神奇与美好。文化因国学而崇高、神圣，国学因文化而伟大、完全，中华民族因国学文化的滋养化育而文明自古、文明至今。

不言而喻，国学是中华民族文化的"国故"，是一种纵横捭阖的传统学术研究思想和方法的"物"在、"我"在、"情"在、"理"在、"形"在、"象"在。它学理贯通，道术有径，思接千载，视通万里，统驭牵引着中华民族的生存空间和生活样态，规范引导着中华国人"百家腾跃，终入环内"②的生命理由。国学是一种很不容易让人从一方下定义去审视的形象化的"轮廓"，也是一种很容易让人从多方下定义去关照的抽象化的"图腾"——它攀古缘今、循规蹈矩，"与天地准"③，故能弥纶天地之道，究天人之际，通古今之变；且道法自然、学中规矩、术从方圆，既"不易"④为"天文"之"道"理，又"简易"为

---

① 在文艺理论界，钱谷融等先生最早肯定了"文学即人学"的人文主义思想。

② 《文心雕龙·宗经》，其义延引《原道》"自然之道"之"道"理，后启《徵圣》"窥圣必宗于经"之"学"理，故有天下文章"莫不原道心以敷章，辞之所以能鼓天下者，乃道之文也"的"术"理判断。所谓"终入环内"，即对"自然之道"和"圣人之心"，必须遵从到底的天、地、人"三才"经久不变的绝对真理性认知。

③ 《易经·系辞》言："易以天地准。"亦有宋代释文珦《白日苦短行》一诗言："道与天地准。"

④ 后汉郑玄在他的著作中将"易"的定义高度发挥。说"易"这个字，有"简易""变易""不易"三个含义（见《白话易经》，北京：中国民间文艺出版社，1989年第1版，第4页）。

"地文"之"学"理,还"变易"为"人文"之"术"理——道、学、术三位一体启示着中华文化"三才说"①的思想渊源和文化根本。如果说中华文化中的所谓儒家学说、佛家学说、道家学说、兵家学说、农家学说等学说,都是有一定"道"理、一定"学"理和一定"术"理的学说,那么我们就会发现,在中华民族的文明进程中,三教九流、五行八作、理工农医、经史子集、诗词书画……无一不是遵循着天、地、人三位一体的文化理念才自圆其说,各成门派而发扬光大的。无论哪个民族、哪方地域、哪样行当、哪种学说,中华民族的祖先们都是用一定的"道"理"规矩"、"学"理"规范"、"术"理"规则"的三位一体操作实践,才成就了他们得以延传的文化精神和文化传统的风骚独具和千古卓越的。

中华民族在先圣前贤们仰观天文,俯察地理,中通万物人情,"写天地之辉光,晓生民政之耳目"②,在体认造就国学文化大厦中的一砖一瓦的时候,总是将天下宇内的万物万有定性为"阴阳、虚实",相定为"善恶、美丑",分别为"物我、有无"……才形成了他们既能将万物万有"大而化之"为虚、无,又"小而言之"为实、有,并且在大小、有无、虚实之间追踪问询出万物万有之所以存在的人文理由,才最终被他们"总而言之"为天人合一。"天人合一"之"一",即所谓国学文化中最为核心的"道生一,一生二,二生三,三生万物。万物负阴而抱阳,冲气以为和"③的"三才说"④的"道"理缩写。"一"即"道","一"即"大","一"即"和","一"即万物万有之根本、之原初,这是中华文化唯"道"为"一"、唯"道"为"大"、唯"道"为"和"的智慧结晶。否则,我们的国家就不会在 2008 年北京奥运会上仅仅向全世界展示了一个"和"字,便整体彰显出中华民族在建设"和谐社会"中的道德善举和文化美意。

是的,国和百业旺、家和万事兴、人和万物生。天下宇内"天人合一—以人为本—以和为贵"的三位一体文化理念,是人类文化史上最为让人渴

---

① 《文心雕龙·原道》言:"唯人参之,性灵所钟,是谓三才。"
② 刘勰:《文心雕龙·原道》。
③ 老子:《道德经》。
④ 中华传统文化将天、地、人三位一体"合而为一"的"同一"关系称之为"三才"。

望,最为让人钦佩的人本定位和人道信仰。古往今来,文化百家之言、之说、之论、之辨,最终形成共识的便是"天人合一、以人为本、以和为贵"十二个字。这十二个字所揭示的人类生命"缘法"的生命真谛①,是人类文化史上的"恒久之至道,不刊之鸿教"②。而天人合一之"道"理,以人为本之"学"理、以和为贵之"术"理③开启的"人—家—国"三位一体的大智大慧。实则为中华民族文化景观中最为"和合"的古今奇缘,最为"和谐"的黄钟大吕,最为"合理"的风乐雅声。

在"天人合一"的理论大厦里,中华国学以其自然之"道"理(天)、本然之"学"理(地)、超然之"术"理(人)的"三位一体性",大德能容,道法自然,用其无言自在的"道"理广度、"学"理深度、"术"理高度将我们的国家、我们的民族、我们的地域、我们的风俗,乃至整个中华大地的角角落落装扮得美轮美奂;且把我们作为"五行之秀、万物之灵"的"人"的一举一动、一言一行、一颦一笑装点得仪态万方、风情万种。于是,在中华文化大家园里耕耘着的历代的学问家们才有了"登东山而小鲁,登泰山而小天下"的学术情怀,才有了一花一世界、一树一菩提、一思一阴阳、一念一乾坤、一叶落而知天下秋、一滴水便可见太阳的光辉的国学文化理念的高屋建瓴;于是"吾道一以贯之"的学问家才有了在中华文化土壤里耕耘出的一个"点"、一条"线"、一个"面"上的学术辉煌,且看这一国学文化义理的原始图腾:

人
……
天—地—人
家—国—人
天道—地道—人道
自然界—社会网—人生态

---

① "缘法":借用佛学语,是原始佛教理论。指"人"在的无明、行、识、名色、六处、触、受、爱、取、有、生、老死等十二因缘。这里指它们之间的因果关系。
② 刘勰:《文心雕龙·宗经》。
③ 《孟子·尽心下》言:"民为贵,社稷次之,君为轻。"

天人合一——以人为本——以和为贵
自然之道——本然之学——超然之术
和合——和谐——合理
道——学——术
……

道

"天人合一",其实就是"天—地—人"三位一体的简称。在天、地、人三位一体的统驭之下"天道—地道—人道"三位一体,"人学—家学—国学"三位一体,构成了中华国学天人合一的"和合"①之"道",以人为本的"和谐"②之"学",以和为贵的"合理"③之"术"——道、学、术三位一体,构成了中华国学最为简约流畅的学术文化关系。

"慎终追远",我们应该这样来喻说:文化是"远"的江河之源,国学是"近"的渊薮之流;文化是"善"的民众思想,国学是"美"的人本情怀;文化是"民众"的国学继承,国学是"精英"的文化遗传;文化是民族的"魂魄",国学是家国的"脊梁";文化是民族"情志"的襁褓,国学是民族"信仰"的摇篮。没有文化便没有民族的"现在",没有国学便没有民族的"未来",没有国学与文化真、善、美三位一体的学术因缘,便没有一个民族生存的理由,也没有一个国家跻身于世界民族之林的可能。国学是文化的国学,文化是国学的文化,你中有我、我中有你,你就是我、我就是你。但最终依然"天人合一"——唯"人"为大、唯"道"为大、唯"和"为大。文化还国学以信任,国学还文化以信仰,中华国学"三才说"便自然而然生成了道、学、术三位一体学术研究方法论。学问家从学术的自由和人性的尊严出发"寂然凝虑,悄

---

① "和合",本为中国古代神话中象征夫妻相爱的神名。民间常画二像,一持荷花,一捧圆盒悬挂厅堂,取和谐美好之意。古时亦称"和合二仙"。这里是指"道"理对应的"自然界"的性状,"道"是三位一体国学方法论"基本原理"存在的哲学理由(见后文论述)。

② "和谐",指合乎道理逻辑和合乎事理情感的行为规范,这里指"学"理对应的"社会网"的性状。"学"是三位一体国学方法论"基础理论"存在的学术理由(见后文论述)。

③ "合理"指配合得恰当匀称、恰到好处、圆满完美,这里指"术"理对应的"人生态"的性状。"术"是三位一体国学方法论"操作理论"存在的运动理由(见后文论述)。

然动容"①,便可潇洒从容地"登山则情满于山,观海则意溢于海,我才之多少,将与风云而并驱矣"②;"笼天地于形内,挫万物于笔端"③。

诚然,中华国学"道—学—术"三位一体,并不是我们创制的一个新概念,而是中华文化古已有之、早已有之,且代代相承辈辈延传的一个有着五千年文明史的东方大国、文明古国的先圣前贤们心照不宣地运用于生活实际和学术实践的高屋建瓴的古老概念、传统概念、经典概念。固然圣贤已去,但古训依旧。就中华国学文化所启示的"天人合一"的精神法则和生存理念而言,人类的"生命—生存—生活"④是三位一体的。人类要生生不停、新新相续地繁衍下去,就要给人的"生命"一个理由,给人的"生存"一个理解,给人的"生活"一个理想。故此,我们才有理由说:中华文化"人法地、地法天、天法道、道法自然"的学术结论,实在是给了我们构建"人与自然、人与社会、人与人"三位一体和谐环境的原始理由、根本理由。在中华民族学术文化的大视野里,怕再也没有比中华国学"天人合一—以人为本—以和为贵"三位一体共建和谐社会更让人欣慰、更让人感动的文化关键词了。

其实,我们应该看到:中华民族"天人合一—以人为本—以和为贵"的三位一体文化理念,是中华民族文化人文精神的"原初"境界;而"道—学—术"三位一体,则是中华民族的先圣前贤们在中华文明的历史进程中凝聚而成的国学文化的智慧结晶。

楼宇烈先生在《十三堂国学课》第六讲中对"中华文化之人文精神"有这样一段结论:

> 中国传统文化的根本特点之一是:观念上的"和而不同",实践中的整体会通。具体地说,在中国传统文化中,无论是儒、释、道"三家",

---

① 刘勰:《文心雕龙·神思》。
② 同上。
③ 陆机:《文赋》。
④ "生命—生存—生活"三位一体。人类要存在下去,就得给"生命"一个理由,给"生存"一个理解,给"生活"一个理想。"理由—理解—理想"三位一体:理由是一个过去时的概念,理解是一个现在时的概念,理想是一个未来时的概念。"过去—现在—未来",构成了"天—地—人"三位一体的人类生存的全过程。

还是文、史、哲"三科",天、地、人"三学",虽有其各自不同的探究领域、表述方法和理论特征,然却又都是互相渗透,互相吸收,"你中有我,我中有你",难分难析。这也就是说,人们既需要分析地研究"三家""三科""三学"各自的特点,更需要会通地把握它们的共同精神。此外,如果说儒、释、道"三家",文、史、哲"三科",天、地、人"三学"等构成为中国传统文化的一个有机整体,那么对于这个文化整体来讲,其中的任何一家、一科、一学都是不可或缺的,否则这一文化整体的特性将发生变异,或者说它已不再是原来那个文化整体了;而对于其中的每一家、每一科、每一学来讲,则都是这一文化整体中的一家、一科、一学,且每一家、每一科、每一学又都体现着这一文化整体的整体特性。唯其如是,对于中国传统文化的研究,不管是研究那一家、那一科、那一学,我认为,首先是要把握住中国传统文化的整体精神之所在,否则将难入其堂奥,难得其精义。①

尽管"文变染乎世情,兴废系乎时序"②,但"原始以要终,虽百世可知也"③。客观地讲,不是我们人心不古,而是中华民族文化之博大精深,中华民族的先圣前贤们世世代代积累下来的精神财富,实为我们这些新时期的后人应该延传承继、发扬光大的。因为只有延传承继、发扬光大中华民族文化的优良传统,我们才能有在"乘一总万,举要治繁,振本而末从,知一而万毕"④的复兴中华民族文化建设过程中的学术可能。而中华民族的先圣前贤们"观天文以极变,察人文以成化;然后经纬区宇,弥纶彝宪,发挥事业,彪炳辞义"⑤的学术文化精神,也就自然会滋养我们"摛文必在纬军国,负重必在任栋梁;穷则独善以垂文,达则奉时以骋绩"⑥的文化世界观

---

① 楼宇烈:《十三堂国学课》,北京:北京大学出版社,2008年第1版,第71页。
② 刘勰:《文心雕龙·时序》。
③ 同上。
④ 刘勰:《文心雕龙·总术》。
⑤ 刘勰:《文心雕龙·原道》。
⑥ 刘勰:《文心雕龙·程器》。

和人生价值观的形成。

所以说,无论中华民族文化有着多么宏大的研究论域和多么广阔的认知渊源,就国学方法论"道—学—术"三位一体学术要义的终极目标而言:中华国学"天人合———以人为本—以和为贵"三位一体的文化理念,过去是、现在是,将来也依然是我们建设和谐社会,复兴中华民族应该永远担当的学术文化"道义"①。

一、缘"道"说

"物有本末,事有始终。知所先后,则近道矣。"②

缘流而上,是水之源;缘木而下,是树之根;缘道而行,是道之"理"。

参天之木,生于芥蒂;万里江河,九曲一归。中华自古即有"吾道一以贯之"③"道不远人"④之说。在中华先哲们的眼里,从"黄帝问道"⑤开始,"道"就在人们身边的生活常态里,是万物万有之所以"存在或虚无""唯心或唯物""入世或出世"的人类生命哲学的原生理由。是先圣前贤们对"自然界、社会网、人生态"构成的三位一体人间万象中的生死、有无、进退、荣辱、美丑、善恶、真假之类的……包括生老病死、喜怒哀乐、吃喝拉撒等生命现象提出的各种生命学说的核心理由——这"核心"、这"理由",便是所谓的"道"。

---

① "道义"一词最早见《易经·系辞上》:"成性存存,道义之门。"后来汉代荀悦在《汉纪·高祖纪一》中曰:"夫立典有五志焉:一曰达道义,二曰彰法式,三曰通古今,四曰著功勋,五曰表贤能。"再见李大钊先生撰写的名联:"铁肩担道义,妙手著文章。"此联原系明代文人杨继盛所作。杨继盛因抗御强暴反对权奸严嵩,而遭严嵩杀害。杨继盛在临刑前写下名联"铁肩担道义,辣手著文章"。李大钊先生在对联上仅改一字,但联义全新,流传至今。
② 《礼记·大学》。
③ 《论语·里仁》。
④ 见《中庸·第十三章》。意为:道者,率性而已,它就在我们身边的生活常态里。
⑤ 见《庄子·在宥》。亦有"黄帝论道"之说,而《黄帝内经》亦可为医学经典中的养生之道书。

应该说,"道"是古往今来的人们在各个领域里追寻持守的生活实践中的生命理由——它"致广大"于无边,又"尽精微"至末节,是构成人类生存环境的学术文化之"母"。所谓天道、地道、人道,书道、画道、弈道,饮食之道、养生之道,为人之道、为学之道……万物自在,都有道"理"在;万物自然,都是"道"理使然,人类繁衍生息无处不言道,无时可离道,"道"作为万物万有"自在"的绝对真理性的母体,是中华民族"须臾不可离也"[①]的国学文化的总体系、总机关、总枢纽、总原由的代名词,当然也是中华国人生活常态里"须臾不可离"的一句口头禅。

就中华国学方法论生成的道、学、术三位一体学术文化关系而言,学术是文化的"道"理结论,文化是学术的"道"理演绎。一方面是学术"死"的严谨,另一方面是文化"活"的自由。学术文化之"道"虽"不远人",但却深邃隐藏而"不可道",分明呈现而"不可名",好像非我们深刻体悟不能获取,所以我们才会在学术研究实践的理论圈子里痛苦着、矛盾着、探索着。但是我们是否发现,在"圆圆"(○)的天、"方方"(□)的地、顶天立地的"人"(△)所构建的国学文化世界观里,由自然界(天)—社会网(地)—人生态(人)三位一体构成的学术文化研究的逻辑"道"义,其实远在几千年前便被中华古代的先圣前贤们塑就了[②]。且看这一"三位一体"关系的远古图腾:

道

阳—阴

天—地—人

天时—地利—人和

自然界—社会网—人生态

[①] 《礼记·中庸》:"道须臾不可离也;可离,非道也。"
[②] 譬如《易经》为周人所著,易学之阴阳之"道"理,约在公元前1046—前770年间就已形成。

天(玄)—地(黄)—色(杂)①

天(圆)—地(方)—体(分)

天(阳)—地(阴)—人(道)

缘道说—缘学说—缘术说理

心生—言立—文明②

道—学—术

学—术

术

且不论这一学术文化关系有着怎样瑰丽神妙的国学文化意义，中华国学自然应该有中华国人对自身文化本体认知的"道"理体认。学术文化无论是自然科学文化、社会科学文化，还是人文科学文化，就某一学术研究领域中的学科"体系"而言，如果我们说它"还不能成立"，那么就说明这个学科还处在一个草创时期，还不是一个成熟的学科。一门学科如果"尚未成熟"，并不仅仅是说它因为研究时间的短暂，或者说进入了误区，同时也意味着它没有科学的方法论的指导而"难以成熟"。在改革开放近四十年来，学术文化圈里的学术自由意识和文化建设意识其实才是二十多年来的事情。而今天我们想要复兴国学、弘扬国故、发扬国粹，复兴中华民族，并复兴中华民族优秀的传统文化，使我们的民族文化真正成为"文成规矩，思合符契"③的东方大国、文明古国的和谐文化，那我们最为期待的便是科学的文化建设理念和学术研究方法论的形成。而国学文化的先哲们早就说过："学不际天人，无以谓之学"④；"人文之元，肇自太极……辞之所以能鼓

---

① 刘勰《文心雕龙》开篇即言："文之为德也大矣，与天地并生者何哉？夫玄黄色杂，方圆体分；日月叠璧，以垂丽天之象；山川焕绮，以铺理地之形。此盖道之文也。仰观吐曜，俯察含章，高卑定位，故两仪既生矣。唯人参之，性灵所钟，是谓三才，为五行之秀，实天地之心。心生而言立，言立而文明，自然之道也。"

② 刘勰《文心雕龙·原道》言："心生而言立，言立而文明，自然之道也。"

③ 刘勰：《文心雕龙·徵圣》。

④ 邵雍：《皇极经世书·观物外篇》。邵雍，北宋易学家，民间习称其谥名邵康节。

天下者,乃道之文也"①。

显然,我们是否深刻地反思过,以往我们曾一步到位机械地空谈世界观与方法论的关系,其实这是不科学的。学界并未形成这样的学术逻辑推论:"有了什么样的世界观,才会有什么样的学术观——有了什么样的学术观,才会有什么样的方法论——有了什么样的方法论,才会有什么样的学术研究体系的建立。"②在具有权威性的《辞海》③中,我们竟然没有"学术观"这一辞条,"学术观"这一具有"学"理意义的"中介",显然是被我们忽略了。然而,没有"学"理这一"中介"的学术观的存在,"道"理和"术"理便无从谈起,要想进入学术研究的理想境界是不可能的。且看"世界观—学术观—方法论"环环相扣着的三位一体关系:

道
阳—阴
道—学—术
道统—学统—术统
世界观—学术观—方法论
对立统一—否定肯定—质变量变④
提出问题—分析问题—解决问题
……⑤

学术研究的全部意义,就是要解决学术研究领域里的问题;最终"解决问题",则要靠学术研究方法论的"规则"牵引。但是方法论从何而来呢?没有世界观"道"理体系的建立,便没有学术观"学"理体系的肯定;没有学

---

① 刘勰:《文心雕龙·原道》。
② 参阅拙著《写作学概论》,北京:民族出版社,2004年第1版。
③ 见《辞海》,上海:上海辞书出版社,1985年第1版。1985年,学术界才开始对一些学术概念进行"拨乱反正"。此前的"文革"中,学术界没有学问家的"学术观"一说。
④ 这是马克思主义哲学的三大规律,也是"马克思主义中国化"要研究的问题。
⑤ 省略号意味着:缘此推论,所有的学术问题都有着"三位一体"思维理路展开的无限可能。下文不再标出。

术观"学"理体系的肯定,便没有方法论"术"理体系的生成——在学术研究的认知过程中,不是"有"什么样的世界观,就"有"什么样的方法论,而是"有了"什么样的世界观,就"应该有"或"才能有"什么样的学术观;"有了"什么样的学术观,就应该形成或才能形成什么样的"术"理方法论;"应该形成"和"才能有"的祈使语义不是"必然"的学术研究理论体系形成的推论,而是"必须有"的学术研究过程的逻辑结论,否则就不能形成、不可能"有",或者说即使你"形成"建立了,也会因为"没有"三位一体层递循环、互为因果的思维理路而让世界观与方法论相分裂、相背离,或者互不相干。"独阳不生,孤阴不长。"这不是哲学意义上"谁第一、谁第二"①的问题,不是先有鸡还是先有蛋的诡辩。而是学术逻辑意义上"有了蛋才能孵小鸡"②的学术"级次"的认知问题。

在学术研究过程中,"有"和"有了"显然是不一样的,"有"是本已存在着的法则肯定,"有了"是"应该有"的学术法则期待着的实践的前程曙光。所以我们才能说:在学术研究过程中,最为让人骄傲自信的便是我们"有了"学术研究方法论的法则牵引,最为让人灰心沮丧的是我们一直"没有"学术研究方法论的法则牵引——就像千里马已经没法子驾驭了,我们还在旷野中毫无目标地追寻着幻想的前程,岂不南辕北辙吗?

应该看到,道、学、术三位一体层递循环、互为因果的思维理路,才是学术研究推论问题时的科学手段。学问家如果没有"世界观—学术观—方法论"三位一体思维理路"三级次"逻辑推论的"道"理牵引,学科就没有"学术范畴",研究就没有"学术论域",体系就没有"学术框架",立说就没有"学术逻辑",辩驳就没有"学术理由"。而我们曾经遭遇过的学术研究领域的尴尬,就是因为我们没有"应该有"的学术研究方法论的牵引,所以学术劳作的过程就像一只断了线的风筝在天空中飞翔,我们不能操控它,自然也就失去了学术研究"应该有"的真正的学术自由。没有了学术研究"应该

---

① 我们经常会机械地说物质第一,精神第二。其实,"一"即"阳"性,"二"即"阴"性,阴阳对立统一,才是哲学的辩证法。
② 即有了学术逻辑的"级次",才能进入学术研究的问题领域。

有"的真正的学术自由,学术也就没有了学术的尊严。只好跟在机械唯物论后面,拾人牙慧,啃别人啃过的馒头。

还是古人讲得好:"大道之行也,天下为公。"①"物格而后知至,知至而后意诚,意诚而后心正,心正而后身修,身修而后家齐,家齐而后国治,国治而后天下平。"②古代的先圣们缘"道"而行,于是才有了中华国学天、地、人三位一体——"天人合一"的文化景观。

在中华国学"天人合一"的文化景观里,国学文化缘"道"之旅亘古未变,故而才有了所谓天道、地道、人道、书道、画道、弈道、茶道、酒道、饮之道之论、之说、之传统的发扬光大。文化是水,传统是鱼,文化是传统的归宿,传统是文化的摇篮。而"道",的确是一个非常传统的文化概念。"传统是一个历史的概念,它是在历史的延续中积淀起来的,又是随着历史的发展而变迁的。"③是的,就中华国学文化传统的精神本质而言,"君子务本,本立而道生"④。学问家们若是想要"一登昆仑顶,使之万山低",使自己的学问立论有大"道"之见、大"学"之说、大"术"之论,没有科学的方法论,恐怕谁也不敢涉足学界的珠峰之巅。一门学问的研究,倘无方法论的支撑,任何个人所做的切断文化传统的感性的、微观的、经验的、零散的学术研究的所谓"创新",都将事倍功半,徒劳无益,与道甚远。一门学科或是某一结论之所以能够被我们称为是"科学的",就是因为有了道统、学统、术统的三位一体的逻辑思维理路。

国学方法论之所以能够统驭我们学术研究的全过程,并且成为我们检验学术研究成果是否科学的标准,是因为"道"理、"学"理、"术"理是学术逻辑一步步走向学术研究成果的台阶:它从基本原理的"道"之理的抽象"归纳"起步,进而跨入基础理论"学"之理的逻辑"分析",再而迈进操作理论"术"之理的学术"演绎"——如此层递循环、互为因果,才能构成学术研究"三位一体"的运动过程。我们之所以说某些学术研究的有关结论是孤

---

① 《礼记·礼运·大同篇》。
② 《礼记·大学》。
③ 楼宇烈:《十三堂国学课》,北京:北京大学出版社,2008年第1版。
④ 《论语·学而》。

立的、片面的、分裂的、自相矛盾的、不能自圆其说的,是无道理、无学理、无术理联系的,就是因为它没有层递循环、互为因果的"道—学—术"三位一体方法论的认知"级次",就像"修、齐、治、平"的人生法则一样,没有这一合理的修养过程,便无法一步步走向实现人生价值的生命阶梯。学术亦然,没有了学术的"递阶"所得出的学术结论,也就不可能在"同一级次"或"同一层面"上进行科学有理的学术对话。如果不能进行具有"递阶"意识的"学术"对话,就会使学术研究走向误读、误解、误判的误区,学术研究的所谓成果,也就成了没有逻辑不讲"道"理的囫囵吞枣、牵强附会、断章取义、驴头不对马嘴、风马牛不相及的学术垃圾。[①] 无论是自然科学研究、社会科学研究,还是人文科学[②]研究,任何一门学科的研究,一旦涉及"学术"二字,就必然要进入"道"理一统的学术研究级次的递阶;并且一定会因着"道"理级次的启示,让"道"理递阶的"道迹"在所有问题面前明晰可辨,这样便没有所谓莫衷一是、扑朔迷离的学术困惑了。

路要一直走下去,就会从起点回到终点;水要一直流下去,就会流进大江大河,最终流入汪洋大海而九曲一归。"一归"即"一统"。"一统"即"道统",即学术研究的出发点和归宿。如果我们想要形成学术研究领域中的所谓学术之言、学术之说、学术之论、学术之争、学术之辨的科学结果,无基本原理的"道"理的统驭,几乎无异于缘木求鱼。换言之,要想迈进学术研究领域的门槛,就必须首先沿着中华国学文化的大"道"之言、大"学"之说、大"术"之论,才能进入"道统—学统—术统"的三位一体认知境界。否则,就不能形成有"道"理、"一"统的基本原理体系,也就不能使学术之"道"理,"致广大"于无边,"尽精微"至末节[③]。

[①] 20世纪"文革"时,这一学术流弊走到了极端,也就没有了所谓学术研究的结论,没有学术之说。

[②] 见文后附图三;在天、地、人三位一体世界观牵引的"道—学—术"三位一体方法论的认知中,人类科学研究世界应该分为自然科学研究领域、社会科学研究领域、人文科学研究领域三个世界。自然科学研究,是以研究自然界的物质形态为核心的科学;社会科学研究,是以研究社会现象为核心的科学;人文科学研究,是以研究文化艺术为核心的科学;"三个世界"三位一体,构成了人类科学研究世界的全部。

[③] 《中庸·修身》。

"道"是一条河流,"道"是一棵树;"道"是一种文化哲学的理念,是水为什么在流、树为什么在长的绝对真理性存在的事物运动原由,中华国学文化中的所有学问从来都没有脱离过"道"理统驭的哲学滥觞。否则,中华文化的大视野里就没有遍布于国学典籍中的所谓道统、学统、术统的文化言论了。

二、缘"学"说

是的,"学不际天人,无以为之学"①。

"学",是中华学术文化中最为通俗常用的专有名词。在国学方法论"道理—学理—术理"三位一体的方法论"位格"中。"学"理,处在"道"理和"术"理的"中介"位置;"中介",就像一艘舰船的框架轮廓,在江流与船体之间,没有它,船身是不能千里远行的。

而"国学"的本名原意是指旧时的国家学府,如古代的太学、国子监、京师大学堂等;就文化范围单纯而言的国学,则独指"中华学问""中国学术",这一概念很大。因此,曹聚仁先生《国学十二讲》②指称国学为"中国学术",是就中华文化的范围而言的。譬如后来所谓"学不际天人,无以为之学"——前一动词后一名词中的名词之"学",便是将某一学问归划为中华文化中的某一学说了,譬如道学、儒学、佛学、黄老学、谶纬学等传统文化的学说门类——这也是楼宇烈先生《十三堂国学课》③里不给国学下总定义,而单讲儒、释、道三家文化为国学"传统"的原因。

在这里,我们完全可以丢开国学研究领域中"唯我唯一"的学术门派

---

① 邵雍:《皇极经世书·观物外篇》。
② 曹聚仁:《国学十二讲》,香港:三育图书文具公司,1973年第1版,第3页。此处回应引言之论。
③ 楼宇烈:《十三堂国学课》,北京:北京大学出版社,2008年第1版。此处回应引言之论。

思想的纷争,而首先承认在"物有本末,事有终始,知所先后,则近道矣"①的中华文化众先哲们的眼里,早就有了将"中国学术"所涉的儒学、释学、道学"三学"合(和)而为"一"的学术愿望。譬如有学者在《儒家传统——宗教与人文主义之间》②里便明确提到了"天、地、人三位一体"这一概念:"万物一体观还包含一种纵向的一体关系,这就是天、地、人三参同构的一体关系……'民胞物与'所反映的那种横向的一体关系,和天地人三位一体的纵向关系又具有共同的本体宇宙论基础。"③显然,人类只有孜孜不倦地遵循着"人与自然、人与社会、人与人"之间的三位一体的和谐关系,才能在"人与自然、人与社会、人与人"平等对话的文化环境中达到"天人合一"的和谐境界。就三位一体国学方法论的认知过程而言,我们的国学"如果不能'入乎其内'而后'出乎其外',任何关注和提倡的也就和那些'雾里看花'的批判一样,都无法免于口号式的肤泛。那样的话,儒家传统的真正诠释和重建,将无从谈起"④。

当然,对中华传统文化的继承固然不仅仅是儒学文化的重建。道学的文化、佛学的文化,以及其他学说的重建,也是我们应该重视的,但是如果我们把中华民族的文化看作是"大文化"、中华的国学是"大国学"⑤的话,那么我们在本书中所限定的"国学"概念,自然也就不指单纯的中国佛学、中国道学、中国儒学的三家学说了⑥——当然也不是外国人眼里的"汉学",更不是所谓的"华学",而是具有中华民族文化全部内涵和外延的五十六个民族共同的"大国学""大文化"的概念。有学者认为:

---

① 《礼记·大学》。
② 彭国翔:《儒家传统——宗教与人文主义之间》,北京:北京大学出版社,2007年第1版。
③ 同上书,第35页。
④ 同上书,第15页。
⑤ 据大国学圈博客称,国学大师季羡林先生生前在北京301医院接受采访,高瞻远瞩提出"大国学"的概念。他说:"国学应该是'大国学'的范围,不是狭义的国学。国内各地域文化和五十六个民族的文化,都包括在'国学'的范围之内。地域文化和民族文化有各种不同的表现形式,但又共同构成中国文化这一文化共同体。"在国际上,近似的名词称谓汉学(Sinology)或称中国学(China Studies)。
⑥ 把儒、释、道三家学说认为是"国故""国粹",这是对中华国学精神主体的一种文化概括。后文多有论及。

  国学在我们来说并不等于汉学，不能只包括古代汉族的重要典籍，还应该包括藏族、蒙古族、维吾尔族、彝族等少数民族关于历史、文学、哲学、语言、科技等方面的古代文献，这些均是国学研究的分支。从这个角度说，今日之国学，同民国初年以来一些学者所说的"国故""国粹"等概念有所不同，我们说的这个国学是在新的时代、新的历史阶段中提出的新国学。①

所谓"新国学"，正是《国学方法论》对中华民族文化"大国学""大文化"的精神品质所在的基本认知。因此，《国学方法论》的文化视野是应该建立在以下认知基础上的：

  以影响中华文化之长久，实际上成为中华文化最重要的创造，成为中华文化的主体与灵魂的那些内容为主，而旁及其他。也就是说，国学有其中心，研究也有主有次，不能将所牵扯的各方面等同起来。哪些是中心呢？我以为产生于中华民族的民族精神形成期的"十三经"，以先秦诸子为代表的诸子之书，《逸周书》《山海经》《国语》《国策》"二十四史"等重要历史文献，《黄帝内经》《九章算术》、郦道元的《水经注》、贾思勰的《齐民要术》等科技文献应为中心，包括汉以后在历史上产生过重大影响的思想家、文学家、史学家、科学家的著作。要特别指出的是，国学不等于儒学，也不等于道家学说，也不等于法家学说或其他某一家学说。国学研究应着眼于全部中国文化的精华。②

是的，国学文化中的儒学是"中国学术"，道学也是"中国学术"，"佛学"虽为外来之学，但早已成为"中国学术"。国学应该海纳百川，并不限于某几家学问、某几种学说，而应该是中华多民族③文化之学术精华、学术英粹

---

① 赵逵夫：《〈国学方法论〉序》。这是全国名师、西北师范大学赵逵夫先生审阅了本书初定稿后，为拙著写的序中的"新国学"之见。
② 同上。
③ 见拙文：《中华文化视域中的"多民族文学史观"》，载《民族文学研究》2008年第3期。

018　｜　国学方法论

之总和。譬如,现代新儒学的代表人物,已故去近四十年的唐君毅先生说:"中国由《易经》以来,自然宇宙观之特色,一为融质力于阴阳,二为由物质之位序以说时空,而无'无物之无限时空'之观念,而重视当下之天地中万物之相涵摄、相感通、相覆载。第三点则为数与理与象之合一。"①其间所论的问题,显然为中国道家之学,但也渗透着"不二法门"的佛学思想和"一以贯之"的儒家理论。在这里所谓"阴阳"之位序,万物"相涵摄、相感通、相覆载"之"合一",无疑是"国故学"之言,是"中国学术"之高论,所谓"相涵摄、相感通、相覆载",其实是儒学文化的"内核"、道学文化的"特色"、佛学文化的"品质"所在的三位一体的融会贯通。

而国学方法论在中华大文化"一统"的包容下,才能有光耀神州历久弥新的学术可能。且看唐君毅先生这一"相涵摄、相感通、相覆载"的学术愿望的三位一体性:

道

阳—阴

○—□—△

内核—特色—品质

相涵摄—相感通—相覆载

生活形态—人文情调—学术精神

道家—释家—儒家

理—象—数

道—学

术

"道"是学术终结的"原始"理由,"术"是原始"终结"的学术结果;由"道"的规律及"术"的规则——再由"术"的规则归为"道"的统驭,是学术研究过程中逻辑推论的必由之路。而"学"在其间,只是"道"理和"术"理的

---

① 唐君毅:《中国文化之精神价值》,南京:江苏教育出版社,2006年第1版,第72页。

"中介"。《中国文化之精神价值》说：

> 中国数学固不及西洋，然中国有理、象、数合一之思想……中国国人信数与象理合一，于是唯由人物之性、人物之理之实现而有之生长发育，及人理想之实现所成之事业，乃最重要者，为吾人所首当措思。理显而象生，象生而有数。观数只所以明象而察理，借见万物之依理而生成，所实现之美善之价值。此即中国象数之学之目的，迥异于西方之只以数学表现纯理之活动，与应用数学以计量万物之多少者也。①

这里分明可以看出晚清后的学者用文白相浸的行文风格，在学术中所表达的准确的道、学、术三位一体的愿望，以及"中学为体、西学为用"的发扬国学文化精神的学术研究方法和思想。

所谓"理、象、数合一之思想"，即"自然界—社会网—人生态"三位一体、"自然观—人生观—价值观"三位一体、"生活形态—人文情调—艺术精神"三位一体、"真—善—美"三位一体。这一概括是非常精到的。唐君毅先生接着说：

> 吾人欲知中国文化之精神之具体表现，除知中国社会文化生活之形态外，即须知中国之艺术文学精神。中国之艺术文学之精神，皆与吾人上述之中国先圣之自然宇宙观、人生观，及社会文化生活之形态，密切相连者。艺术文学之精神，乃人之内心之情调，直接客观化于自然与感觉性之声色，及文字之符号之中，故由中国文学、艺术见中国文化之精神尤易。②

问题是明确的，在"天人合一"的古人看来，天、地、人"三才"本来就是

---

① 唐君毅：《中国文化之精神价值》，南京：江苏教育出版社，2006年第1版，第74页。
② 同上书，第195页。

三位一体的,在具有中华传统文化学养的今人看来,不管古人所言所论是"情感"的还是"理智"的,国学文化的先圣前贤们之所以成为我们的学术师表,就是因为他们所秉承的"天人合一"的文化理念是中华国学文化的"秉文之金科,含章之玉牒"①。否则,一千六百多年前的刘勰就不会把《徵圣》和《宗经》放在《文心雕龙》"文之枢纽"的"学"理位置,并且坚信他之前的圣贤们之所以有"百龄影徂,千载心在"②的学术信心和高屋建瓴的学术本领,就是因为他们有着天、地、人三位一体的文化胸怀和"道、学、术三位一体"的学术研究思想和方法。所以,刘勰才虔诚地给以孔夫子为代表的"圣人"大唱所谓"妙极生知,睿哲唯宰"③的天才论④的赞歌。而今天的我们,当然也知道"前无来者,后无继响"⑤的《文心雕龙》作为"划破青天的一座高峰"⑥的伟大,知道刘勰遵从天、地、人三位一体的"自然之道"的伟大,否则《文心雕龙》也就不会以"体大思精"而被尊为古文论之国学之宝,被我们延传颂赞至今。

"体大而虑周"的《文心雕龙》所遵循的学术研究方法论,正与《易》之为书也,广大悉备,有天道焉,有人道焉,有地道焉。兼三才而两之⑦所描述的学术研究思想是一样的、是三位一体的。《易经》有言:"乾以易知,坤以简能。易则易知,简则易从。易知则有亲,易从则有功。有亲则可久,有功则可大。可久则贤人之德,可大则贤人之业。易简,而天下之理得矣。天下之理得,而成位乎其中矣。"⑧"天道"凭借"不易"之"道"理来"统驭"一切,"地道"凭借"简易"之"学"理来"规范"事物的运动法则;"人道"则通过认识万物万有运动变化的规律,从而用"术"理规则来操控人们所从事的学术研究,并且使人们所从事的学术研究能够最终认知和发现万物万有的变

---

① 刘勰:《文心雕龙·原道》。
② 刘勰:《文心雕龙·徵圣》。
③ 同上。
④ 20世纪80年代的《文心雕龙》研究认为,这句话是典型的唯心主义天才论。
⑤ 范文澜:《文心雕龙注》,北京:人民文学出版社,1978年第1版,第3页。
⑥ 郭晋稀:《文心雕龙译注十八篇》,兰州:甘肃人民出版社,1963年第1版,第2页。
⑦ 《易经·系辞下》。
⑧ 《易经·系辞上》。

化规律而运动不殆。这即是《文心雕龙》"文之枢纽"①统驭的"道"理所实现的"兼三才而两之"的"学"理和"术"理。

当然,"时运交移,质文代变"②。只是这一百多年来,从来"一"统的学术"道"理和紧随"道"理而行的"学"理,让匆忙翻阅中华民族文化史的学人们在不少学术实践认知上有不断的变化。"道"字与政治意识形态紧紧相连:在20世纪初,旧民主革命的义士们铁肩担"道"义,志同"道"合,推翻失了"道"助的腐败的清王朝,却也未能寻见建设三民主义的"大同"③之道;五四运动时的学人们反帝反封建,打倒孔家店,打倒孔夫子,亦未能寻见建设新中国的真理;20世纪二三十年代的中国共产党人寻求马列主义之"道"路,抛头颅、洒热血,才有了新中国的社会主义"道"路指引的前景……经历近百年,有了千载难逢的20世纪80年代初"摸着石头过河"的中国特色社会主义道路的"真"理、真"道"的出现——我们是何等艰难地走到了今天。诚然,在20世纪80年代之后,我们才开始有了对中华传统文化反思、反省的学术意愿,但我们更加相信实现"四个现代化"让国人先吃饱肚子的硬道理,并且相信"实践是检验真理的唯一标准",才再一次打开国门进入了向西方学习科学技术的新时期。在新时期初期,"术"理应用的现实被经济建设的需求推到了前所未有的"学"理高度,也收到了前所未有的物质建设功效。或许我们紧接着认为文化建设的出路跟经济建设的出路一样也在西学西技。但是当我们真正理解了西方或者说在追赶西方的科学技术的"术"理认知过程中,真正理解了中华国学文化的"道"理和"学"理的出发点和落脚点其实也是要进行"术"理实践时,我们才猛然省悟:虽然我们可以像鲁迅那样抨击国学文化另类造就的国人人性上的冷漠、自私、麻木、嫉妒、窝里斗、不团结、不合作等国民劣根性,虽然也应该在物质建设方法和手段上向西方的科学技术"学而时习之""不耻下问",但是当我们走到今

---

① 刘勰《文心雕龙·序志》言:"盖文心之作也,本乎道,师乎圣,体乎经,酌乎纬,变乎骚,文之枢纽,亦云极矣。"
② 刘勰:《文心雕龙·时序》。
③ 见《礼记·礼运·大同》。孙中山先生"并驱于世界,以驯致于大同"的三民主义思想,其实是源于中华文化的先哲们"大道之行也,天下为公"的"大同"思想的。

天,真正理解了中华民族依然尚存的国学传统文化理念对我们国家的精神文明建设,有着伟大正确的启蒙作用和弥足珍贵的精神营养时,才一下子有了正视国人、正视中华传统、正视国学文化"天人合一""以人为本""以和为贵"的人本主义的信心和勇气——不然,今天就不会有国学启蒙的"三字经"进入小学教育的事实,就不会有"马克思主义中国化"的最新成果进入高等教育的新气象。当然也就不会有"以人为本"、建设"和谐社会"的传统文化理念的人文回归,就不会有弘扬国学、复兴中华民族的治国方略的伟大正确,弥足珍贵。

事实上,今天才是中华民族百年来的一次真正的、伟大的文化觉醒和文化复兴。所谓"千载难逢的历史机遇",其实不仅是指建设物质文化世界的历史机遇,也是承继中华民族优秀传统文化,建设中华民族精神文化世界的历史机遇。回首望去,这一百多年的世界史,人类真是一个忽而"得道多助",忽而"失道寡助"的经磨历劫的失了"学"途的沧桑百年。

是的,无"道"不能成"学"。天失道,自然界则寂灭;地失道,社会网即不存;人失道,人生态便毁亡。这就是我们失"学"的历史原因和文化结果。就人类生存的学术大义而言,中华民族的先圣前贤们尽管喟叹"自然之道,未易言也",很不好在"学"理位格上把握定位,但只要我们走进国学,就会自然而然地倾心于"天文、地文、人文"构建的三位一体学术世界的美好与圆满,找到我们追求着的"人与自然、人与社会、人与人"平等对话的情感泯合的学术理由。当我们再一次肯定"天人合一—以人为本—以和为贵"三位一体便是国学文化"基础理论"的"学"理时,就会理解到"人与自然、人与社会、人与人"实际上是水乳交融一体"和合"之后,才有了"和谐"尔后"合理"生长的万物之灵的"人"的生命理由和生存价值。有了这一"理由"和"价值"的存在,人们无论进行怎样的文化建设或学术研究实践活动,最终陶醉的其实是一种"人与自然—人与社会—人与人"沟通之后对人的生命意义的真性流露和真情表白。当中华文化在"物我两忘"的学术研究过程中进行自由自在的文化创造时,人们悟以心灵的传统血缘便会在豁然融通了国学文化"天—地—人"三位一体的关系之后,焕发出浪漫迷人的"究天人之际,通古今之变"的"学"理光彩和"术"理辉煌。

三、缘"术"说

庄子说:"天下之治方术者多矣……圣有所生,王有所成,皆原于一。"①

"一"即"道","道"即"一"。只有唯"道"是从,唯"学"是瞻,方能穷其"术"而知其变,使"道、术"相依,"学、术"不孤。② 没有"道"理、"学"理支撑的单纯的"术"理行为,就是我们所说的没有理论价值的经验性操作的盲目实践。

艺术、技术、术数、方术……"术"一词,遍布中华国学文化的各个实践领域。③ "术"在的全部理由,就是要人们在走进某一学术领域去行动、去作为、去掌控、去实践、去操作的时候,有一定的方法论依据——即术理规则。"术"作为国学方法论的"操作理论"体系的理论描述,有很强的动词性④,它以其绝对"变易"的运动,使学术研究的行为过程,从起点走到终点,又从终点回到起点,是学术研究的终极认知,同时也是它的起步认知。就国学方法论的"术"理实践而言,因为人类对"自然界、社会网、人生态"三位一体关系实践探求的需要,便使天、地、人三位一体中的"人"的位格对应着道、学、术三位一体中的"术"的位格油然而生。且看"人"在"术"理位格中的地位:

---

① 《庄子·天下篇》。
② 李贽《孔明为后主写申韩管子六韬》:"墨子之学术贵俭……商子之学术贵法,申子之学术贵术,韩非子兼贵法、术。"这里的"学术"则是名词性的。
③ 譬如道教之占卜术、符箓术、祈禳术、内丹术、外丹术、炉火黄白术等。
④ 譬如《史记·张仪列传》言:"始尝与苏秦俱事鬼谷先生,学术,苏秦自以不及张仪。"

道
阳——阴
道——学——术
天——地——人
天道——地道——人道①
天文——地文——人文
天才——地才——人才
天大——地大——人大
天造——地设——人生
天时——地利——人和
天文——地理——人事
天籁——地气——人声
本我——自我——超我②
自然界——社会网——人生态
世界观——学术观——方法论

这里的"人"都处在"术"理位格上。"人"是天地所生的人,天地是"人"所在的天地,它们三位一体和谐共处,给了国学方法论的"术"理存在以强大的人文支持。因此我们才会说:文化一隅中的"文学是人学"③,传统文化中的"国学更是人学"。

"仁者爱人"的孔夫子说:"人能弘道,非道弘人"④,"唯仁者,能好人,

---

① 《易经·系辞下》。意为:《易经》这部书内容广大,所有的道理,无不完备。有天的道理,有人的道理,有地的道理并存其间。譬如卦有三画,象征天、地、人三位一体,再将两个象征"三位格"的经卦,重叠成六爻;且阴阳匹配,构成了六十四卦形。各卦形皆以六爻之设定,效法天、地、人的变动,所以称作"爻"。"爻"是效天法地的术数操作的意思。
② 弗洛伊德人性"本我—自我—超我"是对动物性、人性、神性三位一体的诠释,"本我"在西方文化中有人"原罪"的定位意图,与人"性恶"之说同理。
③ "文学是人学"的人文主义文艺思想,是新时期文学审美属性的人文主义回归。
④ 《论语·卫灵公》。意为:人能使道的精神发扬光大,而不是凭借道来弘扬个人。

能恶人"①。关于"人与天、人与地、人与人"之间的三位一体的文化关系，中华民族的先哲们在这方面做了极为深刻而精到的义理描述：譬如所谓"以人为本""与天为一"的思想，重在强调主体的"人"与客体的"物"在天人对话时关系的"和谐"性——即对"你中有我，我中有你"的天人关系的肯定；"天人之分""天人之辨"②的思想，重在强调主体的人与客体的物在内外之分后各自独立的"位格"性——即对"无物即无我，无我即无物"关系的肯定；"天人相与"的思想，重在强调主体的人与客体的物之间的"互给"性——即对"你就是我，我就是你"的关系肯定；"天人本无二"的思想，重在强调主体的人与客体的物对立统一的"绝对"性——即对"你就是你，我就是我"的关系肯定；"天人合一"的思想，重在强调主体的人与客体的物对立统一的"相对"性——即对"天地是人的天地，人是天地的人"关系的肯定。因此我们才能说"天人合一"，就是"天—地—人"三位一体关系的简称。③

纵观国学文化典籍，中华国学文化的先哲们关于天、地、人三位一体关系的论定，重点始终放在"人"——放在人际关系的处理和人生态度的把握，以及人生意义和生命价值的追求上。而对人生意义和生命价值的追求，其核心实质上就是"人"的文化态度和文化价值尺度对人自身的生命把握。譬如孔子的基本态度和价值观是通晓天道、不究天道，但求人伦而爱人的。庄子的基本态度和价值观是通过泯合天人、混同物我、齐生死、等贵贱、平祸福等思想来彰显人道、人性、人本的。因为他们深知"天"与"人"相比，"天"是具有普遍意义的整体性的哲学关注，所以"以人为本""与天为一"的思想是以倚重"天"，为求得"道"存，求得"人"在的。国学先哲们都将

---

① 《论语·里仁》。这里的"恶人"，是指对人的不好行为的规劝和反对。
② 孔子说："天何言哉？四时行焉，百物生焉。"强调"畏天命"的必要。墨子重视人的"强力而为"，但又把"天志"作为衡量一切的标准。老子指出"天之道损有余而补不足；人之道则不然，损不足以奉有余"，他认为人应该效法"自然"。子思、孟子更主张"天人合一"之说，如《礼记·中庸》言"诚者天之道也，诚之者，人之道"；认为人只要扩充"诚"的德性，就"可以赞天地之化育""可以与天地参矣"。庄子则主张"无以人灭天"，他认为人为的一切都是对自然的损害。唯荀子批评庄子，也反对子思、孟子等人的思想。
③ 简称之说，后文进一步论述。

"人"等同在天地自然之中，重在强调通过如何认识生命、理解生活从而驾驭人生、驾驭自我。譬如孔夫子更是从实现人生的"实用"价值来理解"天"道，故而才能像老子那样既"知天道，知天理，究天人之际"而又不居高临下超然物外。中华国学文化"顺天应人"或"顺人应天"的人生态度和人心取向是十分明晰的。譬如《中华美学感悟录》[①]说："究天人之际，通古今之变的司马迁启示我们，我们的一切美的创造，就在这'天人之际'，就在这'古今之变'。"进而言之，我们只有学际天人、学究天人、学通天人，我们的学术研究才能在探究天理、通晓人情的学术研究过程中发现美、铸造美、创造和谐美好的生存环境，我们的学术研究也就找到了自己的根本位置，也就实现了学术研究的价值。就像刘勰所言"摛文必在纬军国，负重必在任栋梁；穷则独善以垂文，达则奉时以骋绩"[②]的人生定位一样，古往今来的学问家对生命价值和人生意义的圆满实现，都体现在了他们对"天、地、人三位一体"关系的把握上。

　　按今天的理解，中华国学"人"与"自然"的关系，实际上是一种生命哲学、生命美学上的关系。从作为学术主体的学问家对学术研究的"术"理体认来看，"自然之道"显然是通过逐渐完成了它由一般的文化范畴向特定的哲学范畴过渡之后，才使其显示出了"天人合一"的"学"理意义的。也就是说，学术研究其实是一种对人的自然创造力的"道"理抽象。这种"道"理抽象与学术研究创造实际操作的"术"理是息息相关的。因此我们才说：道、学、术"三位格"是三位一体的，因为它们"三者"本来就是层递循环、互为因果的"整体"，是无法分割，不能分割，不应单独体认的"一体化"的。正如楼宇烈先生在《十三堂国学课》中说：

　　　　中国传统文化的根本特点之一是：观念上的"和而不同"，实践中的整体会通……无论是儒、释、道"三家"，还是文、史、哲"三科"，天、地、人"三学"，虽有其各自不同的探究领域、表述方法和理论特征，然

---

① 邓牛顿：《中华美学感悟录》，北京：社会科学文献出版社，1999年第1版。
② 刘勰：《文心雕龙·程器》。

却又都是互相渗透,互相吸收,"你中有我,我中有你",难分难析……要把握住中国传统文化的整体精神之所在,否则将难入其堂奥,难得其精义。①

是的,中华文化在天文彰显的"三光"之下,道学有三元、三才、三官、三清等"三位格"之说,佛学有三生、三性、三学、三宝的"三位格"之说;儒学有三元、三戒、三益、三损的"三位格"之说;再譬如哲学有"三段式"、物理学有"三相"、数学有"三角"、中医学有"三阴三阳",《诗经》中的"三颂"、书画里的"三品"、绘画中的"三原色"等"三位格"之说,都是要我们"三位一体"去理解;还有所谓"诗、乐、舞"三位一体,"文、史、哲"三位一体,"诗、书、画"三位一体,"数、理、化"三位一体,"长、宽、高"三位一体,"点、线、面"三位一体,"真、善、美"三位一体,"知、情、意"三位一体等一系列的"三位格一体化"认知的三论、三说——讲的都是"道"理、"学"理,但实质上都不能与它们必须进行的具体操作实践的第三位格的"术"理相分裂、相违背。

至于诸如中西方文化中的"三一律"②、"三体问题"③、基督教的"父子灵"④、"三元文学观"⑤等三位一体学说,也应该成为道、学、术三位一体国学方法论沟通中西方文化之一种外来文化佐证。

总之,纵览中华文化史,中华传统文化中几乎所有的"三论""三说",都应该以"三位格一体化"的思维理路去发现、去认知、去掌控。否则,便没有中华文化领域里所有疑难问题得以科学解答的可能。且让我们将以上提及的"三论""三说"列出以下三位一体图示:

---

① 楼宇烈:《十三堂国学课》,北京:北京大学出版社,2008年第1版,第71页。
② 戏剧名词,欧洲古典主义戏剧的剧本创作规则。
③ 在天文学中,根据牛顿万有引力定律研究三个天体在相互引力作用下运动问题,叫作三替问题。例如,根据牛顿万有引力定律研究地球的运动时,如果除太阳外还考虑到其他一个行星对它的引力,便形成一个三体问题。三体问题是一个极复杂的问题,到目前尚未完全解决。在物理学中,研究三个质点在相互作用力影响下的运动问题,也叫作三体问题。
④ 基督教的主要教义之一,指圣父、圣子、圣灵三位一体。
⑤ 顾祖钊:《华夏原始文化与三元文学观念》,北京:北京大学出版社,2005年第1版。

道

阳—阴

○—□—△

天—地—人

父—母—子

真—善—美

知—情—意

日—月—星①

红—黄—蓝②

角1—角2—角3③

戒学—定学—慧学④

前生—今生—来生⑤

天官—地官—水官⑥

天才—地才—人才⑦

太阳—阳明—少阳⑧

神品—妙品—能品⑨

正题—反题—合题⑩

欲界—色界—无色界⑪

---

① 《尔雅·释天》指房、心、尾三宿。
② 绘画中的三原色。
③ 角1、角2、角3构成了"三角",非此三角,无角之变化。三条线构成的三角形在几何、物理、天文、测量等领域有广泛应用。可以说在数理世界中,除了圆、方之外,三角形激活了整个数理世界。没有它的存在便没有整个数"术"世界。在三位一体方法论中,三角的"术"理是指这个世界变化的绝对性。
④ 佛学中的戒学、定学、慧学。
⑤ 佛学中的"三生",即"三世",指前生、今生、来生。
⑥ 道学所奉的神:天官、地官、水官。
⑦ 道学所指的天才、地才、人才。
⑧ 中医学中"三阴"指太阴、少阴、厥阴,"三阳"指太阳、阳明、少阳。
⑨ 中国古代评论书画艺术的三个等级:神品、妙品、能品,即上、中、下三个级别一个世界。
⑩ 哲学中指正题、反题、合题。
⑪ 佛学中将众生所住的世界分为欲界、色界、无色界。

善性—不善性—无记性①
据乱世—升平世—太平世②
过去世—现在世—未来世③
《周颂》—《鲁颂》—《商颂》④

  道、学、术三位一体第三位格之"术"理,是国学方法论操作实践所呈现的具体学术研究过程的最初愿望和最终结论。中华俗语中所谓"无三不成理""无三不言事",以上之"三位格",均应"一体化"去发现、去认知、去掌控、去解读,否则就会造成学术研究领域里不明"道"理、不讲"学"理、没有"术"理三位一体"递阶"认知的牵强附会、断章取义、中西拼凑的学术困境。

  道、学、术三位一体认知,是中华文化的先圣前贤们在源远流长的文化创造过程中形成的学术研究的"传统"。它"鉴悬日月,辞富山海"⑤;"形立则章成,声发则文生"⑥;并"穷高以树表,极远以启疆"⑦。时至今日,我们自然应该有着古为今用、洋为中用,取其精华、去其糟粕的文化胸怀,把曾经误读、误解国学文化的错误进行有理有据的拨乱反正,让它彰显出本应有之的学术辉光。因为它是国学文化中的"恒久之至道,不刊之鸿教"⑧,有着万古不变的绝对真理性。

  在中华国学"天人合一""不二法门""一言穷理"的文化世界里,有"立天之道曰阴与阳,立地之道曰柔与刚,立人之道曰仁与义。兼三才而两之,故《易》六昼而成卦"⑨的文化渊源里,中华国学的先哲们便可这样居高临下地"如是我闻"⑩:"大哉乾元,万物资始,乃统天。云行雨施,品物流形。

---

① 佛学中的善性、不善性、无记性。
② 儒学中的据乱世、升平世、太平世。
③ 佛学中将"世"按时间过程划分为过去世、现在世、未来世。
④ 《诗经》中的《颂》分为《周颂》《鲁颂》《商颂》。
⑤ 刘勰:《文心雕龙·徵圣》。
⑥ 刘勰:《文心雕龙·原道》。
⑦ 刘勰:《文心雕龙·宗经》。
⑧ 同上。
⑨ 《易经·说卦传》。
⑩ 此语多为佛学经典释道、讲道的起首语,又作"我闻如是、闻如是",意为从佛陀处亲闻。

大明终始,六位时成……天行健,君子以自强不息。"①还可儒雅豁达地道曰:"至哉坤元,万物资生,乃顺承天。坤厚载物,德合无疆……地势坤,君子以厚德载物。"②中华民族融天、地、人三位格为一体的国学文化传统,永远都是学术研究领域里取之不尽、用之不竭的文化源泉。

正如任继愈先生说:

> 中华民族文化积累丰厚,它有生命力,是活着的文化,不同于某些西方学者把中国文化积累看成考古的对象。我们的文化不但活着,还要发展,应对世界有所贡献。③

至于中华国学的先哲们为什么把天、地、人三位一体简称为"天人合一",无疑有着它最为原初的文化渊源。正如我们生下来都知道有父就有母,有了父母才有了我们自己一样——人类世界在进入父系社会的生存语境后,便悄然省略了母姓而以父姓为己姓——西方文化中的女性婚后则跟了夫姓,中华之女性则成了夫姓之"氏";于是,作为生活在"天"下"地"上的"人"在,我们虽然从来就是在母亲的怀抱里诞生的,可我们却只姓着有"天"位格的父姓,但这并不等于说我们没有"地"位格的母亲在。就像在母系社会中我们或许不知道谁是谁的父亲,谁是谁的儿女,可"不知道"并不等于我们"没有"。就这一中华文化人类学的母姓"省略"而言,母亲是伟大的。人类社会亘古以来"(天)父—(地)母—(人)子"三位一体,应该毋庸置疑。

这,或可称为中华"道—学—术"三位一体国学方法论文化渊源的最终答案,当然也是它的原初答案(以上所论"三位一体关系",参见书后《国学方法论义理图示》)。

---

① 《易经·上经·乾》。
② 《易经·上经·坤》。
③ 任继愈:《任继愈禅学论集》,北京:商务印书馆,2005年第1版,第53页。

导论

中华国学"道—学—术"三位一体方法论的理论基础

楼宇烈先生在《十三堂国学课》中说：

> 中国传统文化的根本特点之一是：观念上的"和而不同"，实践中的整体会通。①

理论是实践的翅膀，实践是理论的基石；没有理论的实践是盲人摸象，没有实践的理论是空中楼阁。中华民族的文化史，其实就是中华国学道、学、术三位一体学术理念的实践史。

> 我以为学术上的突破就是使人对研究对象的看法有一个大的转变，在认识上更接近于事实，更接近于本来面目，更靠近真理一步。②

在学术上，接近"事实"，需要"探索"事实的勇气；接近"本来面目"，需要"发现"规律的智慧；"靠近真理一步"，则使理论有了实践的价值，其过程

---

① 楼宇烈：《十三堂国学课》，北京：出版社，2008年第1版，第71页。
② 赵逵夫：《古典文献论丛》，北京：中华书局，2003年第1版，第59页。

必然是"探索—发现—真理"三位一体。国学方法论的全部要义,就是要在古老的源远流长的中华文化的河流里,寻见驱动这一河流奔腾不息的全部理由——有了这一理由,我们才能在"观千剑而后识器,操千曲而后晓声"①的学术实践关节中走进国学、接近事实、靠近真理,使我们的学术研究行为有会飞的翅膀和落脚的磐石。

道、学、术三位一体的国学文化学术理念,是认知中华民族文化全景的理论基础。这一认知基础在中华传统文化的长河里,无论是"诸子百家"还是"三教九流",无论是在实践上还是在理论上,早在先秦时就已成了天下人"兼济天下"或"独善其身"的行为准则。人们在接近自然,探索社会,发现人生"修、齐、治、平"的生命历程中,都心照不宣地遵从着这一"三段式"的哺育和教诲;只是近百年来国学理念才远离了国人的生存视野,我们也有意无意地疏远了国学文化的"早期"教育和"原始"营养,失去了对传统文化的信仰。

诚然,我们虽然也问"道"于生命实践和生活过程,但更多的时候却往往只问生活之法"术"而不言生命之"道"理。特别是当我们问鼎国学文化的传统根基和国学生成的原初本义时——我们的确应该知道但又真的不知道国学是什么?凭什么成为中华民族几千年的文化传统?一辈辈的古人为什么能留下如此颠扑不破的真理让我们望其项背?凭什么几千年过来了它还传承不朽、历久弥新?这些问题得不到回答,或者说得不到充分的重视和足够的理解——让国学传统"虚设"在我们的生命历程中和生活环境里,那就很难靠近国学、走进国学、发现国学的智慧和真理。即使是靠"近"了、走"进"了,也会因为没有对国学方法论理论基础的理解和掌控,从而使我们弘扬国学的文化实践或是浅尝辄止或是半途而废。

承《引言》所论,"国学"既然有着"中国学术"②的含义,那么我们要论证的"方法论"这一命题,就可将其称为"中国学术"之方法论——也就是国学研究之方法论:因为今天的中华"国学"作为"现在时"的"中国学术",不

---

① 刘勰:《文心雕龙·知音》。
② 参阅曹聚仁著:《国学十二讲》,香港:三育图书文具公司,1973年第1版,第3页。

仅是指"过去时"国故、国粹的全部,还应该指"现在时"对国学文化传统或对国学文化脉络进行的梳理整合、推陈出新、古为今用,以及"未来时"凡是融通了中西方文化之后建立的具有中国特色的学术研究思想、学术研究方法、学术研究结论等全方位包容。总之,中华国学作为"中国学术"的存在,不应该是一个切断历史的"小"概念、"旧"概念,而应该是一个既有过去,又有现在,还有未来的"过去时—现在时—未来时"三位一体的"种"概念、"大"概念、"新"概念。

中华国学"实际既与过去有密切联系,又与现在甚至将来有密切联系"①。这是一个高屋建瓴的文化判断。其实,人类文明的全部文化结果,都是有"过去"、有"现在"、有"未来"的。没有过去的文化传统,便没有现在的国学事实;没有现在的国学事实,便没有未来的国学前景——过去的求索、现在的发现,都是对未来文化的开拓,都是对未来文明的奠基。而这近百年来,"国学"的概念,真是有点泛泛虚空离我们远去了。但"远去",不是因为我们不知道国学有过辉煌的过去,而是因为我们不知道过去的辉煌是否可以成为明天的远景。这是一个伟大民族在复兴时必然会经历的学术彷徨和文化期待。

钱锺书先生在《谈艺录》中开宗明义地说过:

> 东海西海,心理攸同;南学北学,道术未裂。②

钱锺书先生将道、学、术三位一体的国学文化理念如此一言以蔽之,真是精妙切当地反映了他融通中西方文化的心理攸同观。这种心理攸同观,显然是建立在对人类文化"人本"相通、"人性"相通和"人文情感"相通的认知基础上的。可以肯定,对中西方学术文化的"道"理融通、"学"理融通和"术"理融通,一直是钱锺书先生颇为自觉的一个长远学术目标。对这一长远学术目标的把握,源于钱先生对中西文化"道"理、"学"理、"术"理

---

① 参阅季羡林:《季羡林说国学》,北京:中国书店,2007年第1版,第13页。
② 钱锺书:《谈艺录》,北京:中华书局,1993年第1版,第1页。

认同时"相通"的学术研究方法论的自信,于是才有了他"南学北学、道术未裂",即"道"同"学、术"虽有不同亦不能"分裂"体认的三位一体认知。事实上,正是他在学术研究过程中一直是立足于对"人生"发现,对"人本"发现和对"人道"发现,而最终立足于"人"在人本主义的学术定位,才有了他"东海西海,心理倏同"的世界文化"心理倏同"观。而怎样来理解把握中学、西学,"中学为体,西学为用"的文化关系,一直都是先贤时哲们对国学文化终能鼎立于世界文化长廊之长远目标的根本把握。

按曹聚仁先生在《国学十二讲》里的意思,"国学""汉学""中学"这一类名词,在近代社会有着和"西学"相对抗的意味,即所谓"中学为体,西学为用"的中西对抗;而我们却并未能将其很好地理解为"中西体用比和"①的关系……另一方面,则是因为国学作为中国的"国故",本来就应该有着在继承传统中"破旧立新""古为今用"的学术意愿,"国学"和"西学"不应该形成对抗排斥的局面,而应该在内外交流、中西融通的过程中为我所用。而我们却开了历史的倒车②,在近代文化建设的进程中遗弃了国学的精华英粹。譬如道、学、术三位一体思想本来就存在于中华文化"三才说"(天、地、人)的学术文化传统中,我们今天之所以把它发掘出来"古为今用",就是因为它才是国学文化中最根本、最基础、最常规、最具有中国学术文化特色的学术研究的思想和方法。

在中华文化学术背景的整体范畴中,"道—学—术三位一体",首先是一个文化哲学的哲学结论,当然也应该是学术认识论的实践结论,文化审美的学术结论。就国学方法论作为对国学文化研究的"行为过程"和实践认知而言,学问家们在学术研究过程中涉及的任何一个方面的"行为",都是由"道—学—术"层递循环、互为因果的三位一体关系构成的。这一"关

---

① 在国学的认知范畴中,"体"为主体之"我"在,"用"为客体之"他"在。体、用在《易经》卦象中即内、外卦的主客体关系。"比和"是主客体关系最为和谐、合美的关系。

② 曹聚仁先生的原意是反讽的。他说:"如今是要'破旧立新''古为今用',当然不会让年轻的一代埋葬到古人的尸骨中去;叫中学生读《国学概论》的开倒车观点,不该再保存着了。因此,我在医院里,便立下心愿,要写一部教育海外文史教师们的书,要他们明白'国学'究竟是什么。"曹聚仁先生说这话时,正是"文革"时期。

系"的存在,便是"天—地—人"三位一体(天人合一)的国学文化理念所启示的方法论存在的理论基础——即国学方法论学术观存在的学术理由。有了这一学术理由,我们就有了进入中华文化宏观领域中具体论域的可能,就有了展开学术研究具体问题时必然要秉承的道理、学理、术理"相覆盖—相涵摄—相融通"①的"三位一体"的通行证。

在国学文化研究领域,当一门门的国学研究问题作为国学文化之一隅存在于"天—地—人"三位一体(天人合一)的视野时,我们应该看到"天—地—人"三位一体(天人合一)的国学文化理念给学术研究分明暗示了这样一种道理:任何学术研究形式的存在,都应该是"道—学—术"三位一体方法论牵引下的存在;在"道—学—术"三位一体方法论的牵引下,才能看到"天—地—人"三位一体(天人合一)的中华文化的整体面容。国学方法论作为中华文化中的"学术"的研究思想和方法,最能体现中华传统文化"讲道理—说学理—立术理"三位一体的逻辑思维理路的内涵和外延。因为它最能体现"天行健"②(自然界)的伟大,"地势坤"③(社会网)的广阔,人"效天法地"(人生态)的人本情怀——这一中华国人的共同认知,便是古人所谓人法地、地法天、天法道、道法自然,"外师造化,中得心源","法而无法得自然之美"等国学文化"术"理箴言的"道"理滥觞。

在国学文化的学术大视野中,天大,地大,不如自然之"道"大;在学术研究的全部过程中,此重、彼重,不如学术之"理"重。道之理大如天、重如地、贵如人,是学术研究之真理之所以存在的最为重要的人文依据。譬如《中国道家》说:"老子以天道来规范人道,援人道融入天道,追求天人合一的最高境界。"并且说"道大,天大,地大,人亦大。域中有四大,而人居其一焉。人法地,地法天,天法道,道法自然"④。在老子看来,"自然之道"理最大:人取法于地,以地为法则;地取法于天,以天为法则;天取法于道,以道为法则;道取法于自然,以自然为法则。在这里,"自然",并不是指自然界,

---

① 语出唐君毅:《中国文化之精神价值》,前文有注。
② 《易经·乾卦辞》。
③ 《易经·坤卦辞》。
④ 同上。

而是指自然而然,本来如此的法则,与"人为"之造作的理由相对而言。以道为法则,是说要合乎自然,顺从人与万物的自然本性,不要以人为的"造作"来扭曲事物"本来如此""本该如此"的天然本性。老子以"天道"自然作为天、地、人三位位格的共同法则,于是我们才有了"域中有四大,而人居其一焉"的人文结论。而"人法地,地法天,天法道,道法自然"的精妙结论,更是说白了道明了国学文化"三才说"的理论精髓。人作为万物之灵,的确是应该向"天"——自然,向"地"——社会,向"人"——人生,汲取了天、地、人三位一体的人文情思和哲理意趣才能称之为"人"的。而国学方法论所讲的"道—学—术"三位一体方法论,说到底即是对天、地、人"三才说"的道理、学理、术理之间的相互关系融通之后的国学文化方法论义理的悟解和透解。

国学,说到底是中华民族的"文化学",是华夏大地的"人类学",是中国人的"人学"。不然中华国学文化中也就没有以自然为"客体",以社会为"载体",以人为"主体"的三位一体的"以人为本"的"和合"之言、"和谐"之论、"合理"之说。

且看道、学、术在天、地、人三位一体国学文化背景中所呈现的理论位格:

道
阳—阴
天—地—人
道—学—术
道理—学理—术理
和合—和谐—合理
自然界—社会网—人生态
讲道理—说学理—立术理
天人合一—以人为本—以和为贵
物质世界—精神世界—人本世界

道理背景—学理背景—术理背景
基本原理—基础理论—操作理论
提出问题—分析问题—解决问题
对立统一—肯定否定—质量互变①
不易之道—简易之学—变易之术②
规律—规范—规则

以上"三位格"的关系都是三位一体的。"三位一体"的文化理念,在国学文化"道生一,一生二,二生三,三生万物……"万物一体化的认知中,"天"与"地"是相对存在的"二元素"。有了这一"阴"一"阳"二元素的性定,才有了古人所谓"唯人参之,性灵所钟,是谓三才"③的三位一体国学方法论的理论滥觞。

广而言之,中华国学是"道"理"一"统的"道德"文化,有"道德"储备者"物我两忘"的学术情怀,一眼便望尽了中华文化创造的全部风景——

"文变染乎世情,兴废系乎时序。"④不管人类学术文化研究领域里有着怎样的民族文化背景,有着怎样的国家文化背景,有着怎样的"元"论说⑤的学术史、学术观,就"世界观—学术观—方法论"三位一体的认知逻辑推论而言:"三位一体",首先是一种世界观;在"三位一体"的视野里,这个世界的万物万有均以"一体化—二元素—三位格"的态势呈现在人们面前。"一体化"是说,这个世界的万物万有,大如天地,小如芥蒂,都应该是一个个的整体;"二元素"是说,这个世界的一个个的整体,都是由"阴""阳"两个基本元素构成的,就像构成计算机语言的"0"和"1"一样;"三位格"是说,万物万有作为一个个的整体存在,无一不是"阴阳"二元素"关系"诞生

---

① 马克思主义哲学的三大规律,可谓对"天—地—人三位一体"的人文关系的把握,就是对"道、学、术"三位一体规律的发现。
② "不易—简易—变易"是"道—学—术"三位一体学术研究方法论的运动属性。
③ 刘勰:《文心雕龙·原道》。
④ 刘勰:《文心雕龙·时序》。
⑤ 所谓一元论、二元论、三元论、多元论等世界观、哲学观、学术观,最终都是"一体化,二元素,三位格"的——即"三位一体"的。

的"第三者"——没有这一个个的"第三者"——即包含牵动着的"术"理进行层递循环、互为因果的三位一体运动,这个世界便不存在。

"三位一体"既不是我们曾经认知的一元论,也不是二元论,更不是三元论——它是中华国学先哲们"三生万物"①的伟大论断所警示的三位一体的哲学思想。这一思想,是对这个世界的全部文化现象之所以能够存在的"道"理、"学"理、"术"理所在的三位一体的发现;这一发现,是对这个世界万物万有之所以能够"生生不停、新新相续"运动着的全部奥秘所在和根本规律所在的发现。

中华国学是阴、阳"二元素"合一的"道"理文化;有"阴阳"见地者"对立统一"的哲学情思,人们自然会"心物交融"于阴阳"和合"的学术天地,虚实相生、仁智互补,"笼天地于形内,挫万物于笔端"②——

"自然之道"中的"道"字,在中华文化中有着万千难尽的"学"理意义和"术"理意义。在学术研究的过程中,最大的哲学智慧莫过于对天—地—人三位一体的"道"理掌控。一个"道"字,它几乎涵盖了中华国学文化所有学科门类对自然界、社会网、人生态的全部理解。中华民族文化发展的历史表明,中华国学文化的先哲们最早就具备了从彼此矛盾、两相对属、对立统一的角度来考察这世界全部问题的哲学素养。诸如对天人、生死、有无、美丑、利害、成败、动静、内外等一系列文化观念的认知,都有着极为深刻精到的哲学感悟。所谓"对立统一"的世界观,其实就是"一阴一阳之谓道"的"学"理抽象。中华国学文化的先哲们在这些"道"理上的真知灼见,可谓无处不有、无处不在,它几乎遍布于中华民族文化的全部土壤。

中华国学是天、地、人三位一体的"三才"文化。天、地、人"三才"所构建的"自然界—社会网—人生态"的世间"三相":物相、我相、本相,给了我们为人生的学术文化创造一把钥匙,它会悄然开启人们进行学术文化创造的心灵之锁——

---

① 老子:《道德经》。但这一思想并不仅仅是老子的,在先于老子《道德经》的《易经》中,随处可见其思想。
② 陆机:《文赋》。

"天人合一"的国学文化理念,是一种"天人相与""天人本无二"的理念。人在对"天"的认识中必然要与"自然"产生一种关系,人们可将其称为"道"理关系;人在对"地"的认识中必然要与"社会"产生一种关系,人们可将其称为"学"理关系;人在对人的认识中必然要与"人"产生一种关系,人们可将其称为"术"理关系。这种同生共死不弃不离层递循环、互为因果的关系,是道、学、术三位一体存在的理论基础,它是人们把握人类所有学术文化创造的基本原理和基本方法。

中华国学是"金、木、水、火、土"相生相克的"五行"文化。人们带着这把钥匙,才能打开"一统""二元""三才"筑就的中华国学文化的一道道大门。就像古代的先哲们缘"道"而行,有"天、地、君、亲、师"五圣引路,有"仁、义、礼、智、信"五常明断,有"想、受、行、思、色"五蕴营养,有"诗、书、礼、易、春、秋"五经相随相伴一样,从而走向你中有我,我中有你,但最终"你就是你,我就是我"的真、善、美三位一体的学术文化创造的唯美境界——

道、学、术的"道"理、"学"理、"术"理的三位一体性,是中华国学文化"道学"与"道术","道统"与"学统"等文化概念存在的理由。中华国学方法论,则"道统"于"不易"之"道"理,"学统"于"简易"之"学"理,"术统"于"变易"之"术"理,从而使国学方法论在具体操作实践活动中能知变、适变、应变、通变,最终获得"道—学—术"三位一体的实践自觉和学术自由。

中华国学是儒家、道家、释家、农家、医家诸子百家关于人的生命意义的"入世、超世、出世"的三位一体文化;要想跨进学术文化创造的高境界,非此诸家诸学的哺育不能得其"道"、见其"学"、悟其"术"。没有道理—学理—术理"一统""二元""三才""五行"思想的层递循环、互为因果的文化关系的宏观把握,便没有学术文化创造中建一家之言、立一学之说的学术可能——

无论是儒家学说、道家学说、释家学说,还是诸子百家之学说,中华文化都是讲"道"理的学说,讲"学"理的学说,讲"术"理的学说。譬如国学文艺理论巨著《文心雕龙》开篇即言:"文之为德也大矣,与天地并生者何哉"①,"辞之所以能鼓天下者,乃道之文也"②;"心生而言立,言立而文明,自然之道也"③。这里所谓的"道心",其实就是"致广大,尽精微"的道、学、术三位一体的规律通过层递循环、互为因果的运动,最终归结到一个"点"(·)上——"道"理上的国学方法论的宏观体认。中华文化"一统""二元""三才""五行"的学术文化理念,其核心最终都归结到一个"点"(·)上——即"道"理上了。国学文化的所有领域无一不是向着这一"致广大、尽精微"的"点"——"道"理上会聚,才构成了中华文化的汪洋恣肆、博大精深。

中华国学是真—善—美三位一体的关乎人的生命意义和生存价值"本然、自然、超然"的"天人合一"的文化。"天人合一",其实就是天、地、人"三才说"的简称,是"一统"的"根本"、"二元"的"真相"、"三才"的"中介"、"五行"相生相克的"理由"。它给中华学术文化创造以至真至诚、尽善尽美的学术逻辑启示——

国学是文化的学术,文化是国学的文化,在"三位一体"的世界里,"一切都在中间环节融合,通过中介过渡到对方"④的"中庸"⑤之思,对理解道、学、术"三位格"的三位一体运动关系,是"不可须臾离也"⑥的法宝。我们曾经在学术研究领域中的主、客体两大块的学术论争,只是哲学意义上矛盾双方对立统一的哲学关系描述,所谓对立统一的世界观与中国古代哲学"一阴一阳之谓道"发现的"阴阳二元素"的关系描述是一样的,它不能说明学术研究中"物"在与"我"在所涉及的具体学术关系问题。具体的学术关系只能是"一切都在中间环节融合,通过中介过渡到对方"的三位一体关系,即"提出问题—分析问题—解决问题"的关系。这一关系的存在,不是"道"理和"学"理二者之间的关系,也不是"学"理和"术"理二者之间的关

---

① 刘勰:《文心雕龙·原道》。
② 同上。
③ 同上。
④ 参阅劳承万:《审美中介论》,上海:上海文艺出版社,2001年第1版,第15页。
⑤ 《中庸》:"子程子曰:'不偏之谓中,不易之谓庸。中者,天下之正道;庸者,天下之定理。'"
⑥ 《中庸》:"天命之谓性,率性之谓道,修道之谓教。道也者,不可须臾离也。可离,非道也。"

系,而是道、学、术三位格层递循环、互为因果的"三位一体"的关系。

总而言之,中华国学文化是"一体化"的"道德"①文化,是"二元素"的"学术"②文化,是"三才说""五行变"的"术数"③文化。

道、学、术三位一体国学方法论,作为中华国学文化最根本、最基础、最常规的学术认知方法论的总概括。我们亦可就其文化精神的人本特征而言:国学文化因儒家的"入世"之道而显"富贵",因道家的"超世"之道而显"清雅",因佛家的"出世"之道而显"超脱"。一言以蔽之,"入世—超世—出世"三位一体的生存概括,是人的生命历程中精神世界必经的心灵历练。中华国学文化则因兼得儒、道、释三家文化精神而"真"理自在、"善"理自存、"美"理自得。中华国人无一不受此三家文化之哺育,故此楼宇烈先生的《十三堂国学课》④,才能以释、道、儒三家学说在传统文化中的地位,涵盖了中华国学之人文精神。正如支撑西方文化基督教信仰中的父、子、灵三位一体一样:父、子、灵三者是不可分割体认的,倘若认父不认子,圣灵就没有在门徒心中存在的可能,也就没有了所谓西方文化。再譬如东方佛教所言的佛、法、僧"三宝",戒、定、慧"三学",同样也是三位一体的:有佛才有法,有法才有僧,有僧才能使佛法得以发扬光大,"三宝""三学"缺一是不能称为佛教文化的。这便正如要在本书中贯穿到底的天、地、人三位一体的国学文化理念一样,道、学、术三位一体是"致广大"于无边,"尽精微"至末节的学术文化创造的学术观和方法论,否则,中华文化就没有学术研究的"广度—深度—高度"的三位一体性可言。

在"道—学—术"三位一体的视野里,国学文化研究无论走向哪里,无论涉及何种学说,都是"自然之道"的儿子,都是"道德"文化的后裔,都是关于这自然、这社会、这人生的灵魂和血肉的抽象而生的三位一体"故事":只是血肉归于远古的泥土,灵魂化为过去的云烟,中华"道—学—术"三位一

---

① 这里指道、德合一之"道"统。
② 这里指学、术合一之"学"统。
③ 这里指术、数合一之"术"统。
④ 《十三堂国学课》主讲了中国文化中的儒、释、道三家学说之文化精神,以及对中西方文化的历史评判和对中国文化的反思及展望。

体国学方法论就在这样的历史文化进程中,被中华民族代代延传、辈辈承继流传至今。

且看国学方法论的理论框架:

"道"理体系三位一体思维理路推论:

道

阳—阴

道—学—术

不易—简易—变易

世界观—学术观—方法论

学术规律—学术规范—学术规则

基本原理—基础理论—操作理论

道理体系—学理体系—术理体系

对立统一—肯定否定—质量互变

不易性—简易性—变易性

道统—学统—术统

道—学—术

术—道

学①

没有国学方法论基本原理的"道"之理的"规律"发现,便没有国学方法论基础理论"学"之理的"规范";没有"学"之理的规范,便没有国学方法论操作理论"术"之理的"规则"。学术研究的"规律—规范—规则"是三位一体的。没有这一"三位一体"的学术研究体系的逻辑级次的"递阶",学术研究的结论便是不科学的。"道"理体系是检验学术研究领域里所探索和所发现的问题是否"科学"的基本原理。

---

① 从"道"至"学"的思维理路,即中华文化各学说的传统治学方法。

"学"理体系三位一体思维理路推论：

学

道—术①

道—学—术

道理—学理—术理

世界观—学术观—方法论

提出问题—分析问题—解决问题

学科定性—理论定位—实践定向

学术论点—学术论据—学术论证

对立统一—肯定否定—质变量变

基本原理—基础理论—操作理论

不易之道—简易之学—变易之术

规律—规范—规则

道—学—术

学—术

道②

就国学方法论基础理论体系建设的"级次"而言，对国学方法论基础理论的"学"理肯定，就是要将学术研究的"愿望"变为"解决"学术问题的"可能"。因此说：因为当我们一旦回答了要解决某一问题的"道"理时，那么紧接着的便是"学"理的追问和"术"理的考察。这紧接着的学理"追问"和术理"考察"是严谨而苛刻的，因为"无道不能成学，无学不能知术，无术则无操作的理由"——这是道、学、术层递循环、互为因果的三位一体运动关系所决定的所解决问题的基本认识。

---

① 由"道"而"术"的逻辑推论，即传统文化对"学"理认知的"中介"省略，这与"天人合一"即天、地、人三位一体中对"地"位格的省略同理。譬如中国道家的"道术"，并非不需"学"理便能致"术"。

② 万法归一，万术归道；一即道，道即一。从建设学术基础理论体系"学"理框架的思维理路而言，由"学"而"道"，是"学"理必须追踪的学术哲学理由的起点和终点。

"术"理体系三位一体思维理路推论：

术①

术—学

道—学—术

不易—简易—变易

世界观—学术观—方法论

提出问题—分析问题—解决问题

基本概念—逻辑形式—学术规则

历史结论—现实结论—未来结论

道理规律—学理规范—术理规则

对立统一—肯定否定—质量互变

道统—学统—术统

道—学—术

学—术

②道

我们应该这样认为：在无理论"体系"意识的学术研究过程中，并不是没有道理、学理、术理"三位格"运动关系的潜在，而是我们并未"发现"这一潜在义理的"三位一体"性。因此，我们或者持其一"格"便行偏激之言，或者持其二"格"谈机械唯物主义的所谓二元辩证法，或者也知其三"格"、论其三"格"，但却少有发现"三位格一体化"关系者。其实，"三位格"之三位一体的层递循环、互为因果的"关系"，才是建立学术研究理论体系的一把钥匙。没有"道理—学理—术理"三位一体整体关系描述的所谓规律和法则，都不能称之为规律和法则，只能说是一种单一的、片面的、经验机械的结论。经验结论虽然在某一个点上有着暗合规律的机缘，但它不能放之

---

① 以"术"为发端的"术"理追踪，其实就是学术进入实践环节时的具体操作。

② 所有的"术"理操作行为，都是对"道"理的实现和"学理"的实习，最终都应该万法入"学"，万"学"归道，否则就不是科学的实践。

四海而皆准,所以其学术研究结论往往不能自圆其说,最终必定会在操作实践中捉襟见肘。

结论是:"道理—学理—术理"三位一体层递循环互为因果的运动"关系",是国学方法论"提出问题—分析问题—解决问题"的理论依据。它是对中华国学哲学思想指导下的学术研究基本规律的"原初"存在。譬如国学典籍中文艺理论巨著《文心雕龙》"文之枢纽"[①]的三位一体思维理路便是一个最为经典的范例,且看它在马克思主义哲学原理检验下所呈现出的级次状态:

中华国学哲学思想:
不易之"道"—简易之"学"—变易之"术"
马克思主义哲学观:
对立统一规律—肯定否定规律—质变量变规律
三位一体方法论:
基本原理之"道"—基础理论之"学"—操作理论之"术"
《文心雕龙》文之枢纽:
《原道》之"道"—《圣·经》之"学"—《纬·骚》之"术"[②]

检验比较的学术结论是,道、学、术三位一体是合乎马克思主义哲学的基本原理的:

道—学—术
基本原理—基础理论—操作理论
不易之"道"—简易之"学"—变易之"术"

[①] 刘勰《文心雕龙·序志》:"盖文心之作也,本乎道,师乎圣,体乎经,酌乎纬,变乎骚,文之枢纽,亦云极矣。"《文心雕龙》共五十篇,以前五篇构建了其文本理论框架——即刘勰所谓"文之枢纽"。
[②] 即"本乎道,师乎圣,体乎经,酌乎纬,变乎骚"——即"文之枢纽,亦云极矣",意为:这五篇文章的文字,也就把《文心雕龙》的整体框架和写作意图说完了。

对立统一规律—肯定否定规律—量变质变规律
《原道》道统—《圣·经》学统—《纬·骚》术统①

学术的意义在于探索,规律的价值在于发现。而通过探索之后最终被我们发现的规律的"语词命定"是学术研究中的"难中之难"。因为对规律的抽象意义的义理所指是要通过具有语言文字符号系统的"语词"去界定的。我们的界定不是对具体事实的形象描述,而是对具体事实概括之后的"非此莫属"的抽象肯定。因此无论是谁,或是哪门学科提出的规律,都应该用"非此莫属"的语词去命定,否则就不能称其为规律,只能是经验的描述。且看"道(○)—学(□)—术(△)"三位一体学术研究"级次"的运动关系,参见书后《国学方法论义理图示》:

> "道"理统驭的三位一体关系提示(道○·学□·术△):道中有学,学中有道;道中有术,术中有道——道是学之道,学是道之学;道是术之道,术是道之术。
>
> "学"理规范的三位一体关系提示(道○·学□·术△):学中有道,道中有术;术中有道,道中有学——学是道之学,道是学之道;学是术之学,学是学之术。
>
> "术"理牵引的三位一体关系提示(道○·学□·术△):术中有道,道中有学;学中有道,道中有术——术是道之术,道是术之道;术是学之术,术是术之学。

根据这一"级次"关系的提示,我们可以看出道、学、术三位一体即:通过学术研究基本原理(○)的科学真理性,基础理论(□)的学科概括性,操作理论(△)的术科运动性在"道"理、"学"理、"术"理三层面上所呈现出的层递循环、互为因果的研究关系,最终归结到一个"点"(·)上的思维理

---

① 国学文化中多有"道统""学统"之说,其实,"术"虽"变易",亦应有"一统""统一"的理论体系。

路的显示,最终肯定了学术研究体系所构成的学术框架,必须是"一体化"的有义理"级次"的概念演绎的结果。否则,就不是"致广大,尽精微"的科学的学术研究方法论。因此,我们应该这样来理解学术研究"思维理路"的全过程:

道

学—术

天—地—人

道理—学理—术理

道理体系—学理体系—术理体系

基本原理—基础理论—操作理论

不易之道—简易之学—变易之术

学术客体—学术主体—学术载体

提出问题—分析问题—解决问题

学术规律—学术规范—学术规则

道统—学统—术统

术—学

道①

根据以上关系的推论,我们应该看到这样一幅义理图画:由"道理—学理—术理"牵引的"基本原理、基础理论、操作理论"三位格给我们"提出问题—分析问题—解决问题"的三位一体学术研究方法论提出了"规律—规范—规则"三位一体的学术观;由这一学术观牵引的"学术客体、学术主体、学术载体"三位格给我们的"道理体系—学理体系—术理体系"三位一体的学科建设找到了"不易之道—简易之学—变易之术"的科学的方法论。有了这样一种理论与实践相结合是双向"三级次"的道—学—术三位

---

① 在这里:道是终,也是始;道是流,也是源;道是末,也是本;道是"不可道"的有限又无限的省略。

一体层递循环、互为因果的科学方法论的存在,我们在进行各个领域里的学术研究时,就可以"乘一总万,举要治繁"①,"致广大"于无边,"尽精微"至末节。

我们应该看到:中华国学文化作为"中国学术"的存在,它从来就是道、学、术三位一体的大"道"之言、大"学"之说、大"术"之论,不然像国学经典中的"四书""五经"何来这样无须翻译也"道"理自然、"学"理自明、"术"理自通的"道德"文化的千古箴言呢:

> 大学之道,在明明德……古之欲明明德于天下者,先治其国;欲治其国者,先齐其家;欲齐其家者,先修其身;欲修其身者,先正其心;欲正其心者,先诚其意;欲诚其意者,先致其知。致知在格物……物格而后知至,知至而后意诚,意诚而后身修,身修而后家齐,家齐而后国治,国治而后天下平。(《大学》)

> 天命之谓性,率性之谓道,修道之谓教。道也者,不可须臾离也。可离非道也。是故君子戒慎乎其所不睹,恐惧乎其所不闻。(《中庸》)

> 君子务本,本立而道生……吾道一以贯之,忠恕而已……朝闻道,夕死可矣。(《论语》)

> 域民不以封疆之界,固国不以山溪之险,威天下不以兵革之利。得道者多助,失道者寡助。(《孟子》)

> 形而上者谓之道,形而下者谓之器,化而裁之谓之变,推而行之谓之通,举而错之,天下之民,谓之事业……易与天地准,故能弥纶天地之道……乾道变化,各正性命,保合大和,乃利贞。首出庶物,万国咸宁……至哉坤元,万物资生,乃顺承天……坤厚载物,德合无疆。

---

① 刘勰:《文心雕龙·总术》。

含弘光大,品物咸亨。牝马地类,行地无疆,柔顺利贞。君子攸行,先迷失道,后顺得常。(《易经》)

有言逆于汝心,必求诸道;有言逊于汝志,必求诸非道。① (《尚书》)

说:天地之道,寒暑不时则疾,风雨不节则饥……故曰:乐者乐也。君子乐得其道,小人乐得其欲。以道制欲,则乐而不乱;以欲忘道,则惑而不乐。② (《礼记》)

所谓道,忠于民而信于神也。上思利民,忠也;祝史正辞,信也。③ (《春秋》)

道之在天下,犹川谷于江海。④ (《老子》)

鱼相忘于江湖,人相忘于道术⑤(《庄子》)

是的,国学作为"国故"之学,就其哲学义理而论,无论是"学"理的还是"术"理的,其实都是言道论道"传统"的道学精神的学术领会。而"学术上的突破除了先进的理论和方法之外,对于研究对象的全面、正确的了解是很重要的。有时候,仅仅由于新材料的发现或一个旧材料的重新认定、解读,就会引起学术上的新突破"⑥。楼宇烈先生在《十三堂国学课》中就中

---

① 《尚书·太甲下》。
② 《礼记·乐记第十九》。
③ 《春秋·桓公六年》。
④ 《道德经》。
⑤ 《庄子·大宗师》。
⑥ 赵逵夫:《古典文献论丛》,北京:中华书局,2003年第1版,第59页。

华传统文化中的国学典籍做了这样的学术综述：

> 中国传统文化源远流长，博大精深。然在其久远博大之中，却"统之有宗，会之有元"。若由著述典籍而论，经、史、子、集，万亿卷帙，概以"三玄"（《易经》《老子》《庄子》）、"四书"（《大学》《中庸》《论语》《孟子》）、"五经"（《周经》《诗经》《尚书》《礼记》《春秋》）为其渊薮；如由学术统绪而言，三教九流、百家争鸣，则以儒道两家为其归致。东晋以后，历南北朝隋唐，由印度传入的佛教文化逐步融入中国传统文化，释氏之典籍（佛教典籍）浩如烟海，就其中对中国传统文化影响最深远，约可与"三玄""四书""五经"之地位相当者，当数以下"三论"：《中论》《成唯识论》《大乘起信论》（此论为疑伪论），"九经"：《金刚经》（附《心经》）、《法华经》《华严经》《阿弥陀经》《维摩诘经》《涅槃经》《楞严经》《圆觉经》（以上二经为疑伪经）、《坛经》，"一录"：《景德传灯录》，与统绪因而也就成了中国传统文化中的一个有机组成部分。儒、释、道"三家"，鼎足而立，相辅相成，构成了唐宋以降中国文化的基本格局。所谓"以佛治心，以道治身，以儒治世"（南宋孝宗皇帝语），明白地道出了中国传统文化的这种基本结构特征。①

其实，上述国学经典也只是国学文化经典中的一部分，若是把国学指称为"中国学术"，再查考其道、学、术存在的三位一体性，那可又是一番博大精深的面貌。"七略""四库"汗牛充栋的中华国学文化典籍，从理、工、农、医到经、史、子、集，从三教九流到诸子百家，何处不是大"道"之言、大"学"之说、大"术"之论。所谓"无三不言事""无三不成理"——道、学、术三位一体在效天法地的古人看来，便是中华学术文化形成于天地之间的"秉文之金科，含章之玉牒"②，是亘古以来中华民族之所以形成"和合—和谐—合理"的三位一体文化关系的原始结论和原初结论。在"天人合一"学

---

① 楼宇烈：《十三堂国学课》，北京：北京大学出版社，2008年第1版，第71页。
② 刘勰：《文心雕龙·明诗》。

术文化理念的理论奠基下,中华国学天不离地,地不离天,天地与人同在,人与天地同行;道不离学,学不离道,道与学术同在,学术与道同行,前辈后学们在中华学术文化创造的过程中,自始至终都在关照着天、地、人三位格之间最为崇高、最为伟大、最为显明的"不易—简易—变易"的三位一体关系。

在中华文化三位一体的"关系"里,最为让人感动的是中华国学的"道"理图腾——太极图。它是活跃于人类文化世界"☯"里的两条交颈而卧的阴阳鱼。在国学文化的大厦里,这幅图腾就像现代计算机语言的"0"和"1"那样叫我们惊叹而自豪,因为它圆了中华民族缘道之旅的"道"理梦想;并且让我们深信人类在政治、法律、伦理、道德、经济乃至科学技术等全部文化领域里的文明,都可以从这一图腾的哲学义理中获得崭新的巨大的承前启后的推动力,从而使中华民族的文化光耀神州。且看在中华学术文化史上倾倒过无数中华国人的《太极图说》:

> 自无极而为太极。太极动而生阳,动极而静;静而生阴,阴极复动。一动一静,互为其根;分阴分阳,两仪焉。阳变阴合而生水火木金土,五气顺布,四时行焉。五行,一阴阳也;阴阳,一太极也,太极本无根也。五行之生也,各一其性。无极之真,二五之精,妙合而凝,乾道成男,坤道成女。二气交感,化生万物;万物生生,而变化无穷焉。①

"区区一幅太极图,寥寥二百五十字②,却为统治中国上千年,甚至影响整个东亚社会的宋明新儒学,构筑了一座广远而深宏的本体大厦。"③宋朝理学大师朱熹也称其"上接《论语》《孟子》,凌驾汉唐诸儒之上,真得千圣以来的不传之秘"。如果把《太极图说》与《大学》《中庸》《论语》《孟子》《法

---

① 《太极图说》为复兴孔子之学的北宋儒学宗师周敦颐所撰。
② 《太极图说》分上、下篇,共二百五十字,此为上篇。
③ 陈志良等主编:《中国道家》,北京:宗教文化出版社,1996年第1版,第5页。

句经》《贤愚经》等国学经典相提并论,并认为它是国学文化中"以少胜多"的范例,那就可以认为《太极图说》这二百五十字,真也字字珠玑,让我们一下子便看到了先圣前贤们先悟大道而后言"修、齐、治、平"的人生价值观的崇高与伟大。譬如创言《太极图说》的儒学宗师周敦颐便是深谙"道中之学,学中之术"妙诀的国学大师。他将中华国学文化"一体、二元、三才、五行"文化的虚虚实实、实实虚虚的众妙之门开启得天衣无缝。而正就是通过这一开一合的"自然之道"的大门的开启,中华国人才有了将诸子百家之学术精神融为一体的中华国学文化的情在、理在,情思、理思。

所以说:"天—地—人"三位一体,从来都是中华国学的文化世界观;"道—学—术"三位一体,从来都是中华国学文化的学术观;"道理(基本原理)—学理(基础理论)—术理(操作理论)"三位一体,从来都是中华国学文化的方法论。我们在这里所做的挖掘和整理,只不过是对它一直存在着、流传着的一种发现梳理罢了。且让我们一步步走进中华民族这一古老而又美丽的"天人合一"的文化家园,与国学文化中的道、学、术三位格进行更为切近的学术对话。

一、"道"理论:天—地—人三位一体

"道",是国学方法论三位一体学术研究理论框架的"基本原理"。中华文化无论是哪一领域里的文化,说到底都是中华民族的"道"理文化。中华国学无论怎样博大精深,无非就是一部"道"理论的集成。"文化二字讲得浅,就是人生的花样。从里面讲,宗教、科学、哲学、文学、艺术、政治、法律、经济,一切的一切,都是人生的花样……表现在外面的,就是我们的人生。"[①]

---

① 钱穆:《人生十论》,桂林:广西师范大学出版社,2004年第1版,第95页。

"道之在天下,犹川谷于江海。"①天下之大,大不过"道"理;山川之广,广不过"道"理;江海之深,深不过"道"理。在中华文化的学术研究领域中,"道"可"致广大"于无边,"尽精微"至末节。而文化则如一条条的河流,顺着河流溯源而上,就能找见它的源头。"道",是哲学范畴中规律存在的真理源头,没有对真理作为"道"理存在的绝对"不易"性肯定,就没有哲学范畴中所谓真理是"相对的""绝对的"等言论及学说。古人所谓"思无定契,理有恒存"②,讲的就是"道"之理存在的"绝对"性。而"道"理,是指世界观统驭下的学术研究学术观和方法论的"学术世界观"③存在的绝对理由。国学方法论"基本原理"的存在,虽可"一言以蔽之"为学术研究的"道"理体系。但面对中华文化的江河湖海,却像流水的源头一样,虽然本然、自然、本在、自在,却古老而又深沉,迂回而又曲折,要去追寻它、探索它、发现它则是艰难的,难就难在我们有着曾经的知识体系制约着我们的行动。所以说"人类的知识史,实质上是一个好知识和坏知识恶斗的历史"④。在人类形成知识思维方式的发展史上,即按照和运用什么样的思维方式进行认识活动的历史过程中,应该按照和运用什么样的方法论进行学术研究的思维活动,便成了学术研究活动中的首要追问。有《方法论》一书认为:"哲学发展史阐明,每一种方法论,都是自己时代的认识成果的思想精华的结晶,而且最终都凝结在其特有的概念和范畴的逻辑形式和规则之中。因此,要全面继承和科学总结哲学发展史上的方法论理论和形式,就必须对哲学史上的基本概念、范畴的逻辑形式、规则所凝结的方法论内容及实质进行认真发掘和发挥。黑格尔就是这样地来研究哲学史,并且也是这样来创造自己的逻辑体系的。"⑤看来,"基本概念—逻辑形式—学术规则"的三位一体逻辑认知程序,是建立方法论的关键。这正如国学文化中的"道"之理,它就

---

① 《道德经》。
② 刘勰:《文心雕龙·总术》。
③ "学术哲学"不是"哲学"的全部,而是"哲学"之一隅。或者说不是哲学的"主义",而是形成学术观、认知方法论的学术世界观(详见后文论述)。
④ 曹文轩:《小说家:准造物者》,载《小说选刊》2001年第5期。
⑤ 陈世夫、华杉主编:《方法论》,西安:陕西人民出版社,1996年第1版,第6页。

是中华国学的先圣前贤们所言的"知其先后,则近道矣"的《大学》认知的第一道逻辑程序。

《大学》说:"致知在格物……物格而后知至。"——在古人眼里,人们想要获得"格物"的逻辑形式,并且遵从"物格"的学术规则,就必须从天、地、人三位一体—"天人合一"的文化理念中发现"道"之理"一"统天下的学术奥妙。"道",其实是中华文化领域里最大、最高、最全面、最权威、最能动的学术"母亲"。

这一点,在所有国学文化典籍中都表现得最为崇高、最为伟大、最为突出、最为明显。中华古人对这一文化理念是深谙于心,心照不宣,且都能"不言而喻""大而化之"于自身的生命实践和学术实践活动中的。正如《大学》所言"知止而后有定,定而后能静,静而后能安,安而后能虑,虑而后能得"——即说明在经过"能定志—能静安—能虑得"三个阶段的生命过程后,学者们才获得了生命价值和学术价值中至真、至善、至美的大"道"之理。才能有这样的生命感悟:"天命之谓性,率性之谓道,修道之谓教……中也者,天下之大本也;和也者,天下之达道也。致中和,天地位焉,万物育焉。"[①]——这便一下子言明了"天、地"以阴阳五行生化万物,而人如能"知天命—率性情—修道德"三位一体"学而不厌",就能达到"中庸"之人生境界。这是"学而时习之"的学问家们所期待的最为根本、最为合理的人生修养之结果。且看这段国学箴言给我们修身养性的"道"理启示:

动而为天下道—行而为天下法—言而为天下则[②]
天地有位—万物有育—人能中和
"天"命—"地"理—"人"道
知天命—率性情—修道德
能定志—能静安—能虑得
至真—至善—至美

---

① 《中庸·第一章》。
② 同上书,第二十三章。

天—地—人
道—法
则①

这里的"则",即人的生命过程中所遵守运用的一切认知程序和行为法则。就《中庸》所启示的三位一体生命法则而言,孔夫子教诲人生的国学经典《论语》中多有"三"理之思、"三"理之言和"三"理之道:

> 子曰:"三"思而后行②——实践之道
> 子曰:吾日"三"省吾身——心修之道
> 子曰:举一隅不以"三"隅反——思维之道
> 子曰:"三"年无改于父之道,可谓孝矣——孝道
> 子曰:"三"年学,不至于谷,不易得也——求学之道
> 子曰:益者"三"友,损者"三"友——交友之道
> 子曰:"三"人行,必有我师焉——自省之道
> 子曰:益者"三"乐,损者"三"乐——得失之道
> 子曰:侍于君子有"三"愆——心修之道
> 子曰:君子有"三"戒——身修之道
> 子曰:君子有"三"畏——心修之道
> ……

这些文言"国语"里的"三"字,其实都不是数序中的"三"在,大都表达了一种人们在天、地、人"三才"文化环境下生存所应该遵从的"多次"的、"反复"的、"所有"的、"整体"的、"从头到尾"的、"自始至终"的一种行为法则的"必须"。楼宇烈先生说:

---

① "则",即人生命过程中所遵守运用的一切行为准则。
② 均见《论语》,但所引均不为全章句。

儒、释、道"三家",文、史、哲"三科",天、地、人"三学"等构成为中国传统文化的一个有机整体,那么对于这个文化整体来讲,其中的任何一家、一科、一学都是不可或缺的,否则这一文化整体的特性将发生变异,或者说它已不再是原来那个文化整体了;而对于其中的每一家、每一科、每一学来讲,则都是这一文化整体中的一家、一科、一学,且每一家、每一科、每一学又都体现着这一文化整体的整体特性。唯其如是,对于中国传统文化的研究,不管是研究那一家、那一科、那一学,我认为,首先是要把握住中国传统文化的整体精神之所在,否则将难入其堂奥,难得其精义。①

为什么都是"三"呢?因为中华国人"无三不言事",无"天理、地理、人理"之三理在,就不能说事拉理。换言之,这便是天—地—人三位一体国学文化世界观对人们在天地之间之所以能够生存的起码的道德文化要求。这一起码的道德文化要求,落在具体的"人"的生命环境和生活实践过程中,便形成了人们一言一行、一举一动都必须以遵从天、地、人三位一体之"道"为条件的文化背景——它寓表着整个人类对"和合的天道——和谐的地道——合理的人道"三位一体之"道"存在的人性希求和文化认可。"三",在中华传统文化中是一个有着显赫地位的天"数"字——当然也是"替天行道""三生万物"的道"数"字②。

故此,古人才会说:"天下有三重焉……是故,君子动而世为天下道,行而世为天下法,言而世为天下则,远之则有望,近之则不厌……明则动,动则变,变则化,唯天下至诚为能化。"③所言真是妙极,这便是之所以我们把"国学"也称为是"人学"的最为生动、最有"道"理的国学文化结论。下面且看:

---

① 楼宇烈,《十三堂国学课》,北京:北京大学出版社,2008年第1版,第71页。
② 在《易》的义理和术数中,将一、三、五等看为"天数",故有天一、地二、天三、地四、天五、地六等数之序列之说。
③ 《中庸·第二十三章》。

道

阳—阴

天—地—人

道—学—术

明—动—变

道—法—则

道统程序—学理程序—术理程序

基本原理—基础理论—操作理论

提出问题—分析问题—解决问题

道理规律—学理规范—术理规则

明了"道—法—则"的"动变",也就明了"天—地—人"三位一体国学文化"三"理(三位格:天、地、人)归"一"(一体化:整体认知)的"道"理。

对国学方法论中的"道"理把握,说到底便是对"道"之理的发现和体认。所谓"无道不能成学,无学不能知术",是说在学术研究的过程中,最大的失败和失误莫过于无"道"理之"法、则"控制的所谓学术自由。"一门学问,或者说一个学科,得有它的一个总体的逻辑框架和理论格局,这个总体的逻辑框架和理论格局,就是通常所说的某门学问和某个学科的'概论'。而要想'概论'一门学问,是须要从'道'理发端,才有可能建立总体的逻辑框架和理论格局的。"[①]显然,《国学方法论》作为对中华传统文化方法论的一种梳理整合,也必须有总体的逻辑框架和理论格局;而要有总体的逻辑框架和理论格局,就必须对设置这一总体的逻辑框架和理论格局的学术意图进行具有哲学逻辑意义的原理追踪。否则,也就不可能建立所谓总体的逻辑框架和理论格局而虚空了或者误导了学术研究的整个过程。虚空和误导的最大原因,也就是没有"基本原理"的"道"之理的统驭。

就"道"之"理"在的渊源而言,在学术研究的过程中,最大的学术哲思

[①] 於可训:《写作学基础理论研究的新收获》,载《写作》2005 年第 5 期。

莫过于对"天—地—人"三位一体的"道"理思考。而中华文化天、地、人"三才说"中蕴含的一个"道"字,它几乎涵盖了中华学术文化所有学科门类对自然界、社会网、人生态的全部理解。所以古人说"人法地,地法天,天法道,道法自然";今人说"诗人必须由悟道而生情,效法自然之道而进行吟咏,始得成'自然'之高品"①。《文心雕龙·原道》开篇即言,天下文章"莫不原道心以敷章";"辞之所以能鼓天下者,乃道之文也";"心生而言立,言立而文明,自然之道也"。这所谓的"道心",其实就是学术之"法"、学术之"则"之所以能够存在的文化缘由——"道"理在。

"道"理,在国学文化典籍中无处不在:从国学文化"一阴一阳之谓道"的哲学发现,到古人对"自然之道"的体认,"道"字在中华传统文化中有着万千难尽的"学"理和"术"理意义。譬如《中华美学感悟录》认为②,仅就中国艺术哲学的重要范畴而言,"自然之道"美学理论的形态出现是在南北朝时期。艺术哲学发展的历史表明,中国古人最早就具备了从彼此矛盾、两相对属、对立统一的角度来考察问题的素质。诸如对天人、美丑、有无、虚实、内外、动静等认识,都有着极为精到的理解和感悟。慎而思之,这些所谓对立统一的哲学理念都是"一阴一阳之谓道"的"自然"之"理"的"道"理抽象。在学术研究过程中,有很多诸如虚实、真假、美丑、善恶的对立统一的"道"理需要认知。而国学在这些道理的体认方面则有着非常精到的真知灼见。譬如"情者,文之经;辞者,理之纬"③;"情以物迁,辞以情发"④;"人禀七情,应物斯感,感物吟志,莫非自然"⑤等国学箴言,即共同强调了一个"道"理:人在学术研究过程中取法"自然之道"的认知途径和"秉文之金科,含章之玉牒"⑥,都是天、地、人三位一体的产物。

在这里,"道"作为一种"不易"的、绝对的"理"在,是对天、地、人三位一

---

① 参阅邓牛顿:《中华美学感悟录》,北京:社会科学文献出版社,1999年第1版,第6页。
② 同上书,第7页。
③ 刘勰:《文心雕龙·情采》。
④ 刘勰:《文心雕龙·物色》。
⑤ 刘勰:《文心雕龙·明诗》。
⑥ 同上。

体所显示的学术研究"基本原理"的义理所指。这一"基本原理"的存在,是以"致广大、尽精微"的学术姿态来把握所有学术概念的内涵和外延的科学性和真理性的。从学术哲学对整个学术世界"道—学—术"三位一体关系的描述来看,我们可以进行这样的"源道"结论:

> 天文之道:天—地—人三位一体
> 地文之道:真—善—美三位一体
> 人文之道:知—情—意三位一体
> 学术之道:道—学—术三位一体

这就是"天人合一""顺天应人"的"道"理"源"始。它告诉我们,在学术研究过程中,应该顺应天道,遵从自然的规律。只有顺应天道才能利用天道,开发学问家的心智。当学问家的心智与天道纯净和合时,学问家们就能顺应自然又征服自然,最终回归自然。即所谓既重视自然的客观规律,又发挥人类的主观潜能的科学的"自然观—人生观—价值观"三位一体的世界观。

天、地、人中的"天",真是一个美妙的词汇,它有着无限大的文化含义和无限美的学术内蕴。如果说"国学即人学",即"中国人的学术",那么"国学方法论"就必然要受到与"人生态"同生共在的"自然界"和"社会网"的制约和牵引。这样一来,天、地自然就会横亘在"人"的面前与人同在。所以古人才会说"天道不可违,人心不可欺——天知、地知、你知、我知"。不知天,焉知地;不知地,焉知人。不知人,也就没有"国学即人学"一说,也就没有国学文化创造的人文世界。而早在一千六百多年前的刘勰在《文心雕龙·原道》中开篇即说明"道"理存在的绝对理由:

> 文之为德也大矣,与天地并生者何哉?夫玄黄色杂、方圆体分;日月叠璧,以垂丽天之象;山川焕绮,以铺理地之形;此盖道之文也。仰观吐曜。俯察含章。高卑定位,故两仪即生矣。唯人参之,性灵所

钟,是谓三才。①

"三才说"是国学文化中最为豁达宏观,最为睿智包举②的人文发现。这样,我们一眼便看清了人与自然、人与社会、人与人之间不可更易的三位一体关系绝对存在的理由——学术研究的全部使命,其实就是要在"相对"中发现"绝对"存在的道理缘由,在"变化"中发现"不变"的道理品格。这样才会有"天不变,道亦不变"的哲学真理性之说。而"绝对中的相对,不变中的变化",只是哲学研究中的"术"理结论,"道"理则首先是"不易"的——不变的。没有哲学"不易"不变的"道"理,便没有哲学"变易"变化的"学"理和"术"理;没有哲学"变易"变化的"学"理和"术"理,哲学也就没有称为"变化之学"的科学地位,可以指导其他学科的方法论意义。

"究天人之际,通古今之变"的司马迁启示我们,人类的一切关于美的文化创造都在于"究"天人之际,"通"古今之变。这一"究"一"通"之"变"的全过程,即是学术研究创造的生命劳作中最为丰厚的国学馈赠。古人所谓"天不变,道亦不变",是说无论我们今天的学术走向哪里,无论今天有着怎样的人文变化,我们都应该相信天还是天、地还是地、人还是人,阴还是阴、阳还是阳,在"他在—我在—你在"的三位一体自然环境、社会环境、人文环境里,我们所进行的一切学术文化创造活动,都应该是在汲取了天、地、人"三才说"的人文情思和哲理意趣的三位一体基础上,才是有道理、学理、术理的。所谓"混沌初开,乾坤始奠。气之轻清上浮者为天,气之重浊下凝者为地。日月五星,谓之七政;天地与人,谓之三才。日为众阳之宗,月乃太阴之象"③。还就是说,只有天、地、人"三才"才能实现"天人合一"的文化理念。中华国学文化可表述为这样一幅"不易""简易"而又"变易"的三位一体国学方法论义理图腾(参阅书后《道学术三位一体国学方法论义理图示》):

---

① 刘勰:《文心雕龙·原道》。
② 包容并举之义,是分类学中与"分别""对举"相对的一个概念。譬如曹丕认为中华文章有"四科八体",即是"包举"了中华文章之全部。
③ 《幼学琼林》,乌鲁木齐:新疆青少年出版社,2002年第1版,第104页。

道①

阳—阴

天—地—人

天时—地利—人合

自然界—社会网—人生态

物质世界—精神世界—人本世界

天(圆)—地(方)—体(分)

天(玄)—地(黄)—色(杂)

天(阳)—地(阴)—人(道)

物理相—情理相—义理相

客观—主观—微观

道—学—术

术—学

道

……

道②

学—术

道理—学理—术理

世界观—学术观—方法论

不易之道—简易之学—变易之术

基本原理—基础理论—操作理论

提出问题—分析问题—解决问题

对立统一—肯定否定—质量互变

道理规律—学理规范—术理规则

历史结论—现实结论—未来结论

论点源—论据源—论证源

---

① 此为天道之"道",即国学方法论基本原理之"道"。
② 此为地道之"道",即国学方法论基础理论之"道"。

$$\text{天文—地理—人事}$$
$$\text{道—学—术}$$
$$\text{术—学}$$
$$\text{道}$$
$$……$$
$$\text{道}①$$
$$\text{学—术}$$
$$\text{天—地—人}$$
$$\text{天道—地道—人道}$$
$$\text{天文—地文—人文}$$
$$\text{天才—地才—人才}$$
$$\text{天大—地大—人大}$$
$$\text{天心—地心—人心}$$
$$\text{天生—地就—人成}$$
$$\text{天作—地合—人生}$$
$$\text{天命—地位—人本}$$
$$\text{天象—地貌—人世}$$
$$\text{自然界—社会网—人生态}$$
$$\text{天人合一—以人为本—以和为贵}$$

对以上各"级次"的三位一体关系最基本的义理解释是：人在对"天"的认识中必然要与"自然"产生一种关系，我们可将它称为"道"理关系；人在对"地"的认识中必然要与"社会"产生一种关系，我们可将它称为"学"理关系；人在对人的认识中必然要与"人"产生一种关系，可将它称为"术"理关系。这种三位一体同生共在的"关系"，是中华国学文化天、地、人三位一体——"天人合一"文化理念存在的理由，是把握人类所有学术研究和文化创造的最基本的原理、最基本的框架和最基本的方法论依据。

---

① 此为"地"道之"道"，即国学方法论"操作理论"之"道"。

老子说:"道,可道;非常道。"《老子新解》解得好:

  道是一个只为心灵所观照而不为眼睛所看见的美好境界,我们可以恰如其分地称之为超世的彼岸;道是一曲只为心灵所聆听而不为耳朵所听到的和谐音乐,我们可以恰如其分地称之为希世之音;道是一块只为心灵所体验的而不为触觉所触及的极乐土地,我们可以恰如其分地称之为纯粹精神的境界。这超世彼岸,这希世之音,这纯粹精神的境界,三者以它固有的浑然一体、不可区分的形式呈现于我们的心灵之前,除非我们借助自己心灵的观照,即心灵的视觉、心灵的听觉和心灵的触觉,我们无法通过自己外在的生理感官使它得到确实可靠的证实,并正确无误地对它加以阐释或论证。如果我们诉诸自己的心灵去观照道的存在本身,那么世界上最明亮、最洁白、最澄净的东西也比不上它的明亮、洁白与澄净;如果我们诉诸自己的感官去感知道的存在本身,那么世界上最昏黑、最幽暗、最模糊的东西也比不上它的昏黑、幽暗与模糊。它是我们在直接的感官世界中见所未见、闻所未闻的,因此当它通过我们的心灵的观照而呈现于我们的心灵之前时,我们搜索枯肠、绞尽脑汁也找不到关于它的任何记忆,并且它刚刚来到我们的心灵之中便又立即离开了我们的心灵,而回到了它所由以出发的那个遥远的超现实的纯粹精神的世界。可以说,没有任何现实的形体能与它的形体相比翼,因为它超越于任何现实的形体之上;可以说,没有任何现实的景象能与它的景象相媲美,因为它超越于任何现实的景象之上;可以说,它在瞬息间呈现于心灵的光明景象有如仙境。道在我们的心灵中不期而至、不期而去,来无踪、去无迹。它在我们心灵中呈现时,我们不知道它从什么地方而来,怎样而来;它在我们心灵中消失时,我们也不知道它到什么地方去了,怎样去了。因此,我们根本无法预测它的到来,以做好准备去迎接它的光临;我们也根本无法预测它的离去,以做好准备去欢送它的离别。总之,作为整个现实世界的本原的道是难以认识的,我们一旦真实确切地认识了作为整个现实世界之本原的道,我们也就能够因此而全面彻底地认识整个现实世界中的万事万物,能够清楚地知道现实世界中的万事万物都是以道为本原、以道为发端的。正因为现实世界中的万事万物都是以道为本原、以道为发端的,因此我们也就能够理解现实世界中的万事万物都是以道为内在本质并必须服从道的规范、遵守道的秩序和规律了。①

对"道"理进行这样的哲学情思和逻辑义解,真是情理备至、高瞻远瞩的。杨润根先生几乎把"不可道"的"道"理讲到了"非常道"的极致,给"道"之理还圆了一幅前所未有的新面孔。当然,我们也可以这样来"简易"地认识"道"之理的"秩序"和"规律":

  道的灵魂是"道"之"非常道"的国学文化的虚在的精神价值所在;
  道的统帅是"道"之"为道"的国学文化理念的实在的物质价值所在;
  道的核心是"道"之为"道"的国学文化理念有无相生的世界观所在;
  道的精髓是"道"之为"道"的国学文化理念虚实相济的学术观所在;
  道的能源是"道"之为"道"的国学文化理念质量互变的方法论所在;
  道的体性是"道"之"不易"的国学文化理念的"规律"所在;
  道的本质是"道"之"简易"的国学文化理念的"规范"所在;
  道的特点是"道"之"变易"的国学文化理念的"规则"所在;
  国学方法论中的"道","致广大"于无边,"尽精微"至末节。
  ……

---

① 杨润根:《老子新解》,北京:中国文学出版社,1994年第1版,第11页。为了便于阅读时的"人称感",本引文中的"我们"原文均为"人们"。

老子所谓"致虚而后得道"①，即认识自然，"失道而后德"②，即回归自然。只有认识"自然界"之"道"理，才能进入"社会网"之"学"理；只有进入"社会网"之"学"理，才能理解"人生态"之"术"理。且看这一"三位一体"结论：

天—地—人
致虚而后得道—失道而后德—道德学说
认识自然—回归自然—顺其自然
自然界—社会网—人生态
道—学—术

只有悟解了中华国学方法论"天—地—人"三位一体的"天人合一"之关系，才能切实有效地从事人类文化各个领域里的学术理念活动。对国学方法论"道—学—术"三位一体之"道"理体认，应该说是我们迈进中华国学文化研究各领域须要认知掌控的最为根本、最为基础、最具中国特色的前提条件。

二、"学"理论："真—善—美"三位一体

在学术研究领域里，我们对"学"理形成的一般认知是：学理就是科学上的原理或法则。③ 然而20世纪80年代初出版的《辞海》④里，居然没有"学理"这一词条。可见"学理"这一普通的学术方法论概念在当时的学界是何等稚幼而生疏。

---

① 《道德经》。
② 同上。
③ 《现代汉语词典》，北京：商务印书馆，1983年第1版，第1429页。
④ 《辞海》，上海：上海辞书出版社，1979年第1版。

在国学方法论看来,科学的"原理",是具有"道"理意义的学术哲学范畴,而"法则"则是具有"术"理意义的操作理论范畴。所以国学方法论才有"规律—规范—规则"①三位一体之说。在道、学、术三位一体的国学文化世界里,"学"理只能是"道"理和"术"理的"中介"②,是学术研究形成并设置它的总体逻辑框架和理论格局的学术"理由"。古人所谓"文成规矩,思合符契"③即对学理最为精要的概说,如果要进入"分析问题"的"学"理阶段,没有"简易"④的"总体逻辑框架和理论格局"——即学理"规范"是不行的。

国学大师章太炎先生在《东京留学生欢迎会演说词》中说:

> 诸君所说民族主义的"学理",圆满精致,真是后来居上。⑤

章太炎先生所说的诸君的民族主义的"学理",主要是对留学生反帝爱国思想行为的道义赞赏。是对反帝爱国的民族主义思想行为应"一以贯之"的"道"理确认,并不是单纯的民族主义哲学思想的阐发。如果是,则就是"道"理了,而非说"学理"。面对同一论题,"道"理和"学"理是不能进行同一"级次"的平等对话的,否则就会发生"位格"错乱而导致学术逻辑的道理不明、学理不清。李大钊先生在《我的马克思主义观》一文中也这样描述过他对马克思主义"学理"的理解:

> 一个德国人说过,五十岁以下的人说他能了解马克思的学说,定是欺人之谈。马克思的书,卷帙浩繁,"学理"深晦。⑥

---

① 规律即"天"(即道)——规范即"地"(即学)——规则即"人"(即术)。前后文均有论证。
② 恩格斯说"一切都在中间环节融合,通过中介过渡到对方"是劳承万《审美中介论》的"学"理依据。这句话在后文中多有提及。
③ 刘勰:《文心雕龙·徵圣》。
④ 这里的"简易",是"简要、简约、简明"的意思,是国学方法论"基础理论"总体逻辑框架和理论格局的基本要求。
⑤ 朱维铮、姜义华编:《章太炎选集》,上海:上海人民出版社,1981年第1版(句中"学理"之引号为作者加)。
⑥ 见1919年《新青年》5月、11月,6卷5、6号(句中"学理"之引号为作者加)。

"学理"深晦,并不等于"道"理不明。"道"理,是一门学科之所以能够存在的哲学学术理由,而"学"理则是设置这门学科的总体逻辑框架和理论格局,二者的学术"位格"是不一样的。譬如李大钊先生接着说:

> 他那名著《资本论》三卷,合计二千一百三十五页,其中第一卷是马氏生存时刊行的,第二第三两卷是马氏死后他的朋友昂格思替他刊行的。这第一卷和二三两卷中间,难免有些冲突矛盾的地方,马氏的书本来难解,添上这一层越发难解了。加以他的遗著未曾刊行的还有很多,拼上半生的工夫来研究马克思,也不过仅能就他已刊的著书中,把他反复陈述的主张得个要领,究不能算是完全了解"马克思主义"的。我平素对于马氏的学说没有什么研究,今天硬想谈"马克思主义"已经是僭越的很。①

这样我们便清楚了,李大钊先生之所以说马克思的书"学理深晦",并不是说马克思的《资本论》没有"一以贯之"的"不易"的道理,而是说《资本论》的总体逻辑框架和理论格局因为卷帙浩繁并不"简单"②,所以说"即便是把他反复陈述的主张得个要领,究不能算是完全了解马克思主义"。这是李大钊先生对马克思学说的歉敬之言——所以"硬想谈'马克思主义'已经是僭越的很"了。

譬如当我们在国学方法论中提到诸如"人法地,地法天,天法道,道法自然——无为而无不为";"全乃天,天乃道,道乃久——人与天地同在"③等国学文化的"学"理语词时,其实我们也是囫囵吞枣的。"学"理说到底是对学术文化研究"缘起阶段"的"道"理定位,但同时又是学术研究"完备阶段"的"术"理延展。这不是位格的错乱,而是对"从头到尾"的"道"理、作为"中介"的"学"理和最终结论的"术"理的"三位格一体化"的整体逻辑的全

---

① 见 1919 年《新青年》5 月、11 月,6 卷 5、6 号(句中"学理"之引号为作者加)。
② "简易"不是简单,而是学术研究逻辑框架和理论格局设置的简要性、简约性、简明性要求,就像一部书的"目录"那样,它就是这部书的框架。
③ 参阅陈志良、徐兆仁主编:《中国道家》,北京:宗教文化出版社,1996 年第 1 版。

面认知。没有这一学术研究全面认知的"学"理逻辑程序,一切学术说都无由谈起。

学术研究的逻辑像江河水一样,水到渠成,是因为有汪洋大海的承接;汪洋恣肆,是因为有涓涓细流的汇聚。国学方法论的"学"理,作为"道"理和"术"理的中介,在"道—学—术"三位一体的学术世界里,道理的"和合"性—学理的"和谐"性—术理的"合理"[①]性,关键在于中介的"和谐"——因为"一切都在中间环节融合,通过中介过渡到对方"[②]的学术判断,是三位一体国学方法论的"文之枢纽"——就像江河湖泊汇集入海一样,"学"理所在之处无一不是纵横交错形态复杂、卷帙浩繁的。所以古人云:"学不际天人,不足谓之学。"反而言之,只有学际天人,学究天人,学通天人,我们的学术研究才能在探究天理,通晓人情的学术研究中发现国学文化真、善、美三位一体的学术本质。

承前所论,如果建设一门学科必须有总体的逻辑框架和理论格局的话,那么要有总体的逻辑框架和理论格局,就必须对设置这一学科的总体逻辑框架和理论格局的学术意图进行具有哲学逻辑意义的原理追踪。也就是说,在"道"之理的牵引下进行"学"之理的追问,才能找到逻辑框架和理论格局得以设置的理由。在三位一体的视野里:风在动,幡在动,心也在动,三者都在动。"三者都动"才是有道理、学理、术理的整体认知。因为,"都动"的说法是对一个事物不同角度的一种判断,只有把它们放在"层递循环互为因果"的三位一体的视域中,才能表现出事物存在的整体风貌和本质特征。也就是说,"风动、幡动、心动"是风在"使动",幡在"被动",心在"意动";三者的动与不动不是孤立的、静止的,而是层递循环、互为因果运动着的。

说到底,对国学方法论的"学"理探究,就是要肯定中华国学"真伪毋相

---

① "和合—和谐—合理"三者三位一体。
② 参阅劳承万:《审美中介论》,上海:上海文艺出版社,2001年第1版,第15页。

乱"①,"见善如不及、见不善如探汤"②,以及"里仁为美"③,"尊五美、屏四恶"④等学术思想的真、善、美三位一体的文化本质——它才是为人、为人本、为人性、为人生、为人道的"真"的学说、"善"的学说、"美"的学说,而中华国学才是最能勾画人类追求"真、善、美"三位一体人本真谛的优秀的文化。且看:

"道"理论认知:天—地—人三位一体
"学"理论认知:真—善—美三位一体
"术"理论认知:知—情—意三位一体

对以上三位一体关系中"真—善—美"三位一体最基本的"学"理解释是:

真(理)——真知,是指学问家或艺术家对客体认知后主体世界的"理性"和"智慧"的反映;它与学问家知识体系认知客体世界的科学化程度紧密联系着,因此,我们把它称之为"真知",它直接关系着学问家对这世界的真理和真知的真理发现或学术肯定。

善(理)——善情,是指学问家对客体认知后作为主体世界"我"的"意愿"和"情感"的反映;它与学问家自身精神世界把握的道德水准和伦理观念的"善"意尺度紧密联系着,因此,我们把它称为"善情",它直接关系着学问家对这世界学术文化的性能和意义,以及是非和成败的文化发现或学术肯定。

美(理)——美意,是指学问家既融会了"真"的含义又融会了"善"的含义之后在载体世界中所表现出来的学术文化水准的反映,它是学问家在学术文本中所体现的道德水准、学术观念、学术方法自我实现之后,对自身理念的学术文化结论高度满足的最终精神把握。

---

① 《汉书·宣帝纪》。
② 《论语·季氏篇第十六》。
③ 《论语·里仁篇第四》。
④ 《论语·尧曰篇第二十》。

真、善、美三位一体,是天、地、人三位一体所启示的"道"理在国文化审美实践和国学学术研究实践领域中得出的"学"理结论。且看这一结论的三位一体义理提示:

天—地—人
真—善—美
知—情—意
真知—善情—美意
道理源—学理源—术理源
道理规律—学理规范—术理规则
物质价值—精神价值—文化价值

《沟通中西文化》中有这样一段结论[①]:一切恶都植根于一种善,一切假都植根于一种真。恶不凭借善的力量便无所作为。但一切事物只要是"在"的便是善的。世界上"没有完全是恶的东西",世界上也没有杂有恶的善,但任何一种恶却无不杂有善;善性中之善比邪恶中之恶更为强大。这便让我们想到了国学启蒙中"人之初,性本善"的文化结论。"性本善"是对人性"超我"的"善"意肯定,国学无疑有着对人性"超我"[②]美好愿望的学术期待。但"伪善"则要比"真恶"可怕得多,因为它多了一层被我们认知的人生艰难和文化理解。而国学早就有了这样的学术判断,说"德之不修,学之不讲,闻义不能徙,不善不能改,是吾忧也"[③];"天下皆知美之为美,斯恶已;皆知善之为善,斯不善已"[④]。像这类的文化论定,是不用翻译也能心领神会的:

---

① 参见王晓朝、杨熙楠:《沟通中西文化》,桂林:广西师范大学出版社,2006年第1版,第234页。"结论"是指托马斯的观点。
② 人性的"本我—自我—超我"是三位一体的,文中多有论及。
③ 《论语·述而》。
④ 在杨润根先生的《发现老子》中,对这句话的评判有近两千字,是值得关注的。其核心译解是:天下人都知道美就是美,恶就是恶,善就是善,不善就是不善的道理。当人们确切地知道什么是"是"的时候,也就必然同时知道了什么是"非"。

>窈兮冥兮,其中有精,其精甚真,其中有信。①

这里的"真",是对"美"的真切无疑的理想境界的"绝对信念"的肯定。

>上善若水,水善利万物而不争,居众人之所恶,故几于道。居善地,心善渊,与善仁,言善信,政善治,事善能,动善时。夫唯不争,故无尤。②

这里的"善",虽有多义,但核心意旨是对整个世界融为一体、和谐一致、毫无利害冲突与争斗的人文环境的肯定。

>美言可以市尊,美型可以加人。③ 信言不美,美言不信。④

这里的"美",从字源上看,可视为"善"与"大"的缩略组合形式。是指华而不实的反意。⑤

这样的真、善、美之论,在中华国学文化的典籍中比比皆是。就人类文化价值判断的真、善、美和假、丑、恶之间的相对关系而言,真、善、美与假、丑、恶的文化理念是不能简单相对而论。从"道"理层面来看,国学作为"人学"的研究,是以"真"的"知"来肯定其"道"理存在的;从"学"理层面来看,国学究作为"人学"的研究,是以"善"的"情"来肯定其"学"理存在的;从"术"理层面来看,国学作为"人学"的研究,是以"美"的"意"来肯定其"术"理存在的。《国学方法论》的全部论述,即是用其总体逻辑框架和理论格局"规范"着以上三位一体关系来进行论证的。否则,我们没有理由说中华国

---

① 《道德经》。
② 《道德经》。在五千言的《道德经》中,美、善之词多有提说。
③ 《道德经》。
④ 同上书。
⑤ 参阅杨润根:《发现老子》,北京:华夏出版社,2003年第1版,第354页。

学是"真、善、美"三位一体的优秀文化。①

对人类文化"真知—善情—美意"的三位一体认知,是国学之所以被称为是"中国学术"、是"人学"的人文价值标准。不管我们的学术文化理念在当今世界有着怎样的学术变化,有着怎样的价值取向,有着怎样的审美追求,我们对中华国学"里仁为美"②"君子成人之美"③等经典中的"善"意关怀和"美"意追求的学术"真"理的肯定,定会使中华国学所启示的学术"真理",闪耀出历久弥新的"以人为本"的道德力量。

国学文化的总体精神便是"以人为本"的,其意旨都是要教化人类走向人性、人生、人道,走向生命的崇高和生存环境的。钱穆先生在他的《人生十论》④中便讲了这样一段话。说"人生只应有一个向往,我们不能想象一个没有向往的人生是怎么样的。对精神向往的最高发展有宗教,对物质向往的最高发展有科学,前者偏于感情,后者偏于理智。美国心理学家说,宗教是软心肠的,科学是硬心肠的,如果我们把所论的艺术也搭界进来,则可以说宗教是软心肠的科学,科学是硬心肠的宗教,艺术是软硬兼施的文化"。钱穆先生这样讲,便让我们有了科学是"真"的文化,宗教是"善"的文化,艺术是"美"的文化的真、善、美三位一体的国学文化的整体认知视野。

从楼宇烈先生《十三堂国学课》,以释、道、儒三家学说涵盖中华国学传统文化人文精神的视角讲,在"以人为本"的中华文化圈里,人生活在这个世界里,怕再也没有比国学文化中儒家所讲的"修、齐、治、平"的"学"理合理切当的"入世"途径了。譬如因为"入世"是儒家唯"美"的人生观,"超世"是道家唯"真"的人生观,"出世"是佛家唯"善"的人生观,此三种不同人生观的相互影响、相互覆载、相互渗透,哺育了中华历代文人的三大人生价值取向。故而我们从不应该简单地说中华文人的世界观是纯粹儒家的、道家

---

① 在国学界,对国学文化真、善、美多有论说,但无三位一体关系之确论。
② 《论语·里仁》。意为:在有仁德的地方居住,是和谐美好的。
③ 《论语·颜渊》。
④ 钱穆:《人生十论》,桂林:广西师范大学出版社,2005年第1版。

的、佛家的,而都是儒、释、道三家宏观哺育的结果——因为人人都处在这个世界客体和载体的"中介"位置。国学先哲们从来都会高屋建瓴地强调一个道理:人人都是在向对方过渡中才能成就自己。于是儒家说谁成就了自己,谁就成了谁;佛家说谁是谁,反而不是谁;道家说谁成就了对方,谁就成了自己。且看这一人文关系与国学方法论之间的三位一体和谐状态:

天
人—地
天—地—人
他—我—你
道—学—术
真—善—美
道—佛—儒
自然—本然—超然
自然观—人生观—价值观
世界观—学术观—方法论
天人合一—以人为本—以和为贵
道家:无为之道—有为之学—"无为而无不为"之术
佛家:"空空"之道—"空如"之学—"空慧"之术
儒家:"超世"之道—"出世"之学—"入世"之术①

其实,国学传统文化中所描述的中华文人的世界观都是由儒、佛、道三家孰重孰轻的影响,而归于传统文化中的一家的。而中华国学真、善、美三位一体的"道德"精神,才是他们自圆其说、自成一家的学术源泉。

---

① 将此图一一对应下读,即是各自位格的全景。

三、"术"理论:"知—情—意"三位一体

在人类文化的知识体系中,"知识—情感—意志"是三位一体的。就像一棵树上结的果子,它既是树枝的果子,也是树干的果子,还是树根的果子。

没有对学术研究客体世界中人类文化真、善、美三位一体关系的发现,就没有学术研究主体世界知、情、意三位一体的人文肯定——没有对学术研究主体世界知、情、意三位一体的人文肯定,就没有学术研究载体世界天、地、人三位一体的"道"理体现——天、地、人三位一体,是学术研究过程中主体世界对客体世界中哲理情思的发现;知、情、意三位一体,是学术研究过程中主体世界对载体世界宗教情怀的发现;真、善、美三位一体,是学术研究过程中客体世界、主体世界、载体世界对学术研究国学情韵的发现。此三位格层递循环互为因果的三位一体关系,蕴含着国学方法论"国学即人学"的全部奥秘和所有诀窍。

面对学术文化的江河湖海,要"涉大川"进入学术之中,"时运交移,质文代变"[①];在学术研究领域,如果要"解决问题",没有"变易"的"术"理牵引是不行的。"术"作为学术研究操作理论的存在,是指学术研究总体逻辑框架和理论格局所牵引的操作实践的基本方法;"术"理,即学术研究过程中所依据的"方法"之所以能够牵引操作实践的学术理由。

发现天、地、人三位一体的"道"理统驭下的知、情、意三位一体的"人本"关系,犹如在一汪湛蓝的海域里寻见了有生命气息的鱼类和鱼类所开辟的生物通道一样,一切学术问题都会因为学问家生命活力的"术"理张扬而得以自由解决。

在国学先哲们看来,人若是有了通"道"的能力,"古之学术道者",也就

---

① 刘勰:《文心雕龙·时序》。

有了"将以得身"①的学术条件。不过古人所指的"学术道"并不是学、术、道层递循环、互为因果的认知,而是一个因果关系的判断句。② 诸如"始尝与苏秦俱事鬼谷先生之学术"③中的"学术",就成了学习"技术"和学习"学术"的意思。但后来之"术"则演绎为治国之"法"则,譬如"术者,因任而授官,循名而责实,操杀生之柄,课群臣之能者也"④,韩非将其变成了他的政治主张,提出了"术治"的统治术,认为"法"是公开的,"术"是隐藏在君主心中的暗自运用的统治之"术",可使"群臣守职,百官有常"。"术"自然成了方法和道理的谋略。所谓"人主所以尊显,功名扬于万世之后者,以知术数也"⑤,"术数"成了王天下的"心术"。"心术者,无为而制窍者也"⑥,好像有了"术",大家都变得聪明起来了。到了汉代,儒生中讲阴阳灾异的一派和擅长天文历算者,都有了"术家"⑦之称,也算是秦始皇"焚诗书,坑术士,'六艺'从此缺焉"⑧之后的一种学术补偿。

在生生不停、新新相续的国学文化理念的学术世界里,没有对"术"理源的追寻和访问,是不会发现具有生活气息的"人"在和有生命意义的"人本"在的。

"术"与"数"、与"法"在古时是联系得颇为紧密的。如果说秦代之前和之后"术数"⑨中的"术"指方术、"数"指气数的话,去其方术的贬义不论,那么以方术来观察自然界可注意的种种现象,来推测人和国家的气数和命运的这种操作,显然有着原初天文学、地理学的学术意味。而后来再称"术数"为各种迷信活动的贬义亦不论,我们是否可以认为,所谓古时的迷信在今天看来,其实也可以被看作是实践操作的理由不足而人为地去操纵罢

---

① 《礼记·乡饮酒义》。
② 这里的"学术道"是一"名动结构","学"指学习,"术道"指操作方法。这一判断句是指:学习技术、学习学术的人,只有掌握了"术之道",又能有可以安身立命的条件。
③ 《史记·张仪列传》。
④ 《韩非子·定法》。
⑤ 《汉书·晁错传》。
⑥ 《管子·心术上》。
⑦ 《后汉书·律历志一》。
⑧ 《史记·儒林列传序》。
⑨ 《汉书·艺文志》。

了。难怪庄子早就无不忧患地说:"道术将为天下裂。"①认为人们若不是"无为而治"巧置机关,恐怕天下就要大乱,人民就要遭殃,因为"道"和"术"是"不可须臾离也"②的。若是"离"开了,学术就成了江湖术士的把戏,江湖郎中的药袋,虽包罗万象却无一唯真、无一唯善、无一唯美。

故而后来的刘勰在《文心雕龙》中进行了这样的"术数"结论:

> 是以执术驭篇,似善弈之穷数;弃术任心,如博塞之邀遇。故博塞之文,借巧倘来,虽前驱有功,而后援难继……赞曰:文场笔苑,有术有门。务先大体,鉴必穷源。乘一总万,举要治繁。思无定契,理有恒存。③

这样"理有恒存"的古文是不用翻译的。在今天看来,无论是何种领域的学术研究,只要进入学术研究操作的"术"理源头,就应该在"思无定契"的学术研究过程中,首先发现"理有恒存"的人在——人为天地之"心"在,万物之"灵"在,为五行之"秀"在。在国学文化"道—学—术"三位一体的视野里,实现为人本的、为人性的、为人生的、为人道的"知、情、意"所要追求的物质价值和精神价值和"术"理价值,无一不是着眼于人类文化真、善、美三位一体的最终境界和最高境界的。在实现这一人类文化理念的最终境界和最高境界的学术研究过程中,对人本、人性、人生、人道"知、情、意"的把握,永远都是学问家的最终攀登和最高攀登。也就是说,如果没有对人的"心术"知、情、意的三位一体的理解和研究,国学方法论的道德学说就只能说是"虽前驱有功,而后援难继"。"术"之"源",其实就是道理和学理的结论,但却又是道理和学理实现"乘一总万,举要治繁"的学术目的的开端。

在古人"三生万物"的"术"理文化视野中,有了"天"与"地"相对存在的

---

① 《庄子·天下篇》。
② 《中庸·第一章》。
③ 刘勰:《文心雕龙·总术》。

"二元素"的性定,才有了古人所谓"唯人参之,性灵所钟,是谓三才"①的"三位格"的文化结论。"三才说"的"术"理肯定,在国学文化中是处在"数术"论的第三位格。之所以说这个世界的万物万有均以"一体化—二元素—三位格"的态势呈现在我们的面前,就是因为这个世界的万物万有作为一个个的"整体"呈现,无一不是"天、地"二元素诞生的"第三者"。没有这一个个的"第三者"中作为五行之秀中的"人"关注着这个世界的运动,或者说"操纵"着这个世界运动的"术"理,是没有"天、地、人—真、善、美—知、情、意"这一层递循环、互为因果的三位一体学术关系的。这一学术关系中的"真知—善情—美意",便是认知国学方法论"天人合一"理念的最终源头和最高源头,也是对"术"理操作意义的最终价值和最高价值。

知、情、意,主要是针对作为学术研究主体的学问家素质构成的"真知—善情—美意"的三位一体性而言的。作为"理想的人"的学问家们的"知",应该与普通人一样是对客体世界中的"外在思想"和"外在环境"的认可与肯定;学问家的"情"是对主体的"内在思想"和"个体情志"的认可与肯定;学问家的"意"是对载体的"文在思想"和"文在情志"的认可与肯定。换言之,学术研究是人的理念,人是学术研究载体的主宰。学问家的理念"个性"是学术研究之所以称为学术文化的人本定位,它是由知、情、意三个方面构成的,正如前所述,没有学问家们的"真知""善情""美意"三者的三位一体的"统一",任何学问家所进行的学术劳作都不能称为是具有真、善、美三位一体的物质价值和精神价值的。

"知、情、意"也可以说是学问家从事学术研究理念所具有的"知性、感性、灵性"的简称。知性、感性、灵性是学术研究理念者思维活动必然要经历的三个运思阶段。知性是"物理"的,感性是"情理"的,灵性是"物我交融、情理兼容"的;知性、感性、灵性的三位一体关系,充分体现了学问家在学术研究时对学术结论生成的道理、学理、术理的文化理解和语言诠释的水准。任何一种门类的学术,都有其文化生成的背景,都有其自身的语言标志,任何一位学问家都有用自己的学术语言来诠释自身学术问题的自

---

① 刘勰:《文心雕龙·原道》。

由。因此，学问家作为"学问人"的知、情、意，便成了牵引学问家进行学术研究的灵魂和血肉的枢机。譬如当我们说，有的人有"知"但无"情"，有的人有"情"但无"意"，有的人有"意"但无"知"的时候，就意味着这个人在心理上是有所欠缺的。而学问家在面对学术研究理念时，其心理结构显然应该健全为"知—情—意"三位一体，即具备"有知—有情—有意"的三位一体文化素养，同时"用知、用情、用意"将这一心理素养转化为学术研究的能力。学术研究理念的能力，在常人来说往往因为学术研究的艰苦卓绝而难以成全，唯有真正的学问家才会有"九死而犹未悔"[①]地求索的学术精神，才能使自身学术研究过程因独有、独用、独具的学术能力，终至功德圆满而自成一家。

在国学文化天地里，人贵为万物之灵，它总是要固守着天、地、人显现的"道"理才得以圆满存在。"道"理说："人法地，地法天，天法道，道法自然——无为而无不为。"[②]学问家作为学术研究理念的主体所在，其实是作为主体的"人"的知性和感性对客体世界的一种理想中的"希望"描述。这"希望"就是学问家们悟以心灵的学术智慧而对人的生命意义的最终诠释，就是对这个世界终极前途的超前追寻、超前探问。学术研究作为学问家精神世界的终极产物，肯定蕴含着人之为人的全部精神世界的奥秘所在。所以说，知性和感性就是通常所说的人的知识结构和感悟能力，即学问家的学术智慧。但我们一定要认识到：智慧不仅仅是知性和感性的，还有灵性的神秘启动和智能的瞬间爆发，即"知性—感性—灵性"三位一体，这才是学问家们学术研究智慧的全部。

知性、感性、灵性三位格的能力所指和能指是不同的。"知性"是学问家"本能"的知识接受能力和知识包容能力，"感性"是学问家"智能"的精神准备能力和经验理解能力，"灵性"是学问家的本能和智能在"物我交融"时瞬间爆发出来的"潜能"。

---

① 屈原：《离骚》。
② 参阅陈志良、徐兆仁主编：《中国道家》，北京：宗教文化出版社，1996年第1版，第120页。

其实，人的"知性"和"感性"的能力大体都是一样的，只有"灵性"爆发的潜能才使学问家千差万别而各有千秋，即充分显示了人与人之间不同的个体差异和智慧差异，也肯定着有的学问家之所以被称为"大家""大师"而光耀后人的独特个性。且看其间三位一体的关系：

道—学—术
知—情—意
道理—学理—术理
本能—智能—潜能
知性—感性—灵性
知识—情感—意志
真知—善情—美意
自在—自为—自由
道理规律—学理规范—术理规则
接受能力—理念能力—理解能力

所以说，要想使我们的学术文化理念成为为人的、为人性的、为人生的、为人道的人的生命价值的理论和思想，就必须首先理解学问家知、情、意的三位一体性，才能悟透学术研究活动自在、自为、自由三位一体的意义，才能在哲学思想上解放我们的学术洞察力，在学术观念上解放我们的学术想象力，在学术活动的整个过程中解放我们的学术理解力，才能最终勾画设置出国学文化真、善、美三位一体的学术义理图画。正如前所述，如果把学问家的学术"个性"分为知、情、意三个方面的认知的话，那么这三个方面的存在和学术研究所追寻的具有"共性"意义的真、善、美"互为因果"。也就是说，真、善、美和知、情、意之所以互为因果，是因为它与天、地、人三位一体所启示的道理、学理、术理是紧密相连"层递循环"的"递阶"认知，不能单独体认。且看：

　　　　天—地—人
　　　　真—善—美
　　　　知—情—意
　　　　知识—情感—意志
　　　　真知—善情—美意
　　　　道—学—术

从"道"理的层面来看,人之为人,是以人的"真"的"知识"来肯定其"道"理存在的;从"学"理层面看,人之为人,是以人的"善"的"情感"来肯定其"学"理存在的;从"术"理的层面看,人之为人,是以人的"美"的"意愿"来肯定其"术"理存在的。

中国古代的先哲们说"天人合一","人法地,地法天,天法道,道法自然"的时候,说"天道远,人道迩"(子产)、"与天为一"(庄子)、"天人之分"(荀子)、"天人相与"(董仲舒)、"天人本无二"("二程")诸种学说的时候,他们首先肯定了,一种人与天、人与地、人与人之间的内在关系和外围关系——就像弗洛伊德让我们看到了人有本我、自我、超我的三位一体性一样,我们的学术在发现人、理解人、诠释人的领域里迈进时,我们的学术研究才具有超越动物性的"本我"向神圣性的"超我"靠拢的人本—人性—人道的三位一体人文价值。

是的,从借鉴西方文化精萃的角度讲,完全应该撇开对弗洛伊德所谓泛性欲主义的狭隘误解①,围绕着他关于人"本我、自我、超我"三层次的界定来展开对"人"的"善意"理解。即不管是作为主体的学问家,还是广义的"各体"人、"各种"人、"各类"人都有此三种位格的人性境界:一是具有原始意味的本我,二是具有人伦意味的自我,三是具有神性品格的超我;这一人性三层次的"人本"定位,便是"人的本质力量的确证"②。即:

---

① 参阅乐黛云:《弗洛伊德学说与文学的关系》,1986年在鲁迅文学院的讲稿。
② 马克思主义文艺观认为:文艺创造的全过程,就是"人的本质力量的确证"。

$$人$$
$$地—天$$
$$天—地—人$$
$$真—善—美$$
$$知—情—意$$
$$真知—善情—美意$$
$$本我—自我—超我$$
$$原始意味的本我—人伦意味的自我—神性品格的超我$$
$$原初的本我力量—人道的自我力量—悟性的超我力量$$
$$人本的道理知性—人本的学理智性—人本的术理灵性$$

正如《文心雕龙》所言:"人禀七情,应物斯感,感物吟志,莫非自然。"① 就是要说明人与天地并生的重要文化意义在于人是有"情"有"感",有"知"有"意"的。国学文化"以人为本"的核心理念即对"天人合一"的人的"情"在、"理"在的肯定。正如西方基督教文化信仰父、子、灵三位一体②一样,在信徒的眼里,圣父、圣子、圣灵三者是不可分割体认的;倘若认父不认子,圣灵就没有在门徒心中存在的可能。这也犹如佛家称佛、法、僧为"三宝",戒、定、慧为"三学"③;有佛才有法,有法才有僧,有僧才能使佛法得以发扬光大一样,要想理解佛学就得进入"三学";"三学"缺一不能称之为"学","三宝"缺一是不能称之为"宝"的。对"人的本质力量"的学术研究理念的体认,也应该具有"本我、自我、超我"的三位一体理解。且看这种三位一体关系与学问家学术研究理念的必然联系:

$$天—地—人$$
$$父—子—灵$$

---

① 《文心雕龙·明诗》。
② 参阅《圣经》。
③ 参阅陈志良主编:《中国佛家》,北京:宗教文化出版社,1996年第1版。

佛—法—僧

戒—定—慧

理在—情在—文在

物性—人性—神性

本我力量—自我力量—超我力量

本我学习—自我学业—超我学术

知道阶段—悟道阶段—传道阶段

规律—规范—规则

道理—学理—术理

三位一体的认知关系是层递循环、互为因果的。无论是谁，如果要是错乱了这一"三位一体"关系的认知秩序，超出了学术本质的认知"极端"，就会毫无例外地沦为学术的无知或结论的癫狂——也就是说，作为健全的学术理解，都应该毫无例外地规范着"极端"所划定的"人"性界限而"吾日三省吾身"，从"动物性"的"本我"走向"人本性"的"自我"，继而才有向"神圣性"的"超我"迈进的可能。否则，无论是本我力量、自我力量，还是超我力量一方的单独张扬，都会使学术变得不近人情、不可理喻、不知所向，从而走向学术的反动。所以：

> 君子安其身而后动，易其心而后语，定其交而后求。君子修此三者，故全也。危以动，则民不与也；惧以语，则民不应也；无交而求，则民不与也。莫之与，则伤之者至矣。①

意思是说：君子要想使自己的事业行施于天下，就应该先把自己安身立命的方向定下来，这样才能有所行动；行动之前，应该先使自己的内心平定，这样才能发表言论；发表言论之前，应该使自己的情感和对方的情感能够稳定交流，然后才能行施自己要求对方能够做到的。君子只有做到了这

---

① 《易经·系辞下》。

三个方面的修养,才能完美无缺。立身不稳定却要行动,那么民众不会拥戴;内心惊恐不安却要发表言论,那么民众不会响应;没有交情却去要求别人,那么民众不会支持。没有人拥戴和支持,那么对自己构成伤害的事情就会出现。所以说,"圣人所以崇德而广业也。知崇礼卑,崇效天,卑法地,天地设位,而易行乎其中矣。成性存存,道义之门"①。孔夫子"韦编三绝",教导我们说《易经》是圣人用来使品德更加崇高、事业更加广大的典籍。智慧以品德崇高为基础,礼义以态度谦卑为准则;品德的崇高要效法天道,态度的谦卑要效法地道。天和地各自守持在自己的本位,《易经》所体现的规律就运行在天地之中,君子要干成一番事业,应该把以上的修养原则变成自身的一种品性,使一切存在都保持其存在的自然状态,这样就变成我们理解"道"义的门户。

看来人类知、情、意的高度完备,"修、齐、治、平"的修养环节缺一不可。最终,当真正理解到人类文化理念中的"知识"的力量,有时就像孩童一般幼稚可爱,具有自然天成、返璞归真的智能的力量;而"情感"的力量,有时就像成人一般持重沉稳、练达通融而具有智商的力量;"意志"的力量,有时则像耄耋老者一般圆润精到、神妙灵异而具有智慧的力量,这时就不难理解人性本我、自我、超我三位一体层递循环、互为因果的运动——才成为"人的本质力量"。

总而言之,在天、地、人三位一体的中华国学文化理念的大视野里,学问家作为人类学术文化的创造者,就必然要首先从具有"天文"意义的"自然界"的客体世界中汲取真、善、美三位一体的"道"理认知,才能从具有"地文"意义的"社会网"的主体世界中得到知、情、意三位一体的"学"理营养,最终才能从具有"人文"意义的"人生态"的载体世界的"术"理操作实践中获得本我、自我、超我三位一体的"人本"体验。就国学方法论发现规律的"道"理而言,所谓"得道"而后"传道"—"传道"而后"知学"—"知学"而后"致术"—"致术"而后"方用"的三位一体认知规律而言,无论在社会科学研

---

① 《易经·系辞上》。

究领域、自然科学研究领域,还是在人文科学研究领域,乃至人类文化任何一门学科研究领域中,中华国学所揭示"道—学—术"三位一体的思想和方法,都是学术研究的"含章之玉牒、秉文之金科"[①]。总而言之:

"道",是国学方法论"基本原理"体系的简称。"道"理在"天","学"理在地,"术"理在"人";天、地、人三位一体,是中华国学文化的哲理源泉。

"学",是国学方法论"基础理论"体系的简称。"道"理在"天","术"理在"人";"学"理,是国学方法论"天人合一"文化理念的"中介"。

"术",是国学方法论"操作理论"体系的简称。"道"理在"天";"学"理在"地";"术"理,是国学国学方法论天地"和合"而生的"人道"。

"道○(基本原理)—学□(基础理论)—术△(操作理论)"三位一体,是国学方法论设置的总体逻辑框架和理论格局。

---

① 刘勰:《文心雕龙·徵圣》。

第一章

"道"理——基本原理体系

"道"理统驭的三位一体关系提示(道○·学□·术△):道中有学,学中有道;道中有术,术中有道——道是学之道,学是道之学;道是术之道,术是道之术。

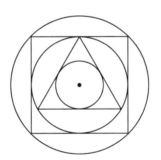

"道",是国学方法论"基本原理"体系的简称。"道"理在"天","学"理在地,"术"理在"人";天、地、人三位一体是中华国学文化的哲理源泉。且看这一"三位一体"学术关系:

道
天—地
天—地—人

道—学—术

基本原理—基础理论—操作理论

　　国学方法论的"基本原理"即学术研究的"道"理——"规律"之所在,没有这一"第一"位格的道理"规律"的统驭,便没有学术研究领域里的学理"规范"和术理"规则"。任何一门学术研究课题的存在,都应该有它之所以存在的基本原理、基础理论、操作理论的三位一体性;任何一门学术研究之所以被称为"科学"的,就是因为这门学科有着能够被我们认知的"基本原理、基础理论、操作理论"三位一体性的理论支持,否则,这门学科就不能被称为"科学"。

　　譬如在国学文艺学①研究中,只要面对"文艺理论"这一概念,就必须有文艺理论的基本原理、基础理论、操作理论三位一体的总体逻辑框架和理论格局。即:在整个文艺理论的实践过程中我们"凭什么写,写什么,怎样写";"凭什么画,画什么,怎样画";"凭什么唱,唱什么,怎样唱";"凭什么跳,跳什么,怎样写跳"……都是由道之理牵引的"为什么"走向学之理牵引的"是什么",最终才能走向术之理牵引的"怎么办",才最终实现操作行为具体目标的。且看这之间的三位一体关系:

道

学—术

道—学—术

道理—学理—术理

为什么—是什么—怎么办

知"道"—得"道"—传"道"

基本原理—基础理论—操作理论

---

① 在文艺界,我们的文艺理论从来都不是国学文化的思维理路,几乎所有的文艺理论文本(大学教材之类)的理论格局和逻辑框架大都是"西方"的。而内容则"西方为主,杂以国学点滴",失去了"中国特色"。其实,应该"中学为体、西学为用",建设有中国特色的"国学文艺学",因为国学中有博大精深且优越于西方的文艺理论思想和方法。

道理规律—学理规范—术理规则

"道—学—术"三位一体国学方法论的结论是:从"为什么"的"道"之理,走向"学"之理的"是什么",再而走向"术"之理的"怎么办",这是一切学术研究领域里"提出问题—分析问题—解决问题"必然要通过的必经之路,必由之路。

路就是道,道就是路。所谓道,"忠于民而信于神也。上思利民,忠也;祝史正辞,信也"①。基本原理是一条"顺其自然"②的"信实"之路。它是"学"之规范和"术"之规则的起始之因,也是"学"之规范和"术"之规则的终结之果。故而古人云:"物有本末,事有终始,知所先后,则近道矣。"③"道"是中华国学文化的"恒久之至道,不刊之鸿教"④;是一个既非常古老而又十分年轻的概念。所谓"兴废系乎时序,文变染乎世情"⑤,时代已固然不同了,有学者认为今天的学术界一直存在着文化的"失语症"和学术的"软骨病"⑥。但是只要我们一旦进入中华国学文化的"道"理论域,我们就应该有在理论上高屋建瓴,在逻辑上海纳百川的学术气度,才能在传统文化中返本开新见解独树,找到中华学术文化的理论特色,找回中华民族文化的学术话语权。

《文心雕龙》在《总术》中一再告诫我们,一定要注意"原理"存在的重要性,说:"三极彝训,道深稽古"⑦,"文场笔苑,有术有门;先务大体,鉴必穷源;乘一总万,举要治繁;思无定契,理有恒存"⑧。是的,"原理"是一条路,是一条本应如此、本该如此的"顺其自然"的学术规律之路。

对于汗牛充栋的国学经典的"道"理论,其实很多地方是"不可道"的,

---

① 《春秋·桓公六年》。
② "顺其自然",即本应如此、本该如此,本来就应该按这个样子去做才是正确的之意。
③ 《大学·总纲》。
④ 刘勰:《文心雕龙·宗经》。
⑤ 刘勰:《文心雕龙·时序》。
⑥ 其实这一病变的最终结果是:民族文化特色的丧失和民族整体文化价值的衰落。
⑦ 刘勰:《文心雕龙·宗经》。
⑧ 刘勰:《文心雕龙·总术》。

也就是说是不能"翻译"的,而应该去心领神会。如果要翻译,那也只能遵循翻译学"信、达、雅"三位一体的原则去"意译"——即要信实,又要达观,还要雅致,而不能仅靠"一对一"的"直译"去理解——譬如五千言的《道德经》,杨润根先生"意译"了三十余万字。他的《发现老子》还被称之为是"展现了《老子》真实面目的一大创举,王蒙看了也非常愉快"[①]。当然,翻译中的考据是必要的、必须的,但考据后的"直"译,只能是对原"道"义理的曲解和破坏;因为近百年来的现代白话文语义和白话文语境与几千年留传下来的文言语义和文言语境完全不同,就像今天海峡两岸学者学术对话时的学术语气,一方好像是半文半白地说理,另一方则是不土不洋地说话。当然,我们没必要评说谁把国学文化精神继承得好、发扬得好,学术自有学术的定论。但有一点则应该肯定,那就是我们在近一百年来与文言"断裂"之后新建的白话语体在阐释"道"理上并不成熟。譬如我们完全放弃了繁体字的认知和学习等学术行为,这些应该是我们在今后的学术研究中反思考量的。

在学术研究领域,所有的学术问题都不在于我们是否想抛弃和改变原有的标准而成为自己的创见,而在于理论上能否抛弃和能否改变。因为只要我们想抛弃、想改变原有的理论就意味着重新建设;而理论的重建则是非常艰难的,难就难在我们必须在提供了抛弃和改变"原有标准"的理由之后,再重新建立一种新的理论秩序。譬如,我们倘若一旦回答了要解决某一问题的"道"理意义时,那么紧接着的便是"学"理意义的追问和"术"理意义的考察。这紧接着的追问和考察是严酷的,因为"无道不能成学,无学不能知术,无术则无法去操作"。就像我们也一直说真、善、美是三位一体的,但什么是"三位一体",谁也没有说过、追究过是层递循环、互为因果的。再譬如知、情、意作为学问家们必备的学术素养,当我们说它们三者是"三位一体"的时候,就意味着我们对它们的关系有了新的发现。因此我们才会说:学问家所追寻的真、善、美和学问家所禀赋的知、情、意是互为"三位一体"的,并且就会得出这样一个"提出问题—分析问题—解决问题"的基

[①] 见杨润根:《发现老子》,北京:华夏出版社,2003年第1版,第2页。

本框架：

道—学—术

真—善—美

知—情—意

真知—善情—美意

基本原理—基础理论—操作理论

道理体系—学理体系—术理体系

道理规律—学理规范—术理规则

提出问题—分析问题—解决问题

从"道"理层面来看，学术研究之为人类学术文化领域里的理念，从来都是以"真"的"知"来肯定其"道"理存在的；从"学"理层面来看，学术研究之为人类科学文化领域里的理念，从来都是以"善"的"情"来肯定其"学"理存在的；从"术"理层面来看，艺术研究之为人类科学文化领域里的理念，从来都是以"美"的"意"来肯定其"术"理存在的——这便是真、善、美三位一体的全部内涵。

国学方法论层递循环、互为因果三位一体的"关系"，是对学问家学术研究"全过程"的"认知次序"和"逻辑关系"的程序认可。也就是说，我们所进行的学术研究的全部努力都将是对学术"过程"的普遍秩序之间的"关系"进行的"一体"化逻辑阐释。无论是哪一门类的学术研究，都意味着应该有着这样的三位一体的认知。所以刘勰才说他的《文心雕龙》的前五篇是"文之枢纽"，有着"穷高以树表，极远以启疆，百家腾越，终入环内"①的理论意义。"道"理作为国学方法论"提出问题—分析问题—解决问题"全部理由的基本原理，对国学方法论在总体逻辑框架和理论格局的宏观设置上，应该形成这样的基本原理认知：

---

① 刘勰：《文心雕龙·宗经》。

道—学—术三位一体

天—地—人三位一体

阳—阴—道三位一体

真—善—美三位一体

知—情—意三位一体

道—学—术三位一体

不易—简易—变易三位一体

一体化—二元素—三位格三位一体

在这里,道、学、术三者,各自有各自的"级次"位格,三者层递循环、互为因果,不可分割体认;尽管道有"道"理,学有"学"理,术有"术"理,但三"理"是合为"一体化"去认知的。只有"一体化—二元素—三位格"才能构成学科之所以是"科学"的学术理由。

有方法论研究的学者在《方法论》中指出:"在以往的哲学中,是各自独立发展的。例如在西方的康德那里,把'本体'称为'自在之物',是不可认识的,存在的规律和思维的规律是相分离的。黑格尔把本体论、认识论、方法论都统一到逻辑学中,即统一于辩证法,把现实的运动归结为绝对观念的发展,建立了唯心主义辩证法的哲学体系。马克思和恩格斯理念了辩证唯物主义的世界观和唯物主义辩证法的方法论,使世界观和方法论在唯物主义和辩证法的基础上统一起来,从而解决了哲学史上本体论的倒置问题及本体论和认识论、方法论、逻辑学的分离问题,使认识论、方法论、逻辑学在反映的内容上统一于本体论,第一次真正地使本体论和认识论、方法论和逻辑学统一了起来。"[①] 在三位一体的学术视野里,"本体论、认识论、方法论、逻辑学"是没有办法"统一"在一个"级次"上进行"一体化"的学术对话的。就像我们不能说黑格尔的本体论、认识论、方法论是"不能"统一到逻辑学中去进行学术对话一样。马克思把"四项"合为"两项"是合乎"道"理的,黑格尔把本体论、认识论、方法论都统一到逻辑学中则是三位一体

---

① 陈世夫、华杉主编:《方法论》,西安:陕西人民出版社,1996年第1版,第31页。

的。就像国学中把"象、理、数"三者理解为国人的逻辑思维方式一样①，《方法论》一再强调的"统一"，显然与"道—学—术"三位一体方法论的学术初衷和学术原则相同。因为没有"统一"就没有"三位一体"的"一统"。"三位一体"即是一种将本体论、认识论、逻辑学三者"统一"为道、学、术三位格认知的学术研究方法论。且看这一三位一体关系的起始和终结：

道

阴—阳

道—学—术

道理—学理—术理

世界观—学术观—方法论

本体论—认识论—逻辑学

道理源—学理源—术理源

外象—内理—术数

象—理

术

在国学文化先哲们的眼里，"象"是"道"理之外象，"理"是"学"理之内理，"数"是"术"理之术数，三者各有其位，各司其职，三位一体；无外"象"则无内"理"，无内"理"则无"术数"，无"术数"则无"学"理之规范，"道"理之规律，也就谈不上什么学术研究的思维理路。在大象无形、大道非常的国学文化世界里，中华古代的先哲们之所以可以居高临下地说"大哉乾元，万物资始，乃统天……天行健，君子以自强不息"②；还可以儒雅豁达地说"至哉

---

① 参阅唐君毅：《中国文化之精神价值》，南京：江苏教育出版社，2006年第1版，第74页。书中说："吾人所首当措思，理显而象生，象生而有数。观数只所以明象而察理，借见万物之依理而生成，所实现之美善之价值。此即中国象数之学之目的，迥异于西方之只以数学表现纯理之活动，与应用数学以计量万物之多少者也。"

② 《易经·上经·乾》。

坤元,万物资生,乃顺承天……地势坤,君子以厚德载物"①,就是因为有"有天地,然后万物生焉"②的天、地、人三位一体的理论支持。所谓"君子道长,小人道忧"③,"南山有桑,北山有杨④……上善若水⑤,万寿无疆"是因为他们看到了真、善、美三位一体属性的文化特征。于是才能说,"天行健,君子以自强不息;地势坤,君子以厚德载物";才能说"三才"文化世界中的"人"是"知—情—意"三位一体的人,"天人合一"的中华国学文化是天、地、人三位一体的文化。

处在"道"理位格的"基本原理",在道、学、术三位一体国学方法论"三位格"中位居"第一位格",这是由三位一体国学方法论构建的逻辑推论关系来确立的:如果说"道中有学,学中有术,术中有道"的话,那么"道"显然是"致广大""尽精微"⑥的一个首要位格,也是一门学科之所以能够称之为是"科学"的原理核心。有了这一原理核心的存在,我们才有理由推论说"学中有道,道中有道——学是道之学,道是学之道;术中有道,道中有道——术是道之术,道是术之道"——这便是前面结论中国学方法论要求的"总体的逻辑框架和理论格局"的逻辑认知级次。有了这一"道"理认知前提,才能建立学术研究基本原理、逻辑框架和理论格局形成的体系,并且让"体系"来统驭学术研究的整个过程,让学术研究从"道理规律"的"规矩方圆"走向"学理规范"的"自在自为",从"法有规则"走向"法而无法"的学术研究的理想境界。

---

① 《易经·上经·坤》。
② 《易经·序卦》。
③ 《易经·杂卦》。
④ 《诗经·小雅·南山有台》,意为:南山上长着荫荫桑树,北山上长着郁郁的白杨。无忧无虑的君子啊,您是国家的荣光,国家的栋梁。无忧无虑的君子啊,祝您万寿无疆!
⑤ 《道德经》。
⑥ 《中庸·第三十一》。

一、道理的"不易"性原则

"天道运而无所积,故万物成。"①

不易,就是不变。"道之大,原出于天;天不变,道亦不变。"②这句话是西汉董仲舒的哲学名言。董仲舒在"罢黜百家、独尊儒术"的社会背景下,认为尊儒尚法之"道"是治理当时社会应依据的基本原理,其核心是儒家的"三纲""五常"。"天"主要是指自然界的最高主宰或天命、天意,治理社会的最高准则是由天决定的,而天则永恒不变,因而按天命、天意建立社会之儒家子"道"德伦理秩序,也就顺理成章。他认为一个新朝代的君王,受天命统治人民,可以改制、徙居处、更称号、改正朔、易服色,就起居饮食等制度的具体形式做一些改变,但治理封建社会所必须遵循的根本大道——即儒家伦理之"三纲""五常",是不能改变的——这显然成了汉武帝"遵从儒家学说,提倡大一统"的理论根据。在董仲舒看来,"王道之三纲"取诸阴阳(天)之道。阳为主,阴为从,所以"君为阳,臣为阴,父为阳,子为阴,夫为阳,妻为阴"。臣、子、妻与君、父、夫的"道"德伦理秩序也是不能变的。这些后来成为汉以后束缚人性的精神枷锁,自然应该另当别论。但对要建立封建秩序的董仲舒而言,"天不变,道亦不变"的"道"之理则是言之铿锵的——这也是中华传统文化中各学说"一切可变,吾道不可变"的天理人情,所延传的学术特色和文化传统。

"不易"在这里,就是在"一切皆变、一切应变、一切可变"的千变万化的学术世界里之所以存在着"不可变"的绝对真理性的理由——这与中华传统文化中各学说、各领域中坚持的"不可变""不能变"的"道"理是同缘同理

---

① 《庄子·天下篇》。
② 这是西汉董仲舒的一个哲学命题,出自董仲舒《举贤良对策》。

的。所以古人才会说"人法地,地法天,天法道,道法自然,无为而无不为"①;才会说"天地之道,寒暑不时则疾,风雨不节则饥……故曰:乐者乐也。君子乐得其道,小人乐得其欲。以道制欲,则乐而不乱;以欲忘道,则惑而不乐"②;才会说"天命之谓性,率性之谓道,修道之谓教……中也者,天下之大本也;和也者,天下之达道也。致中和,天地位焉,万物育焉"③。这就是在"道"之理的统驭下,古人所阐发的千古不变的哲学原理——即"天不变道亦不变"的"不易"的道理原则。

从认知国学方法论"道"理的"不易"性原则出发,国学方法论从来都是在以"天"为"道"的"道"之理的统驭下,走向以"地"为"学"的"学"之理,才最终迈进"以人为本"的"术"之理的三位一体学术世界。所以说,"道"之理,作为国学方法论"基本原理"的存在,对它的确认,首先是最终也是对它的"不易"性原则的确认。"不易"就是"不变",就是"不可动摇""不可或缺""不可更易"。古人所谓"天不变道亦不变"的治国之言,其实是基于"天不变,道岂能有变"的哲学之理而言的。对"道"之理"不可更易性"的绝对认可,才是对"天不变"的"道"之理牵引"学"理、统驭"术"理的根本保证。所以说,没有"道"理"不易"性原则的存在,这也是《易》之为书也,原始要终以为质"④的真理对国学方法论的原理启示。对学术研究时所呈现出的层递循环、互为因果的运动态势而最终归结到一个"点"(·)上的"关系"体认,是学术研究规律的"级次"所形成的不同级次的"点",最终链接为"一个整体"时的思维结果——否则,学术研究的过程就会因为某一"级次"或是某一"点"上的虚空,而缺乏学术逻辑的义理牵引,而失之准确精到。"不易"之道理,作为学术研究应遵从的"含章之玉牒、秉文之金科"⑤。就是告诫我们,只有遵从"道—学—术"三位一体的义理,我们才能进入学术研究

---

① 这是道家思想逻辑推论的"无为"之因果,即"天—地—人"三位一体"道"理的逻辑因果。
② 《礼记·乐记第十九》。
③ 《中庸·第一章》。
④ 《易经·系辞下》。意为《易经》这本书,是以追溯原始,归纳终结,以探求事物的本质为根本的。
⑤ 刘勰:《文心雕龙·徵圣》。

的操作,否则就会事倍功半,半途而废。且看国学方法论按认知"级次"逐层引入的"道"理的不易性原则：

"道"理的"不易"性原则：
道
阳——阴
天——地——人
天文——地文——人文
天(玄)——地(黄)——色(杂)
天(阳)——地(阴)——人(道)
物质世界——精神世界——人文世界

以上的"世界",其实就是存在与意识、物质与精神二元素构成的"一阴一阳谓之道"的世界。在这个世界里所有的"问题"——即万物万有之所以存在的问题,都是二元素诞生的"第三者"的问题。没有这一个个的二元素诞生的"第三者"的问题存在,二元世界里是没有"问题"可争可论的。一阴一阳的"道"理的存在,是不以人的意志为转移的万物万有规律的潜在,是万物万有不可更易的"规律"存在的理论抽象。没有这一抽象的"不易"的"道"之理,人类文化便没有存在的理由,学术研究也就不能提出问题、分析问题、解决问题。

所以,曾子在《大学》里才会说,"古之欲明明德于天下者,先治其国。欲治其国者,先齐其家,欲齐其家者,先修其身。欲修其身者,先正其心。欲正其心者,先诚其意。欲诚其意者,先致其知。致知在格物。物格而后知至,知至而后意诚,意诚而后心正,心正而后身修,身修而后家齐,家齐而后国治,国治而后天下平"[①]。其间所谓"格物—物格"[②]的意思,就是对"道"之理"不易"性原则的确认。

---

① 《大学·第四十二》。
② 即穷究事物的"原理",和人们必须遵守的"理由"。

刘勰在《文心雕龙》里也说，天下的道德文章，"莫不原道心以敷章……鼓天下之动者，存乎辞，辞之所以能鼓天下者，乃道之文也"①，并且要我们"文成规矩，思合符契"②，"并穷高以树表，极远以启疆"（追寻"原道"之理），才能使"百家腾跃，终入环内"③——无论是何种学术领域里的研究，都应该有基本原理的"不易"性原则认知；没有"不易"的基本原理牵引和指导的学术实践，都不可能获得预期的实践效果和研究价值。"道"在任何一门学科中都应该是一个具有第一级次位格的"不易"的学术"原理"，也就是说，原理是不变的，是不能变的，是变不了的。

"道"作为一个抽象的绝对真理性的哲学理念，遍布在中国文化的全部土壤里。道就是规律，就是法则，就是各级次的规律和法则集成的"首脑"，就是一门门的"学科"作为"科学"必须遵守的不可动摇的原则、法则——这种不以人的意志为转移的"道"之理的绝对存在，就是所谓的"不易"。

譬如我们经常提出要用"工程建设"的意识来宏观把握某一学科的研究过程，并且把这一研究过程视为主体、客体、载体、受体等能够受制于某种原理程序且规范于某种原理而后行的"统一"的行为准则一样，"道"给我们的首先应该是一种"非此莫属"的认知秩序。因此，倘若我们的研究行为无秩序、不"统一"，那肯定就是偏离了"道"之理。道作为规律、法则的确立，不是我们能够凭自己的主观意志便可确立，便可更易的。如果我们想获得所谓"道"之理存在的学术支持，那就必须去"发现"。从这个意义上讲，"道"理的价值就在于"发现"。但是在发现之后要用逻辑递阶的"级次"去回答它却是艰难的。因为我们的"发现"只能是一种理性的抽象捕捉，要想把抽象捕捉到的"结果"变成一种不以人的意志为转移的"不易"的科学真理的描述，那就只能凭借逻辑递阶的"级次"去将其"性"定为"非此莫属"的结论，这样才能具有科学的真理性被学术实践者遵从为规范。因此我们

---

① 刘勰：《文心雕龙·原道》。
② 刘勰：《文心雕龙·徵圣》。
③ 刘勰：《文心雕龙·宗经》。

反复强调形成概念"级次"的艰巨性、严肃性。反过来,如果捕捉仅仅是停留在感性的、经验的、琐屑的、肤浅的表面认识上,那么,我们发现的所谓规律也就不是有"道"理的发现,其结果也就不是"非此莫属"的结论。

"道"作为学术研究的学术哲学概念,它必须有着概括某种科学事实时必须具有的哲学底蕴的潜在要求,故而它总是能够"一以贯之"于学术研究的全过程——这与完全意义上的哲学之"道"能够"道统天下而万象归一"的认识法则是一致的,只不过二者的认知"级次"不同罢了。

道之所以为"道",显然应该有着对宇宙万象"万法归一"的总体性认知进行逻辑归纳的使命。归纳实际上是对"道"理演绎宇宙万象的一种理论抽象。譬如数学里的"圆",它既"无限大"又"无限小",这是为什么呢?是因为它的概念是"表理的唯一曲线",且具备了既无限大又无限小的数理演绎功能。再譬如中国古代易学讲"无极"生"太极","太极"生"两仪","两仪"生"四象","四象"生"八卦";"八卦"就是演绎天下万象、万理、万物的"道"理系统,故而能"致广大"于天文、地文、人文,又能"尽精微"于"符号"所象征的所有细枝末节。再譬如达尔文的"进化论"、孔夫子的"仁"、基督教的"爱"、佛家的"空"、道家的"无为"能够一言以蔽之地所谓"物竞天择""忠恕""仁爱""阴阳""相对"的概念,都是因为它们有着对"操千曲而后晓声,观千剑而后识器"①的"道"之理的发现,故而能"乘一总万,举要治繁"②。"道"作为"可道"的"思无定契、理有恒存"③的"不可道"的至理,它的存在无疑应该具有绝对的"非此莫属"的"不易"性描述。因此,从"道生一,一生二,二生三,三生万物。万物负阴而抱阳,冲气以为和"④的哲学理念讲,国学文化作为有"道"理传统意义上的文化,显然应该首先理解到:学问家所进行的一切艰苦的劳作,都是要寻找探索具有"道"理意义研究成果的存在,这才是他们的目的。就学术界以往不少的所谓研究成果而言,并不是没有发现道理、学理、术理的"道"理存在,而是在发现之后并未描述阐

---

① 刘勰:《文心雕龙·程器》。
② 刘勰:《文心雕龙·总术》。
③ 同上。
④ 《道德经》。

释清楚这一潜在关系到底是"怎么样"的,有着什么样的意义。

学术研究活动是生动而活跃的,但是不管它有着什么样的变化,它所规范的学术活动的"基本原理"的"道"之理是不变的。如果说我们对某些学术研究领域的神圣感、使命感、科学性、严肃性,在今天遭遇到了极大的挑战,"道"理在一些领域里甚至已经丧失消泯了的话,那么这种"丧失消泯"的无奈,在很大程度上其实就是无法寻见学术研究的"道"之理的学术盲目感导致的。至于"对某种神秘感和神圣性的某些艺术活动的规律和规则,从前奉之为圭臬,如今也弃之如敝履"①的无可奈何,显然不是真正具有"道"理牵引下弃旧图新的理论解放,而是有些学术结论根本就不是科学的结论,它们怎么能够使学术行为不产生盲目性和随意性呢?

因此,我们应该从"规律"制约"体系"的角度看到,如果学术研究的过程不是由逻辑"级次"牵引的,其结果就是"没有规则的流水",自然也就没有"道理—学理—术理"三位一体的思维理路。譬如学界曾经争论过有的学科"既不是纯学科,又不是纯术科,它是理论和实践结合相当紧密的边缘学科"②。这种说法,显然不能触及问题的要害。因为"边缘"不仅仅是简单的交叉、重叠,而是一学科与另外多学科在交叉、重叠后所形成的一种新型的学术关系下的学科。也就是说,如果我们肯定了"道中有学,学中有术,术中有学;学是道之学,术是道之术"层递循环、互为因果的关系的话,我们就会自然而然地得出这样一种指向所有学术研究问题的不可更易的逻辑"级次":

"道"理作为"基本原理"的存在,它必然会因着学术的三位一体属性第一位格"不易"性原则的制约,肯定无论是何种学术,都必须是"不易"的"道"理牵引下进行的操作,无"道"理牵引的"学"理和"术"理,都不是"非此莫属"的理论界定,因此都不是科学的,都不是有效的学术实践。

"学"理作为"基础理论"的存在,它必然会因着学术三位一体属性第二位格的"简易"性原则的制约,其基本理论的发现和肯定,应该"学法天地"

---

① 於可训:《写作学的革命》,载《写作》2004年第1期。
② 於可训:《冷静地面对现实》,载《写作》1995年第6期。

"学法方圆""学法规矩",才能形成有"方圆"、有"规矩"、有"规范"的"非此莫属"的学理肯定。否则,任何所谓学术结论都不是科学的,都不能指导有效的学术实践。

"术"理作为"操作理论"的存在,它必然会因着学术三位一体属性第三位格的"变易"性原则的制约,其操作理论的发现和肯定,必将因着"道"之理和"学"之理而"术法天地""术法方圆""术法规矩",形成"术"是"道"之"术"、"学"之"术"、"术"之"术"的三位一体认识,并以其绝对的"变易"性运动,最终获得学术的操作自由(参阅书后《道学术三位一体国学方法论义理图示》)。

"道—学—术"三位一体中的"道"理,是学术研究认知的学术起点,也是学术研究认知的学术终点——但是这种从起点回到终点的学术过程,只能通过"道"之理"自始至终"的层递循环、互为因果的牵引,才能使学术研究过程"自始至终"沿着"万变不离其宗,万变不离其旨"的学术的"不易"性轨道前进,最终完成学术研究的目标。

其实,无论是何种门类的学术研究,都应该首先有它的学术"框架",有它的学术"论域",有它的学术"范畴",有它进行各级次学术对话的"理论体系"——也就是说,无论是哪一门类的学术研究,都应该有三个"级次"的理论研究框架体系,即:基本原理体系"不易"的"道"理框架、基础理论体系"简易"的"学"理框架、操作理论体系"变易"的"术"理框架。在学术研究的整个实践活动过程中,"道理—学理—术理"三位一体层递循环、互为因果的"关系",是在"准备学术—启动学术—完备学术"的过程中"提出问题—分析问题—解决问题"的世界观和方法论的基本原则把握。且看这一过程的三位一体运动关系推论:

道
阳—阴
道—学—术
不易—简易—变易

世界观—学术观—方法论
客体世界—主体世界—载体世界
对立统一—肯定否定—质量互变
提出问题—分析问题—解决问题
学术原理—学术理论—学术结论
道理规律—学理规范—术理规则
真理性—概括性—运动性
道—学—术
学—术
道

首先,根据以上呈现的三位一体关系,从第一位格基本原理的"道"理出发后,我们看到了"学中有道,道中有道——学是道之学,道是学之道";从基础理论的"学"理出发,我们看到了"术中有道,道中有道——术是道之术,道是术之道";从"道—学—术"三位一体层递循环运动、互为因果的"关系"出发,我们看到了"道"在基本原理"不易"的学科真理性、基础理论"简易"的高度概括性、操作理论"变易"的术科运动性构成的三位一体框架里呈现在最终结论中。

其次,此框架必然会因着三位一体属性第一位格"不易"的"道"理原则的牵引,其研究范围直接指向学术研究原理的发现和归纳;同时,因着三位一体属性第二位格的"学"理原则"学中有道"的牵引,其研究方法直接受制于"道"理的牵引,旨在归纳整合出基础理论"简易"的框架体系;再则,因着三位一体属性"术"的变易性原则"术中有道"的牵引,其操作理论直接受制于"学",归宗于"道",旨在使"术"理演绎成为整个学术活动过程中的不易之"法则"、简易之"法则"和变易之"法则"。这样便形成了所谓整个学术研究框架体系秩序之间的"级次"关系。

其三,学术研究的"道"理告诉我们:"关系",无疑应该是对"道"理形成的学术体系"一体化"程序的认可。也就是说,我们所进行的全部学术研究过程,都将是对道、学、术之间逻辑"关系"秩序所进行的理论阐释。"道"理作为最基础的理论牵引,按刘勰在《文心雕龙》里的说法,它能使我们的学术研究过程"乘一总万,举要治繁";"振本而末从,知一而万毕"①。显然,如果没有"道"的原理牵引,学术研究领域里的所有问题都无从判断、无法谈起。但是倘若我们一旦回答了要"解决问题"的"道"理意义的话,那么便可看到这样一种学术研究过程的秩序阐述:

"道理—学理—术理"牵引的"基本原理—基础理论—操作理论"三位格,给我们"提出问题—分析问题—解决问题"找到了"对立统一—肯定否定—质量互变"的科学的世界观;而由"道—学—术"牵引的"客体世界、主体世界、载体世界"三位格,则给我们建设具有"道理体系—学理体系—术理体系"的学科框架找到了"不易之道—简易之学—变易之术"的科学学术观。有了这样一种理论与实践相结合的双向"三级次"的"道—学—术"三位一体层递循环、互为因果的运动关系的存在,我们在进行学术研究理念的时候,就可以在"道"之理的统驭下"乘一总万,举要治繁"②,"致广大"于无边,"尽精微"至末节。

"道"其实是一个彰显"绝对真理"的符号,它可以通过运动转换称为"学"理和"术"理。但是如果没有"道"理的率先起步,"学"理和"术"理也就不存在了。显然,"道"作为学术规律的存在,也暗含表征着"学"理在、"术"理在,其实都是"道"理在的意思。也就是说,学术研究作为一种活动过程,虽然一开始就进入了我们所说的研究阶段,但它毕竟是一个思维活动的全过程,即使是"一开始就进入了",但也是"三位一体"同时并进着的,绝非一步到位的先怎样思维后怎样思维的问题,其间必然要经过反复的层递循环、互为因果的"准备—启动—完成"这样一个三位一体过程。在这个过程中的每一阶段都离不开自始至终要把握的原理依据——即"道"理存在的"不可动摇"性和"不可或缺"性。这就是对所谓"道"之理的"不易"性原则。

---

① 刘勰:《文心雕龙·总术》。
② 同上。

二、道理——"提出问题"

在学术界,"提出问题"是艰难的,难就难在提出的问题必须是有"道"理、有"学"理、有"术"理意义的;必须是对一种现象或是一种结论产生了"道"理、"学"理、"术"理上的质疑,有了要肯定或否定的学术愿望才能提出问题的。但是,问题的提出却不能仅靠某种愿望,而是要看有没有提出问题的学术意义和理论价值。

换言之,如果要"提出问题",就得必须先说出"道"理来;没有基本原理的"道"理牵引,是不能"提出问题"的。即使是提出了也是所言无信,所论无据,所说无理的。"道"理,是提出问题的学术哲学的原始论据,它直指天、地、人三位一体"天人合一"的文化理念,这便是民间俗语所说的"无三不言事""万事开头难"的意思。因为只要一开头,就意味着有了结尾;只要一言事,就得讲天、地、人三位一体之"道"理。不合"天人合一"之大道理,就不能提出问题。就国学方法论道、学、术三位一体的学术逻辑而言,学术界所有提出的问题都是没有无因之果、没有无开头之结尾的学术结论。譬如古人讲了这样一段话:

> 一阴一阳之谓道,继之者善也,成之者性也。仁者见之谓之仁,知者见之谓之知,百姓日用而不知,故君子之道鲜矣。显诸仁,藏诸用,鼓万物而不与圣人同忧,盛德大业,至矣哉!富有之谓大业,日新之谓盛德,生生之谓易,成象之谓乾,效法之谓坤,极数知来之谓占,通变之谓事,阴阳不测之谓神。[①]

上文所言的大意是:阴与阳合而为一叫做"道",继承这种"道"理是最

---

① 《易经·系辞上》。

为美好的事情,成就这种"道"理应该成为人的一种品行。强调仁德的人看到"道"就说它体现着"仁德"之理,讲究智慧的人看到"道"就说它体现了"智慧"之理。老百姓每天都运用"道"理去"行动",都知道它的存在,却不去探究它存在的理由。所以真正发现"道"并能描述真理的人就是所谓的"圣贤"。像《易经》所体现的道明显地表现为仁德,但又隐藏在一切日常所用的事物之中,它鼓动万物万有生长化育,但又不跟圣人一样有忧国忧民之情,它体现出的盛大的"道"理是至高无尚的。而能使万物万有生生不停新新相续地"运动"着的理由,就是《易经》所要表现的运动"变化"的哲学内涵;把这个哲学内涵画成卦象就是体现"天道"的"乾"卦,效法天道的就是体现"地道"的"坤"卦,通过对术数深入研究来预知未来的方法就叫做"占卜",对万物万有"变化"之道的彻底掌握叫做"通变",阴与阳二元素合而为一产生万物万有之"道"理在,是神奇而美妙的。①

在这里,所谓"神",即与天(乾)、地(坤)合而为一所生的"人"在的"超我"描述。"人",是这世界中最为神奇美妙的哲学问题。譬如在宇宙世界里,最为让人感动的问题便是乾坤之中的"人"在。什么是人?人从哪里来?要到哪里去?什么是人的生活?人为什么活着?活着有什么意义、有什么价值?中华国学的先哲们对"人"在的"天命"有过执着的询问。战国时的屈原甚至一口气向天问了一百六十多个问题。② 他的"问题"虽然不是抽象的"理"论言说,但却通过形象的情发辞现,表达了他对"人"在的生命意义和价值的"天命质疑"。而"四书"中的《中庸》则对人的"天命"进行了环环相扣的逻辑义理解答。命题是:人的天命即"道"——问题得到了这样的回答:

> 天命之谓性,率性之谓道,修道之谓教。道也者,不可须臾离也,可离非道也。是故君子戒慎乎其所不睹,恐惧乎其所不闻。莫见乎隐,莫显乎微,故君子慎其独也。喜怒哀乐之未发,谓之中;发而皆中

---

① 参阅《老子新解》,北京:中国文学出版社,1994年第1版。
② 屈原:《天问》。

节,谓之和;中也者,天下之大本也;和也者,天下之达道也。致中和,天地位焉,万物育焉。……大哉!圣人之道洋洋乎!发育万物,峻极于天。优优大哉!礼仪三百,威仪三千。待其人然后行。故曰:苟不至德,至道不凝焉。故君子尊德性而道问学。致广大而尽精微。极高明而道中庸。温故而知新,敦厚以崇礼。是故居上不骄,为下不倍;国有道,其言足以兴;国无道,共默足以容。《诗》曰:"既明且哲,以保其身。"其此之谓与!

且不论这里表现出的人性保守与人性"自私"的狭隘应该得到怎样批判,这其间的每一句话所概括的"人之为人"的天命忧患,却是千古以来人们在生存环境中"明哲保身"的人性发现的真知灼见。所以《中庸》才成了中华国人千百年来"修、齐、治、平"的必读书目——因为它的问题提得好,答得也非常人性化,即有"道"理的"中",也有"学"理的"和",还有"术"理的"万物育焉",是典型的道、学、术三位一体国学方法论思维理路的文化结晶。且看这其间的三位一体关系:

道理—学理—术理
天—地—人
中—和—道
天命—率性—修道
戒慎—恐惧—慎独
道也者—不可离—离非道
有道言足—无道默足—明哲保身
尊德性而道问学—致广大而尽精微—极高明而道中庸

"道"作为学术研究的基本原理体系的灵魂和统帅,在学术研究的过程中便成了提出问题"不可须臾离也"[①]的"唯一"的、最"大"的学术理由。

---

① 《礼记·中庸》。

如果说讲"道"理就是要给提出的问题以绝对正确的真理性理由的话,那么对"道"理的追问,首先便是"问题"是什么、什么是"问题"的核心、"问题"出在哪里等学术问题各个环节的"道"理追问——即学术研究之所以能够提出问题的基本原理在学术研究过程中应该处在什么位置、实际处在什么位置的问题。这一点应该成为学术研究追问各级次学术规律最为首要的"道"理询问。

譬如,在学术研究领域里,随时都可能遇到这样的问题:什么是学术研究的论域、什么是学术研究的范畴、什么是学术的框架、什么是学术的体系这类需要"首先"回答的问题。不管怎样自信地说这就是规律,那就是规律,但我们总是很难发现规律的真容,总是在寻找规律的过程中不着边际,或者不能自圆其说。这是因为我们所界定的规律不是"不易"的规律,不是"非此莫属"的规律,不是具有"级次"意义的规律,是不能成为学术研究中学术的"论域"、学术的"范畴"、学术的"框架"、学术的"体系"之所以"非此莫属"存在理由的。也就是说,我们没有"提出问题"发现规律时的"不易"的理由,所以才使我们提出的问题没有"道"理,故而不能自圆其说。问题一旦提出,就必须有"不易"的"道"理;"道"理如果不是"不易"的,就失去了提出问题的学术意义和学术价值。

假设可以这样来论断:几乎所有的学术领域,在涉及学术的客体世界、主体世界、载体世界三个世界的基本理论问题时,只要能够说已经有了"非此莫属"的逻辑框架,那就意味着发现了规律集成的理论格局,剩下的问题自然也就由"术"形成的法则去解决了。但是,如果所得出的结论只是对某一特定对象下的孤立的经验概念,或者说是片断的局部认知,那么这种认知说到底依然只能是现象的,而不是本质的、真理的"道"理层面的。依照"道"理而言,"道"的全部意义就在于必须穿透一切感性的、经验的、表层的、孤立的、分散的、千变万化的现象,给学术设置的逻辑框架和理论格局以理性的、深层的、整体的、相对稳定的理由以"绝对""唯一"的肯定。"不易"虽然充满着"变易",但它却是学问家们要在学术研究的整个过程中"从头至尾"追踪把握大方向。古人所谓天下文章"莫不原道心以敷章,研神理而设教"①的"道"理启示,是说在提出问题时各阶段所提的问题不同,但"道"理所启示的"法则"意义与我们要发现的任何阶段的规律的性质意义却是等同的。所以说学术研究的基本原理的"道"之理的不易性,就是要使"道"从头至尾都要以"致广大、尽精微"的姿态,来统驭提出的所有问题的科学性、真理性的内涵和外延。只有让具有"级次"意义的问题"原道心以敷章",我们的研究才能有条不紊地"终入环内",最终用"非此莫属"的语词命定为一种学术结论。

"道"理作为我们"提出问题"的"不易"的绝对理由,都应该用"非此莫属"的语词去命定。每一个语词符号所表示的既成事实的所指,其实就是对规律存在的抽象义理的"道"理肯定。从语言最早产生的功能来看,语言其实是在人们命定直观事物前就首先存在的;之后,由于我们认识客观世界时对直观事物加以比较,联系分析和综合的需要,语言的概括和抽象功能便诞生了。"把语言的所有复杂的功能概括起来,大致上有两个方面,即抽象的功能和表象的功能。"②具有抽象功能的语言和具有表象功能的语言是人们形象思维和逻辑思维的不同结果。正是因为语言中的语词本身就是一种规律存在的概括的结果,所以被某一概念选作界定这一概念的语词就有了符号的意义。符号一方面可以"表象"为艺术的形式诉诸人的感觉,譬如图示和图画等。另一方面,符号作为"语词",它本身就是一种"抽象"的概括。它们之所以有"表象"的功能,是因为我们的思维指向既可能是"形象"的又可能是"抽象"的——因此,当把思维直接指向抽象逻辑时,我们想通过逻辑得出的最终"结论",便有了用逻辑推论来检验其是否正确的理论意义。

"问题"的存在,其实是"道"理规律的本在,而提出的"问题"则是对"道"理本在的理论抽象义理的肯定或否定。因为"道"理存在于客观事物的各种问题中,是一种看不见摸不着的规律潜在,是一种纯意识的义理抽象,只能通过意识去把握。但它却又是活生生的现象和现实中的"最为顽

---

① 刘勰:《文心雕龙·原道》。
② 徐亮:《显现与对话》,天津:百花文艺出版社,1993年第1版,第233页。

固"的"绝对真理",不承认它,违背它是不行的,就像地球环绕太阳转一周就三百六十五天一样,我们无法用理念去更改,只能在发现它之后用"非此莫属"的"365"的数字概念去界定它。就像当前新兴的某些社会科学边缘学科的研究一样,它们基本上是与两种或两种以上不同领域的知识体系有着密切联系才"合而为一"为一门新学科的。而"边缘",不仅仅是简单的交叉、重叠,而是一学科与另外多学科在交叉、重叠后所形成的一种新型的学术关系下的学科。如果它们的共同点是运用一门学科或几门学科的概念和方法研究另一门学科的对象或交叉领域的对象,使不同学科的方法和对象有机地结合起来的话,那么怎样才能使各门学科结为一个完整统一的科学知识体系并使之成为一门有理论价值和实践意义的新学科,便成了边缘学科研究者们最大的难点。难就难在如果它们在未"合一"之前就有了共同的"问题",那肯定就会有解决这一问题共同的学术方法论的追求;但是如果他们在"合一"之后也没有形成共同的学术方法论,只是将不同的问题分裂成各自独立的研究课题,缺失了整体关照的学术方法论,这一学科也就没有存在的价值和意义了——这也是一些社会科学边缘学科不能像自然科学边缘学科那样长足发展的原因——因为自然科学的问题是"硬科学",社会科学的问题是"软科学";一方面是"提出问题"的"不易"的硬条件,另一方面是"提出问题"的软理由;而"软"理由如果不是"不易"的"道"理牵引的硬条件,只是一些人为了一厢情愿的所谓学科整合、专业调整、资源共享,它也就没有作为一门学科独立存在的理由和意义。

所以说,无论是自然科学还是社会科学,如果我们提出的"问题"仅仅是停留在单项的、局部的、经验层次上,不能把"道"理、"学"理、"术"理三位一体结合起来,并且坚持有学术研究"不易"的总体逻辑框架和理论格局,树立整体研究观念,上升到理论体系框架建设的理论层次,它就没有形成基本原理指导下的"不易"的理论格局的可能。不能形成"不易"的总体逻辑框架和理论格局,当然是因为我们没有科学的方法论,或者说我们所运用的方法论是既不"中"又不"外",既不"土"也不"洋",是学术"边缘"的经验,是没有"中心"的拼凑。这门学科自然也就不能确立。学科的问题可以是"边缘"的,但"道"理统驭下的方法论则不能是"边缘"的,总体的逻辑框架和理论格局不能是"边缘"的,而应该是"核心"的、"整体"的、"唯一"的、"非此莫属"的。

换言之,如果我们不能把学术研究的"问题"看作整体的"不易"的"道"理推论的结果,就不可能有学术研究方法论的"道"理需求。而科学的意义在于探索,规律的价值在于发现。道、学、术三位一体国学方法论对学术研究规律体系"不易"性的发现,是对学术研究规律的真相、真知、真理的"绝对""唯一"的发现。这就要求我们提出的问题必须是在"道"之理统驭下的"非此莫属"的"唯一"的学术追问。没有这一"非此莫属"的"唯一"的学术追问,学术研究领域里是不能"提出问题"的——因为所有提出的问题都意味着"分析"和"解决",每一环节要不是整体环节中的"唯一""不易""非此莫属",就没有"穷高以树表,极远以启疆"[①]的"道"理牵引,最终得出结论也就不能真正解决问题。

三、道理"统驭"的世界观

在古人的眼里,"道不远人"[②]。是说"道"就在人们的生活常态里,就是人们的自然观、人生观、价值观等思想观念形成的方法论。而古人"致虚而得道,失道而后德,君子务本,本立而道生"[③]的道德结论,使"道"之理一下子上升到了"世界观"的位置。且看这一结论的三位一体推论:

---

① 刘勰:《文心雕龙·宗经》。
② 见《中庸·第十三章》。意为:道者,率性而已,它就在我们身边的生活常态里。
③ 《道德经》。

道

得—失

道—学—术

虚实—有无—本末①

自然界—社会网—人生态

认识自然—理解自然—诠释自然

致虚而得道—失道而后德—本立而道生

这样以来,会清楚地看到:"本立而道生"的过程,其实就是人们在"自然观—人生观—价值观"②三位一体世界观的牵引下,在具体的社会实践中按自然规律办事,以完善个人的道德修为和做人之道的过程。"君子务本,本立而道生"的"本",即个人的人生信仰、道德本质、价值体系的世界观的确立。这里既讲了人们认识自然规律"虚实相生"的"自然"之道理,也讲了人们理解自然规律"有无相向"的"社会"之学理,还讲了人们诠释自然规律"得失相对"的"人生"之术理——言简意赅的三句话:"致虚而得道—失道而后德—本立而道生"的人生三阶段,使"得道—失道—道生"的道理、学理、术理三位一体之理,彰显得淋漓尽致。

深谙道、学、术三位一体之道理、学理、术理的古人说:

> 易与天地准,故能弥纶天地之道;仰以观于天文,俯以察于地理,是故知幽明之故;原始反终,故知死生之说;精气为物,游魂为变,是故知鬼神之情状;与天地相似,故不违;知周乎万物而道济天下,故不过;旁行而不流,乐天知命,故不忧;安土敦乎仁,故能爱;范围天地之化而不过,曲成万物而不遗,通乎昼夜之道而知,故神无方而易无体。③

---

① 在老子看来,虚实、有无、本末等相对的"道"理概念,都是"一体"的同一。万物都是阴阳一体的"第三者",故能"三位一体"。

② 这是构成人的"世界观"的"三位格",下文多有论及。

③ 《易经·系辞上》。

上文的意思是：《易经》的思想和天地的法则是相一致的，所以能够完全展现天地的变化规律。抬头来观察天文的各种现象，低头来观察地文的各种境况，我们就能够发现幽隐难见的和显而易见的事物生成的缘由。当我们去研究事物的开始状态，再回头寻求事物的最终结果时，就能发现死亡与生长的规律、具体物体的形态、万物形成的变化，都和天地生成的规律相似，所以我们不能违背它。当知道了"道"理所包容的万物运动的规律，而且能够按照它所反映出的规律来解决天下的问题时，我们就不会有偏差过失。普遍地运用它的法则去做事却不像水流一样到处泛滥，乐观地对待自然趋势而知道命运的不可更改，所以才能没有忧愁苦闷，安心地生活在所生活的地方而用仁德使自己敦厚，所以也就能够爱护众人和万物万有。总括天地之间的一切变化规律而没有错失，周折地成就万物而没有任何遗漏，完全通晓阴阳之变的规律，而且明智地对待它，人生世界也就因为变化无穷而有了真实可感的"道德"生态——这便是中华国学文化对人类生存的"自然观—人生观—价值观"三位一体的"乐天知命"世界观乐生状态的整体性描述。

在学术研究领域，一直说"有什么样的世界观，就有什么样的方法论"，其实这句话只是一种哲学一元论的简单化推论。就像有什么样的种子就有什么样的果子一样，是无须论辩的；因为源毕竟是源，流毕竟是流；树毕竟是树，根毕竟是根；世界观毕竟是世界观，方法论毕竟是方法论。没有"第二级次"的"学"理和"第三级次"的"术"理三位一体的逻辑推论，这句话是站不住脚的。但这句话毕竟由来已久，且看这一国学方法论中最为周详的国学文化世界观的"道"理推论：

道
阳—阴
日—月—星
乾—坤—位
天—地—气

静—动—变
刚—柔—性
不易—简易—变易
天文—地理—人事
自然界—社会网—人生态
认识自然—理解自然—诠释自然

在古人看来,不是"先有天才有地",而是"有天便有地",天、地二元素(二位格)是处在同一"道"理级次的——而"有什么样的世界观,就有什么样的方法论",并不是"同一级次"的"道"理对话关系,因为世界观和方法论是不能一步到位进入"同一级次"对话的。就像我们今天的《辞海》[①]中没有"学术观"一样,我们的学术逻辑对话从来都是建立在"有什么样的世界观,就有什么样的方法论"的简单认识论的基础上的。而《易经·系辞下》接着说:"古者包牺氏之王天下下也,仰则观象于天,俯则观法于地,观鸟兽之文与地之宜,近取诸身,远取诸物,于是始作八卦,以通神明之德,以类万物之情。……子曰:君子安其身而后动,易其心而后语,定其交而后求。君子修此三者,故全也。"[②]这样便使《易经·系辞上》中的世界观"变"成了人们的方法论。

且看《易经·系辞下》的三位一体方法论:

道
乾—坤
天—地—人
安其身—易其心—定其交
而后动—而后语—而后求

---

① 见《辞海》,上海:上海辞书出版社,1985年第1版。
② 《易经·系辞下》。

世界观—学术观—方法论
规律在—规范在—规则在

对于世界观和方法论的关系,应该这样来推论:有什么样的世界观,就应该有什么样的学术观;有什么样的学术观,才会建立什么样的方法论。学术观是世界观和方法论的"中介",没有学术观作为"中介",世界观与方法论是不能进行平等学术对话的,否则恩格斯就不会说"一切都在中间环节融合,通过中介过渡到对方"①这样一句学术名言。这就是说,"世界观—学术观—方法论"是三位一体的,不能进行简单的无学术逻辑级次关系的一元推论。譬如"种子"和"果子"的比喻,正确的生物逻辑推论应该是:有什么样的种子,就应该有什么样的树;有什么样的树,就应该结什么样的果子——但是,这树结的果子和种子,倘无"树"这一"中介","果子"和"种子"是互不相干的。

有部《方法论辞典》②认为:"人们认识世界和改造世界的一般方式、方法的理论体系。方法论和世界观两者是统一的。世界观是人们关于世界的根本观点和总的看法。当人们运用一定的世界观分析问题、解决问题、认识世界和改造世界时,这些根本观点也就转化为根本方法。它是思想方法、认识方法、领导方法和工作方法等各种方法的理论基础,一般说来,有什么样的世界观就有什么样的方法论,脱离世界观的方法论是不存在的,认为一切事物是彼此孤立的、永恒不变的,就是形而上学的世界观。而拿这种观点做指导去观察事物和解决问题,从事社会的实践活动,便是形而上学的方法论。反之,认为世界上一切事物是相互联系、不断发展变化的,这就是辩证唯物主义的世界观。从这个世界观出发,去认识世界,观察分析事物的矛盾运动,并找出解决矛盾的方法这就是辩证唯物主义的方法论。"按《方法论》的认知定位:"在以往哲学中,是各自独立发展的。例如在康德那里,把'本体'称之为'自在之物',是不可认识的,存在的规律和思维

---

① 参阅劳承万:《审美中介论》,上海:上海文艺出版社,2001年第1版,第15页。
② 刘蔚华主编:《方法论辞典》,南宁:广西人民出版社,1988年第1版,第2页。

的规律是相分离的。黑格尔把本体论、认识论、方法论都统一到逻辑学中,即统一于辩证法,把现实的运动归结为绝对观念的发展,建立了唯心主义辩证法的哲学体系。辩证唯物主义的世界观和唯物主义辩证法的方法论,使世界观和方法论在唯物主义和辩证法的基础上统一起来,从而解决了哲学史上本体论的倒置问题及本体论和认识论、方法论、逻辑学的分离问题,使认识论、方法论、逻辑学在反映的内容上统一于本体论,第一次真正地使本体论和认识论、方法论和逻辑学统一了起来。"①而道、学、术三位一体方法论即是一种将本体论、认识论、逻辑学认知级次"统"而为"一"的方法论。

道、学、术三位一体的"道"理,本来就应该是"大"则为"一"的大概念、属概念。古人所谓"三生万物"的"大道""大体"的文化包举意识,确实应该成为"振本而末从,知一而万毕"②的"道"理认知的原初启示。任何一门学科学术框架的存在,倘要以某种形式的语言符号体现其内涵的逻辑性和真理性,就应该有科学系统的"程序"意识——这"程序"就是所谓"道中有学,学中有道;道中有术,术中有道——道是学之道,学是道之学;道是术之道,术是道之术"的三位一体"道"理统驭。且看这一运动关系的义理推论:

道、学、术三位一体,即:将学术应该规范的"基本原理"(○)的科学真理性,"基础理论"(□)的学科概括性,"操作理论"(△)的术科运动性在"道"理、"学"理、"术"理三层面上所呈现出的层递循环、互为因果的研究关系,最终归结到一个"点"(•)上的"思维理路"的显示,最终肯定了学术义理概念所构成的框架体系必须是"一体化"的逻辑"级次"的结果。否则,就不是"致广大"于无边,"尽精微"至末节的科学的学术方法论(参阅书后《道学术三位一体国学方法论义理图示》)。

所以我们才肯定了这样一种三位一体关系:道中有学,学中有道;道中有术,术中有道——道是学之道,学是道之学;道是术之道,术是道之术。

缘"道"推论:"道"作为"科学"的"真理性"存在,它必然会因着道、学、

---

① 陈世夫、华杉主编:《方法论》,西安:陕西人民出版社,1996年第1版,第31页。
② 刘勰:《文心雕龙·时序》。

术三位一体属性第一位格"道"理的"不易"性原则制约,其基本原理体系的发现和肯定,自然应该规范"人法地,地法天,天法道,道法自然"的哲学原则的统驭;"科学"如无"道"之理的统驭,即无"道"理发现之后"非此莫属"的理论基础的真理性肯定。

"道"理,是统驭学术研究过程的灵魂和统帅。在"道"理认知的问题上,倘无基本原理的"道"之理统驭的"一"统天下,规律应具备的"致广大、尽精微"的学术义理也就不存在了。这一"道"之理的存在,是发现规律的属概念和种概念的"物质"基础。我们所创建的一切程序应规范的所谓学术概念,都不是语言文字符号的被动受体,它必须有能力负载起"振本而末从,知一而万毕"的"道"义,承担起"文字"所诠释的学术意义,从而形成传播信息时的"非此莫属"的引信。如此一来,学术逻辑所编织的规律的"级次"便有了程序的意义。"程序"便会用规律之手去编排实现最终要达到的学术目的的学术框架。正如《中国文章分类学研究》所言:"既无'规律',何有'程序';既无'程序',何以'控制';既无'控制',何有'系统';既无'系统',何有从一级次到多级次(或者说一层次到多层次)学术框架的'网络'。"反之,有了这一"网络",我们在进行实际操作时,便有了一个能够指导和牵引操作实践的如电脑硬盘一般的灵魂和统帅。这就是最终应该认识的基本原理"一元本体"的"道"之理。

所谓一元论本体是对古人的万物一体观念哲学思想参悟后的学术总结——即古人的"道"理世界观。《古人的万物一体观念》[①]一文认为,古人的一元本体论有三个方面的认知范畴:其一是"万物内质一体",其二是"万物信息一体",其三是"万物运动法则一体"。

所谓"万物内质一体",是指万物皆有阴阳、万物皆由阴阳而生。《钟吕传道集》中有"道生一,一生二,二生三。一为体,二为用,三为造化。体用不出于阴阳,造化皆因于交媾……天地交合,本以乾坤相索而运行欲道,乾坤相索而生六气,六交合而分五行,五行交合而生成万物"。这就是说,不仅人是天地交合而产生的,天地还是最大的母系统,人与世间万物都是天

---

① 马保平:《古人的万物一体观念》,载《鑫报》2007年3月12日。

地这个母系统衍生出的子系统。由子母系统间的关联性而知,人与万物皆与天地有着内质上的相似性。所以说,万物内质一体。所谓的万物阴阳、万物五行、万物太极,就是古人万物内质一体的明确表达。

所谓万物信息一体,是说由古人的气场学说而知,天有天之,地有地之,生命有生命之(气①),植物有植物之气。由气把天地间的万物与天地联接在一起,又由气沟通着天地与万物之间的信息传递,既组成了动态运行着的整体宇宙气场,又联成了巨大的宇宙信息网。由此而知动态运行着的整体宇宙气场包容了宇宙万象的所有信息。所以说万物信息一体。《易经》预测就是按照万物信息一体的观念,根据已知信息与既定方式在宇宙信息网中提取未知信息的手段与方法之一。

所谓万物运动法则一体,即古人认为,天地是由阴阳二气化合而成,世间万物是由天地交合衍化而生,所以阴阳二气是万物的本质,万物的内部皆有阴阳即万物内质一体。由于事物内部的阴阳始终偏胜一方,决定了万物内部的阴阳始终不平衡,致使阴阳二气始终在流动之中(即能量始终在运动),由阴阳二(气)的流动构成了事物生生不息的运动。由阴阳二(气)能量流动所形成的力,构成了事物运动的原动力。由阴阳二(气)的互动法则构成了事物内部阴阳二气(即能量流)运动的变化法则,即万物的运动变化皆遵从于阴消阳长、阳消阴长、阳中负阴、阴中抱阳、阴极阳生、阳极阴生的变化法则。

在这里,我们可以看到《古人的万物一体观念》所形成的②三位一体结论:

道—学—术

万物内质—万物信息—万物运动法则

万物内质一体:阳—阴—道

---

① 参阅见徐复观:《中国艺术精神》,桂林:广西师范大学出版社,2007年第1版,第122页。魏晋南北朝时代则多作分解性的说法。综合性的说法,是把一个人的生理的生命力所及于文学艺术上的艺术性影响,及由此所形成的形相,都包括在一个气宇的观念之内。
② 马保平:《古人的万物一体观念》,载《鑫报》2007年3月12日。

> 万物信息一体:天—地—气
>
> 万物法则一体:正—反—合

显然,万物一体就是"道"理统驭的世界观。那么我们怎样才能做到"不是将三者折衷、相加或使之各步一方",而是"各司其责不分彼此生存其中"呢?譬如在文艺理论研究方面,徐亮先生在《显现与对话》①中是这样来思考艺术创造规律"万物一体"的:"自然物相—人—艺术作品三个显性相度之外,显现活动作为时间相、作为内驱力,在其中运作、活动的合力性和方向性使三者共存于同一空间,消弥了彼此之间的外在性和界限,互相塑造,融为一体。显现活动制造了'场'的概念。场始终处在运作状态中,并受运作线的控制。因此,每一入场者的在场,也都受到运作线强大场力的控制。而由于运作线是所有在场者的合力线,这种控制便决不是外力强加的和不自由的。每一者都可能由于自身的变化而改变运作线的形状,但这种改变须以共存为前提。"②这段话中的"互相塑造,融为一体的显现思想",跟马保平先生"万物一体观念",以及道、学、术三位一体方法论描述的"道"之理是完全一致的。

譬如王国维先生在《文学小言》中说过这样一段话:"文学中有二原质焉:曰景,曰情。前者以描写自然及人生事实为主,后者则吾人对此种事实之精神的态度也。故前者客观的,后者主观的也。"③这是最为简单朴素的文学主客体论。据此,如果我们可以看到这样一种三位一体的认知关系:"景—情—文"是三位一体的,"自然—人生—文学"是三位一体的,"客观—主观—文学"是三位一体的,那么我们就会肯定,没有这一三位一体的认知,就不可能理解文学主观性的"情"与客观性的"景"在物我交融之后诞生的"第三者"——文学本身的话,也就谈不上王国维先生所说的是有"道"理的。但是王国维先生并不是不知道"文学之事,其内足以摅己,而外

---

① 徐亮:《显现与对话》,天津:百花文艺出版社,1993年第1版。
② 同上书,第70页。
③ 卢善庆:《王国维文艺美学观》,贵阳:贵州人民出版社,1988年第1版,第3页。

足以感人者,意与境二者而已","二者常互相错综,能有所偏重,而不能有所偏废","苟缺其一,不足以言文学"。① 王国维先生所说的"文学之事",其实也是一切文学艺术都是由宽泛意义上的景与情、境与意(或称之为物与我)这两个"'原质'相互作用,交融、转化而成的。这是一条不可更易的定律"②。

在三位一体国学方法论的视野里,这一规律既不是来自于客体或主体的单一方面的启动,也不可能是主客体间的一般联系和作用所能驱使的运动,而必须是在物我相接、交融、碰撞中才能发生的第三者的"事实"。这一第三者的"事实"在中国古代文论家刘勰的《文心雕龙·神思》中就以"神与物游"做了初步概括。学者黄侃曾对"神与物游"的解释是深得其道的。他说:"此言内心与外境相接也。内心与外境,非能一往相符会。当其窒塞,则耳目之近,神有不周;及其怡怿,则八极之外,理无不浃。然则以心求境,境足以役心;取境赴心,心难于照境。必令心境相得,见相交融,斯则成连所以移情,庖丁所以满志也。"③这里的"内心"与"神",指的是主体的精神活动;"外境"与"物",指的是客体对象环境。这两者不可孤立割裂,离则窒塞思路,浅近之处也无法勾通;如果两者融合交欢,就会产生特别的想象功能,无论多深多远也能达到,而没有不浃,即没有不透的。刘勰和黄侃的观点被评为"心物交融说",表述了创作过程中想象时"心物之间融会交流的现象","一方面要求以物为主,以心服从于物;另一方面又要求以心为主,用心去驾驭物"。"创作活动就在于把这两方面的矛盾统一起来,以物我对峙为起点,以物我交融为结束。"④这样讲其实就完全讲清楚了"神与物游"的艺术境界。特别是王元化先生所讲的"以物我对峙为起点,以物我交融为结束"的观点,正就是我们描述的"三位一体"状态:

---

① 卢善庆:《王国维文艺美学观》,贵阳:贵州人民出版社,1988年第1版,第3页。
② 参阅《写作学高级教程》,武汉:武汉大学出版社,1990年第1版,第19页。
③ 黄侃:《文心雕龙札记》,北京:中华书局,1962年第1版,第91页。
④ 王元化:《文心雕龙创作论》,上海:上海古籍出版社,1979年第1版,第73页。

物—我—文

客体—主体—载体

物象—意象—想象

起点—过程—终点

规律—规范—规则

实际上,古人在"物"与"我"产生的"第三者"的关系认知上是极其深刻精到的。庄子说:"天地与我并生,而万物与我为一"①;"筌者所以在鱼,得鱼而忘筌;蹄者所以在兔,得兔而忘蹄;言者所以在意,得意而忘言"②。他的这一认识无疑是诸子中源出《老子》的经典言论。而《文心雕龙》中的天、地、人"三才说"同样是源出《老子》的"道"之理的。且看这其间由不同层次的"道"之理所形成的三位一体世界观统驭下的学术观和方法论:

道

阳—阴

天—地—人

天文—地文—人文

世界观—学术观—方法论

天(玄)—地(黄)—色(杂)③

天(圆)—地(方)—体(分)④

心生言立—言立文明—自然之道⑤

---

① 庄子:《齐物论》。
② 庄子:《外物篇》。
③ 《文心雕龙》开篇即言:"文之为德也大矣,与天地并生者何哉? 夫玄黄色杂,方圆体分;日月叠璧,以垂丽天之象;山川焕绮,以铺理地之形。此盖道之文也。"
④ 同上。《文心雕龙·原道》言:"方圆体分;日月叠璧,以垂丽天之象;山川焕绮,以铺理地之形。"
⑤ 《文心雕龙·原道》言:"仰观吐曜,俯察含章,高卑定位,故两仪既生矣。唯人参之,性灵所锺,是谓三才,为五行之秀,实天地之心。心生而言立,言立而文明,自然之道也。"

> 对立统一——肯定否定——质量互变
> 基本原理——基础理论——操作理论
> 提出问题——分析问题——解决问题
> 不易之道——简易之学——变易之术
> 道理规律——学理规范——术理规则
> 科学真理性——学科概括性——术理运动性

在国学方法论里,所谓"道"理统驭的世界观,就是世界观所持之学术观,学术观所持之方法论的"原理"所在。按照国学文化传统的思维理路,其实一个是"外圆"的哲学之"道"的"天"理,一个是"内方"的学术之"道"的"地"理,一个是"三角"的方法论的"术"理对"基本原理"统驭下的"道"之理的"三级次"的认知肯定。"三级次"就是我们一直强调的学术研究的逻辑秩序。就像古人说"礼"时的人伦秩序一样:"夫礼者,所以定亲疏,决嫌疑,别同异,明是非也……道德仁义,非礼不成,教训正俗,非礼不备。分争辨讼,非礼不决。君臣上下父子兄弟,非礼不定。宦学事师,非礼不亲。班朝治军,涖官行法,非礼威严不行。祷祠祭祀,供给鬼神,非礼不诚不庄。是以君子恭敬撙节退让以明礼。"[①]

这里的"礼"就是"道",这里的"道德"就是"礼"。所以"道育天下"的孔夫子才说"非礼勿视,非礼勿听,非礼勿言,非礼勿动",如果一视、一听、一言、一动是"非礼"的,那我们就失"道"了。所以说,"道不可须臾离也"[②]。作为学术研究主体的学问家,如果没有了世界观,也就没有了学术的"道"之理。没有了学术的"道"之理,也就没有了学问家的"学术观";没有了学问家的"学术观",也就没有了学术研究的"方法论"。

---

① 《礼记·曲礼上第一》。
② 《中庸·第一章》。

第二章

"学"理——基础理论体系

"学"理规范的三位一体关系提示(道〇·学口·术△):学中有道,道中有术;术中有道,道中有学——学是道之学,道是学之道;学是术之学,学是学之术。

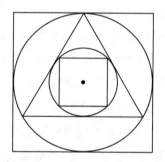

"学",是国学方法论"基础理论"体系的简称。"道"理在"天""术"理在"人";"学"理,是国学方法论"天人合一"文化理念的"中介"。且看这一"三位一体"的学术关系:

道
天—地
天—地—人

道—学—术
基本原理—基础理论—操作理论

"文成规矩,思合符契"[①];没有规矩,不成方圆。学术研究的关键在于基础理论体系的确立。承前章之"道"理论:没有学术研究基本原理的"道"理规律,便没有学术研究基础理论的"学"理规范;没有学术研究基础理论的"学"理规范,便没有学术研究操作理论的"术"理规则。"规律—规范—规则"三位格层递循环、互为因果,构成了国学方法论"道—学—术"三位一体理论体系的认知范畴。

古人云:"离娄之明,公输子之巧,不以规矩,不成方圆。"[②]走进"学"理,也就走进了国学方法论"设置总体逻辑框架和理论格局"的学术认知阶段。在现实生活中,我们之所以说某人、某事没有规矩,不懂规矩,乱了规矩,就是说它首先是失了"道"理,尔后又不讲"学"理,最终乱了实践操作中的"术"理,其结论肯定会让我们不以为然。"学"理是"道"理和"术"理的中介,没有这一"中介"的存在,学术研究就没有"道"理之说和"术"理之论。

国学方法论的"学"理作为"基础理论"的存在,它必然会因着三位一体属性"第二位格"的"简易"性原则"学法天地""学法方圆""学法规矩",才能形成有"方圆"、有"规矩"、有"规范"的学术研究的基础理论体系的框架。没有基础理论体系框架做支撑的所谓"道"理和"术"理结论,都不可能是科学的,都不能形成科学的学术观指导下行之有效的学术实践。如果说学术方法论的存在,就是在学术研究的过程中所采取的"必须手端和必要手端"的"方法"体系在的话,那么"学"理所构建的基础理论体系就是这一"必须手端和必要手端"之所以能够被我们"规范"为基础理论框架中去认知的最为简约、最为简明、最为简要的方论体系中的"规则"。

按照《方法论辞典》的解释:"方法,是在人们长期实践活动中形成的,并随着实践的深入而不断发展。最初出现的方法是建立在单纯经验的基

---

① 刘勰:《文心雕龙·徵圣》。
② 孟子:《离娄上》。

础上的。当人们把每次活动所取得的成功经验、行为方式、程序和手段当成支配以后行动的依据的时候,就形成了原始的方法。在原始方法的基础上,人们凭借直接的观察去认识事物发展变化的规律,在方法发展史上称之为直观的方法,如古代的朴素辩证法思想,就是一种直观的方法。随着社会生产力的发展和科学技术的进步,方法也随之发生了深刻变化,产生了以科学的实践成果为基础的科学方法。这种科学的方法以对客观事物的各种联系和发展规律的研究为前提,根据研究成果制定出实际应用的活动方式、程序,以及所需要的行为手段等,便形成了所谓科学的方法论。例如,科学观察、科学实验、科学假设和科学预测等一系列的方法,既然是人们的活动法则,它就具有了主体能动性的特征,体现了人的意识的能动作用,是人们能动行为的方式。它在整个活动中不是实体因素,而是实体因素之间的联系方式。方法必须是动态的,必须在各种活动中存在。一旦学术活动停止,而保留的只有活动的实体因素,动态的关系便不复存在,方法也就没有了意义。在方法体系中,哲学方法是最基本的方法,它为人们认识世界和改造世界提供了根本的指导原则。除了哲学方法以外,还有一般科学方法如逻辑方法,数学方法,统计方法,控制论、系统论、信息论方法等。有些方法只有在各个具体领域中适用,叫做专门方法。[1] 这样讲来,我们所论证的"道—学—术"三位一体国学方法论,即是对学术研究"根本方法"的理论追寻。因为无论任何方法的存在,都是要缘"道"而行,缘"术"而为,才能成为有基础理论体系框架的"学"理规范。所谓"有言逆于汝心,必求诸道;有言逊于汝志,必求诸非道。域民不以封疆之界,固国不以山溪之险,威天下不以兵革之利。得道者多助,失道者寡助"[2],讲的就是封疆固国威天下的守"道"理之"学"理。

"学"理,正好是处在"道"理和"术"理的"中介"位置,它像一艘船的桅帆,没有它,船身是不能千里远航的。"学"理作为"道"理和"术"理的"中介",是三位一体国学方法论的"位格"决定的。按恩格斯的话说,"一切都

---

[1] 刘蔚华主编:《方法论辞典》,南宁:广西人民出版社,1988年第1版,第1页。
[2] 《尚书·太甲下》。

在中间环节融合,通过中介过渡到对方"①的"学理位格",永远都应该肩负着学术研究的"道"理和"术"理要实现的学术义理和目标责任,随时都应该关注着自己的位置向二者过渡,且与二者融合,完成"你中有我,我中有你;你就是你,我就是我"的三位一体层递循环、互为因果的学术活动的科学性和真理性实现。

所以,"学"理从来都不会像"道"理那样深邃而"隐藏",也不像"术"理那样直白而"张扬",它永远都像是一桩美满婚姻的媒人,在成就了他人的美满之后,就会在恰到好处时见好就收,只留给双方一种曾经存在的形式过程的认可罢了——这正如一本书的目录,当阅读完一本书之后,目录便没有用了。因此,如果说"道"理是对一门"学科"之所以被称之为是"科学"的哲学原理的学术哲学的追踪肯定的话,那么"学"理肯定应该是对"道"理认知的理论延续,只不过它是要把"道"理所蕴含的义理落实在"学"理所要彰显的学科理论的具体框架中罢了。也就是说,它必须要把"不可道"的道理彰显在它"可道"的学科框架中,从而使学科的基础理论体系具有"道"义力量的学术支持。说到底,"不易"的"道"理蕴含在具体的"物"中,"简易"的"学"理蕴含在学术研究者设计的学术框架中,二者的有机结合,才能产生"变易"的"术"理——从而使学术建设的理论体系具有可操作性。否则,我们的学术研究操作过程就是失败的。

国学先哲们曾经告诉我们:"国家之败,有事而无业,事则不经。有业而无礼,经则不序。有礼而无威,序则不共。有威而无昭,共则不明。不明弃共,百事不终,所由倾覆也。"②而学术的"倾覆",就只能是"将谬误重复一万遍"的时代的荒谬和人性良知的丧失。③ 正如古人所谓"三军可夺气,将军可夺心……此治气者也。以治待乱,以静待哗,此治心者也。以近待远,以佚待劳,以饱待饥,此治力者也。无邀正正之旗,无击堂堂之陈,此治变

---

① 参阅劳承万:《审美中介论》,上海文艺出版社2001年1月版,第15页。
② 《春秋左传·昭公·昭公十三年》。
③ 纵观世界学术史,一个荒谬的时代之所以认可荒谬的学术,都是因为学术成了专制的附庸。

者也"①。这一"治气"、一"治心"、一"治变"的"三治"的三位一体过程,真也道尽了古人经历的军事沧桑的"心术,无为而制窍"②的学术"用心"之良苦。

所以说,"准备心力—启动心力—完备心力"是国学方法论三位一体"学"理体系中关于"我在心力"的核心描述。③ "我在心力"与"学"理是对应的,它从其原点出发,同时指向"道"理体系和"术"理体系的一个个"问题点"。也就是说,"心力"是"我在"的,启动心力时的"我在",是在心与物交融的基础上对心力作用做了完备的确认;而完备心力时的"我在",是将前两个阶段"准备"和"启动"的意图付诸实践乃至终能"完备"的确认。通过这样的理论界定,我们就可以说,学术研究理论之所以最终能够进入或者说一开始就进入了"术"理操作阶段,就是因为学术研究理论作为一种思维活动的过程,即使是"一开始就进入了",但也是"三位格"并进的,绝非一步到位,其间必然要经过"准备—启动—完备"三个阶段的完全协调才能使之真正运动起来。而"启动"就处在"学"理的位置。

对"我在心力"三阶段的运动表述是一个至关重要的问题,它直接关系着学术载体的文化魅力和学术主体的灵感生成。"我在"意味着使"物在"有了成为学术研究世界中的形象和抽象的可能,同时也意味着"我在"的理论阶段为"超我"的理论阶段诞生的"魅力"和"灵感",有了既不脱离"物在"也不脱离"我在"的可能,这样才能走出唯物教条主义和唯心神秘主义对学术研究中的"心力""灵感""直觉""魅力"等概念的简单描述。那些简单的描述不具备"学"理的原因,是因为它们没有"学"理作为"基础理论"存在的学术定位。也就是说,"学"理作为具有基础理论意义的学科框架体系的确认,它必然会因着学术研究三位一体属性第二位格的"简易"性原则的规范,其基础理论体系的确立,肯定应该沿着"道"理而"学法天地""学法方圆""学法规矩",才能形成有"方圆"、有"规矩"、有"道"理和"术"理的框架体系。否则,我们所认定的所谓基础理论框架体系就不可能是科学的。

---

① 《孙子兵法·军争篇》。
② 《管子·心术上》。
③ 参见拙著:《文艺创造三位一体论》,北京:中国文联出版社,2007年第1版。

再者,从"物在—我在—文在"的学理关系来看,我们总是容易忘了学术的"学"理而盲目进入"术"理操作。事实上,古人对"人为五行之秀,实为天地之心"①的定位并不能够轻而易举地直接将"我在心力"推论到天地万物中去。想使人成为"五行之秀",使人的"心力"成为天地万物之主宰,只能是学术研究理论最为原初的愿望。要使这一原初的愿望因为"心生"而获得光明的前途,只有用三位一体层递循环、互为因果的运动过程去衡量才能有所结果。譬如我们一直强调学术研究必须动用"我在心力"的原因,就是要让"心力"完全投入到学术理论中去,这样学术成果才能获得生命。譬如文艺作品,就是因为有"我在心力"的"表现",才能使文艺作品有灵感魅力的"显现"。这是"外师造化,中法心源"的"学"理使然。因此我们说,文艺理论的动力来源于文艺家自身——文艺家自身的"心力"才是文艺理论的源,生活是文艺理论的土壤和空气。这样不但排除了机械唯物主义的被动,同时也排除了神秘唯心主义的不可知论,当然也就消除了外力推动牵引说,将死板的理论教条变成有人性化的心物交融的"人学"。

黑格尔说:"人类的努力,一般地讲来,总是趋向于理解世界,能自己适应并宰制世界,目的总在于将世界的实在加以陶铸锻炼。换言之,加以理想化,使符合自己的准则。"②这里所谓"理想化"和"自己的准则",说到底就是人类对现实世界付诸学术理念力过程的"完备"。因此,我们不仅应该从古人所谓"龙凤以藻绘呈瑞,虎豹以炳蔚凝姿;云霞雕色,有逾画工之妙……盖自然耳"③的"道"理中找到本已存在的"物在"的"道"理,还应该从这些"道"理中发现具有"我在"意义的"学"理。只有通过具有"我在"意义的"学"理牵引,才有可能使学术研究的过程进入具有"文在"的"术"理意义。之所以说"学术思想"是"天人合一"关系的产物,也就是说"学术思想"不仅是学术载体的,同时也是人文本体的。它涉及哲学、宗教、法律、道德诸门类的思想体系范畴,无一不是学术理论的营养,但是如果它是"反动"

---

① 参见拙著:《文艺创造三位一体论》,北京:中国文联出版社,2007年第1版。
② 黑格尔:《小逻辑》,北京:三联书店,1954年第1版,第421页。
③ 刘勰:《文心雕龙·原道》。

的、无序的、无级次的、不相合的,又无一不成为学术研究理论的迷药,关键在于学术研究理论者们如何去把握这一具有"我在"意义的双刃剑。从"我在思想"对学术研究活动全方位的认知来看,应该有以下两个方面的基本认知:

第一是对"四次元"①三位一体的认知:

客体世界本质认知:真—善—美
主体世界本质认知:知—情—意
载体世界本质认知:真知—善情—美意
受体世界本质认识:崇真—扬善—赞美

第二是对"学术思想"三位一体的认知:

外在思想认知:他在—我在—你在
内在思想认知:我在—你在—他在
文在思想认知:物在—意在—文在

美国当代文艺学家 M. N. 艾布拉姆斯在《镜与灯——浪漫主义文论及批评传统》中提出了文学四要素的著名观点,他认为文学作为一种活动,总是由作品、作家、世界、读者四个要素组成的。② 并且认为,文学理论所把握的不是这四个要素中孤立的一个要素,而是四个要素构成的整体活动及其流动过程和反馈过程。其实,这四个要素都是"世界"的,其中的"读者"也是一个"世界",但这一"世界"的问题,还是客体世界中"一部分"的、一个范畴的问题,前"三个世界"本身就构成了文艺理论研究的三位一体性。因此,"四次元"认知其实是"客体—主体—载体"三个世界的三位一体认知。

---

① 童庆炳主编:《文学理论教程》,北京:高等教育出版社,2005年第1版,第5页。
② 同上。

这不是我们的主观臆造,而是由道理、学理、术理三位一体学术世界的"位格"来确立的。

一、学理的"简易"性原则

"易简,而天下之理得矣。"①

"简易",不是今天人们认知的"简单容易"的缩写,而是国学方法论基础理论体系对设置学科研究框架体系必须遵循的"简约、简要、简明"的"学"理规范。

所谓"学如不及,犹恐失之"②,即是说做学问最怕"学"理得而复失,最幸"学"理失而复得——"得失"在这里是就学术研究的"道"理固守和"学"理追踪而言的。

在"是什么—为什么—怎么办"三位一体的学术研究过程中,"为什么"是"学"理规范对"道"理规律和"术"理规则的学术"起点"和学术"终点"的追问。没有这一"为什么"的"中介"发问,学术研究便不存在"过程论"之说。因此我们应该肯定:"道"理的基本原理是"不易"的,"学"理的基础理论是"简易"的,"术"理的操作理论是"变易"的。"不易—简易—变易"三位一体,是国学方法论理论框架体系"规范"一切学术行为的基本准则。且看它的"中介"位置:

道—学—术
规律—规范—规则

---

① "简易"一词的最早见《易经·系辞上》"乾以易知,坤以简能"。意为:乾卦通过变化来显示智慧,坤卦通过简约来显示能力。把握变化和简约,就把握住了天地万物之道。所以说"乾以易知,坤以简能"。
② 《论语·泰伯》。意为:做学问好像追赶什么似的,生怕赶不上;赶上了,却还生怕给丢掉了。

不易—简易—变易

是什么—为什么—怎么办

基本原理—基础理论—操作理论

……

> 天尊地卑,乾坤定矣。卑高以陈,贵贱位矣。动静有常,刚柔断矣。方以类聚,物以群分,吉凶生矣。在天成象,在地成形,变化见矣……易则易知,简则易从;易知则有亲,易从则有功;有亲则可久,有功则可大;可久则贤人之德,可大则贤人之业。易简而天下之理得矣。天下之理得,而成位乎其中矣。①

这段文字中的"易简"可一言以蔽之为:懂得了万物万有生成的"道"理,就能规范"道"理统驭下的"学"理,使之处在适中合宜的"简约、简要、简明"的"中介"地位。

学术研究的目的,在于探索万物万有之所以存在的文化理由。而规律的发现,在于对"问题"的发现;没有发现"问题",就没有学术研究基础理论建设"学"理存在的必要。"学"理的所谓"简易"性,就是要在"简约""简要""简明"的思维理路里,对发现的具体问题进行具有基础框架意义的理论解答。它无形中规范着学问家学术观的形成,并直接指向学问家学术研究方法论的运用。

"学"理告诉我们,无基本原理的"道"理发现,也就没有基础理论的"学"理框架可言,更没有操作理论的"术"理方法论可循。一些不合理的、不科学的所谓学术研究框架,大都是因为停留在想"授业"却不知道"为什么",或者说知道了"为什么"却因为对"是什么"的"道"理诠释不具有"非此莫属"的理由而难以自圆其说。如果是这样,那么对"学"理的归纳和学科框架的建设就显得极为被动。如果在学术的"是什么"之理尚处在模糊发现或者说尚未发现的区域性认识下,面对学术研究的整个问题,是不能进入学术研究全方位的"为什么"的学理分析的。因为问题一旦"是什么",

---

① 《易经·系辞上》。

就意味着"为什么"。我们凭什么去"分析问题"呢,那就是要我们必须有科学的"简约""简要""简明"的学术研究的基础理论的"学"理框架。

我们在这里提出的学理的"学"字,并不仅仅是今天词典上的"按照学问的性质而划分的门类"的意义,而是相对学术界关于"学科"到底是"学术理论"还是"具体实践"的问题。如果仅仅按照词典意义上的"学科"就是"按照学问的性质而划分的门类","术科"就是"区别于学科的各种技术性的科目"的意义来理解的话,学术界根本就不应该有这样的"学与术"的论争。因为我们完全有理由充分肯定这样一个结论:无论是自然科学研究还是社会科学研究,只要它是一门科学的学科,就毫无例外地应该有着融道、学、术三者之理为一体的宏观把握。道、学、术三位一体层递循环、互为因果所演绎的否定之否定运动过程,可以说就是道中有学、学中有术、术中有道——道即学之道,术之道;学即术之学,道之学;术即道之术,学之术的认识过程(参阅书后道、学、术三位一体属性关系示意图)。根据"道—学—术"三位一体的义理提示:在科学研究领域里是不存在所谓单一纯粹的"学科"和"术科"的分别的,只不过在研究的着眼点上各有其侧重的科研范围罢了。

任何学术问题,一旦提到"科学"和"学科"的"为什么"的学理高度,便会牵引出无穷无尽的"道"理问题和"术"理问题。"道"理也罢,"术"理也罢,关键是"一切都在中间环节融合,通过中介过渡到对方"[①]的"为什么",最终围绕着的毕竟还是这个学科的基础理论体系的建设。一门学术之所以称为某一领域的"学科"或是"术科",从根本意义上讲,一门学问一旦产生,就意味着有了一系列"简约""简要""简明"的基本概念提出——这是我们要建设学科研究"系统"的大前提。否则,必然就要被那些无序的、零散的、局部的、经验的、孤立的经验言论所淹没。建立"学"理所应规范的"简约""简要""简明"——即"简易"的学术研究基础理论框架的程序和格式,是"学"理建设的必须。

故此《方法论辞典》才会说:"人们从书本上只能学到关于方法的知识,

---

① 参阅劳承万:《审美中介论》,上海:上海文艺出版社,2001年第1版,第15页。

并不是运用着的方法,不能说已经掌握了某种方法。所以,只有在思维和实践中加以运用并取得了成功,才算真正学会和掌握了某种方法。由于方法是一种关系过程形成的动态因素,它在人的各种活动中具有重要意义,它是活动诸因素相互联系的程序和格式。没有这些必要的联系格式,人们就无法进行思维的和实践的活动。总之,人们的任何活动都是在一定方法的指导下进行的,正确的方法是人们取得活动成功的必要条件,错误的方法有可能导致人们活动的失败。方法不是任意的主观性东西,只有那些以科学知识为前提的方法才能在理论和实践上收到显著成效。"① 这些认识,显然毋庸置疑。

说到底,规律的价值就在于被"发现"。但是倘若没有发现,便没有基础理论建设中的"为什么"。《文艺学方法通论》②认为:任何理论都是对待定对象的普遍本质和一般规律的把握,具有高度的抽象性,而要将高度抽象的理论应用于对现实的认识和改造,要经历一个由抽象到具体的转化过程,使理论一步步接近现实的实践,使"是什么"的理论转化为"怎么办"的实践方法。显然,方法论为人们的实践活动提供的整体宏观思路,并对具体实践起着牵引和规范的作用。而实践则是人类的一种自觉的、有目的的活动。人们在从事某种实践活动之前,必须先确定实践目标,然后根据目标去规划自己的行动,制定实践措施。而这些活动的进行都不是自发的、盲目的,而是在一定的理论指导下进行的。方法论使人们的实践活动朝着正确的方向发展,将理论转化为实践观念和措施、从而实现理论向现实的转化。且看这一转化过程"简约""简要""简明"的三位一体"学"理规范的理论基础:

道

学—术

道—学—术

---

① 刘蔚华主编:《方法论辞典》,南宁:广西人民出版社,1988年第1版,第1页。
② 赵宪章:《文艺学方法通论》,南京:江苏文艺出版社,1990年第1版,第15页。

不易—简易—变易

规律—规范—规则

是什么—为什么—怎么办

前期实践—中期认识—后期操作

道理规律—学理规范—术理规则

科学真理性—学科概括性—术科运动性

"学"理的"简易"性原则是对特定对象的普遍本质和一般规律的把握，具有高度的抽象性，要将高度抽象的理论应用于对现实的认识和改造，要经历一个由抽象到具体的转化过程。在"是什么—为什么—怎么办"的三位一体转化过程中，"方法"是必须的，对"方法"简约、简要、简明的"程序和格式"所进行的理论的框架的规范也就成了学术体系建设的必须。譬如《文艺学方法论研究中的若干问题》说："方法一词，在现代科学的意义上，是指科学研究的主体认识客体及其规律的中介，是人们从事科学活动的行为方式，是从理论和实践上把握客观现实，从而实现一定目的的途径、手段和方式的总和。科学研究方法，含义分宽狭，有多种层次的理解，综合各家之见，大致可分三个层次。一般的哲学思维方法、唯物辩证法、马克思主义辩证逻辑的方法是普通的层次，最高一级的层次；现代自然科学的方法如系统论、控制论等则作为特殊性层次而存在；具体学科的方法，如社会学中的统计学方法，经济学中的模型方法，文艺学中的结构分析法、比较研究法等是个别性层次。"[①]并且说"文艺学方法，既需要多样，又需要统一。具体方法要多样，根本方法又应该统一，统一于马克思主义，两者的结合，便构成文艺学方法论的体系"[②]。

这一"三个层次"的划分是对"各家之见的综合"。显然，将"各家意见"综合为"三个层次"是对的，因为任何意见都只有"三个层次"——也就是我

---

① 王春元、钱中文主编：《文学理论方法论研究》，长沙：湖南文艺出版社，1987年第1版，第2页。

② 同上书，第3页。

们前面所论的"无三不言事"。但诸如"普通的层次""最高一级的层次""个别性层次""特殊性层次"等概念的定位,则是宽泛的、分散的、零乱的、无"级次"和"递阶"意识的,是不能进行平等的学术对话的。且看我们用道理、学理、术理三位一体方法论进行的归纳整理,便能一目了然它们之间学术关系的具体定位:

> 不易—简易—变易
> 规律—规范—规则
> 普通—高级—平常
> 最低—最高—平等
> 一般—特殊—平凡
> 共性—个性—特性
> 道理规律—学理规范—术理规则
> 哲学思维理论—科学思维理路—具体学科方法
> 科学的真理性—学科的概括性—术科的运动性

胡经之先生在《文艺学方法的多样与统一——马克思主义文艺学的必由之路》一文中说:"研究文艺的方法并不能代替文艺研究的本身。但是,文艺研究的结果要合乎真理,必然要求探索文艺的方法本身也应合乎真理。文艺研究的结果,找寻出文艺的规律,形成文艺学理论以便用来指导新的文艺研究,它就转化成了文艺学方法。因此文艺学的方法离不开历史上已经形成了的各种理论。"①确实,胡经之先生在告诫我们要建设具有中国特色的文艺学方法论,就应该继承和发扬中华传统文化中"已经形成"的学术文化理念和人文精神。譬如"简易"的文化思想,在家喻户晓的中华国学启蒙典籍中表现得最为突出。虽然《三字经》②首先是小学生的

---

① 王春元、钱中文主编:《文学理论方法论研究》,长沙:湖南文艺出版社,1987年第1版,第30页。
② 诸如《千字文》《弟子规》《菜根谭》《增广贤文》《朱子家训》等,均为国学启蒙之书。

启蒙书,但其中所阐发的人生理念却是"简约""简要""简明"的国学智慧。"简易"之道,就是把最复杂、最难懂的问题用最简约、最简要、最简明——也是最简单的办法去解决,这是中华先圣前贤们最基本的学术智慧。

  是的,国学方法论就是要告诉我们这样一个"规律":无论是何种学说,一旦提到"科学"的真理性高度,关键是"学"理规范的问题。"学"之理作为我们从一系列学术问题中抽取的本质认识的理论规范,每一个语词符号所表示的既成事实的概念所指,其实就是对学术规律存在的真理性界定。这种界定本身就是一种"抽象"的理论规范,它们之所以有"表象"的学术功能,是因为我们的思维指向就是要通过逻辑抽象的最终"规范"去指导具有实践意义的"术"理规则。一门学科一旦有了"学"之理的"规范"能力,也就必然应该是在"简易"之"学"理的制约下,形成相对稳定的简要、简明、简约的基础理论体系。有了这一"简易"的框架成为"道"理和"术"理的中介,学术实践的操作才能有向学术活动的终极肯定——"变易"的"术"理科学有效迈进的保证。

二、学理——"分析问题"

  "分析问题"亦如"庖丁解牛",不知肌理结构,是无法"运斤成风"的。
  所以说,没有学术研究基本原理的"道"理规律,便没有学术研究基础理论的"学"理规范;没有学术研究基础理论的"学"理规范,便没有学术研究操作理论的"术"理规则;"规律—规范—规则"的三位一体性,就是要给"分析问题"的"学"理找到方法论的"依据"。且看:"圣人设卦观象,系辞焉而明吉凶,刚柔相推而生变化。是故吉凶者,失得之象也;悔吝者,忧虞之象也;变化者,进退之象也;刚柔者,昼夜之象也。六爻之动,三极之道也。"①这便是《易经》之"道"理规律所启示的"学"理规范形成的"术"理规则。

如果要"分析问题",没有基础理论的"学"理规范是不行的,因为"方法论"最根本的学术愿望,就是要给"提出的问题"找到可以"分析"并能够"解决"的学术途径。譬如《文艺学方法通论》②认为,"方法"的概念有三大层次:

(一)一般方法:一般方法是人类认识客体世界的最普遍、最高层次的方法,主要是指哲学方法,例如"形而上学""辩证法""唯心主义""唯物主义"等等。它既是世界观,又是方法论,或者换句话说,它是与世界观最接近、联系最紧密的一种方法,具有最高的概括力和最广的普适性。

(二)特殊方法:特殊方法是指人类认识客体世界过程中所形成的具体科学学科的方法。例如自然科学中的数学、物理学、化学、生物学等,社会科学中的政治学、经济学、法学、史学、伦理学、美学等,都有自己独特的把握世界的角度和方法。同一个对象,从不同的角度出发,运用不同学科的方法进行研究,完全可以得出不同的结论。

(三)个别方法:个别方法是指形式逻辑意义上的"推理""判断""归纳""演绎""分析""综合"等论述个别问题的形式。这些形式不仅是科学研究中阐释个别现点时所运用的思维的形式,也是一般口头的或文字的语言表达所必须规范的思维形式,否则,便是"不合逻辑",不能为他人所理解。③

---

① 《易经·系辞上》。意为:圣人创立了八卦之卦象,又在卦象后面连缀上卦辞用来表明事物的吉祥凶险的运动状况,是通过阳与阴相互推进而产生变化的。因此,吉祥凶险的状况,就是获得或失去了一种表现形式之后呈现的事物的改变与转化情况。也就是说,事物的进化与退化的表现形式,阳刚与阴柔的状况,白昼或黑夜的状况,是通过六爻的变动程序来体现的。这就是天、地、人三位一体变化规律的体现。
② 赵宪章:《文艺学方法通论》,南京:江苏文艺出版社,1990年第1版,第15页。
③ 同上。

基于上述认识,我们可以这样来"分析问题":无论是何种学术,它们都是因着问题的"存在"而给我们"提出"了如果要"解决问题"就必须首先要受到基本原理的"不易性"原则的牵引——也就是说,需要具有共性意义的"一般方法"的原理支持;其次才有"学"之理的"简易性"原则建设的基础理论体系的存在——也就是说,需要某一学科所具备的"特殊方法"的基础理论框架的理论支持;最终才能建设出具有"术"之理的"变易性"操作理论体系——也就是说,需要"个别方法"在形式逻辑意义上的"推理""判断""归纳""演绎""分析""综合"等论述个别问题的形式才能使方法论的意义得以实现。

换言之,"世界观—学术观—方法论"的三位一体性具有最高的学术概括力和最广泛的学术普遍性。所以我们将"一般方法"称之为学术的"基本原理",说它是"不易"的。而将"特殊方法"称之为"基础理论",将人们在认识客体世界的过程中所形成的具体的学科方法称为"操作理论",譬如自然科学中的数学、物理学、化学、生物学等,人文社会科学中的政治学、经济学、法学、史学、伦理学、美学等,它们都有自己独特把握自身世界的角度和方法。我们从不同的角度出发,运用不同学科的方法进行研究,完全可以得出不同的结论,但它们都必须有自己简约、简要、简明——即"简易"的三位一体理论框架。没有这一学科研究理论框架,就不可能进入所谓"具体问题"的"推理""判断""归纳""演绎""分析""综合"等这些个别问题的研究形式。因为这些研究形式不仅是科学研究中阐释个别观点时所运用的思维方式,也是一般方法和特殊方法所必须规范的逻辑思维方式。否则,一切所谓的方法都是"不合逻辑"的,也是不能为他人所理解的,因为这些方式不仅是学术中阐释个别观点时所运用的思维形式,也是一般方法、特殊方法都必须规范的思维形式。且看这一"三段论"的三位一体运动规律:

不易—简易—变易
一般方法—特殊方法—个别方法

> 基本理论——基础理论——操作理论
> 提出问题——分析问题——解决问题
> 学术原理——学术理论——学术结论
> 道理规律——学理规范——术理规则

根据上述三位一体运动规律的提示，对学术作为学科存在而形成的基础理论体系建设中的基本问题进行梳理和归纳，即能得知一门学科的研究，应该如何关照作为"特殊方法"而存在的"学"理框架建设最基本的理论范畴是什么。

"道"理体系研究的基本范畴：

（一）世界观依据：这门学科研究的世界观是什么？

（二）学术观依据：这门学科研究的学术观是什么？

（三）方法论依据：这门学科研究的方法论是什么？

"学"理体系研究的基本范畴：

（一）学科基本规律的设置：研究门类的定位及性质肯定等。

（二）学科基本特点的设置：研究视域论域以及学术前景等。

（三）学科体系框架的设置：理论的整合及体系框架建设等。

"术"理体系研究的基本范畴：

（一）对客体世界研究中的"道"理推论、判断等。

（二）对主体世界研究中的"学"理归纳、演绎等。

（三）对载体世界研究中的"术"理分析、综合等。

以上认识只是从"学"理意义上提出的方法论研究"三层面"的思维理路，学术触及的"学"理范围既大且广，我们在这里需要进一步阐明的是：一门学科的建立，关键在于它的基础理论体系建设框架存在的认知范围。如果我们忽略了"学"理的"中介"地位是由"道"理和"术"理层递循环、互为因果，相互牵引又相互制约的，我们的"学"理——即基础理论研究框架体系的建立就不可能是合理的、科学的，有实践价值和理论意义的。

譬如中华国学的文艺理论巨著《文心雕龙》，尽管以十卷五十篇的宏大构建所论无所不及，但它却有着严密的"本乎道，师乎圣，体乎经，酌乎纬，变乎骚"的"文之枢纽"，"文之枢纽"之所以能"亦云极矣"①，是因为它有着"体大而虑周"的"道"理牵引，而"学"理则是在通过文体论、创作论、批评论、文学史观等"学"理问题的分析研讨中切实完成了"术"理所要解决的问题。在这里，我们亦可冷静地思考一下"本""师""体""酌""变"这五个词作为"文之枢纽"的含义，就会理解《文心雕龙》道、学、术三位一体的文化内涵和学术用心。其实"本"——即"不易"的基本原理的"道"之理的存在；"师"和"体"——即"简易"的基础理论的"学"之理的存在；"酌"和"变"——即"变易"的基础理论的"术"之理的存在。《文心雕龙》之所以被称为"体大思精""体大而虑周"的"空前未有的，也是后无继响"②的文艺理论巨著，就是因为刘勰有着道、学、术三位一体的"文之枢纽"的"学"理框架控制，他才能"自重其文"说自己的《文心雕龙》会让"百家腾跃，终入环内"。

说穿了，"学"理之所以是"分析问题"的理论根据，就是因为它有着"不易"的"道"理规律的统驭，并且有着"简易"的"框架"和"枢纽"，才能使所有的学术问题都"终入环内"而俯首听命的。

三、学理"规范"的学术观

做人，须有人生观；做学问，须有学术观。

20世纪90年代前的《辞海》里却没有"学术观"这一辞目③。世界观就是方法论，这是20世纪六七十年代曾经经历过的历史文化的最大悲哀。④

---

① 刘勰：《文心雕龙·序志》。
② 范文澜：《文心雕龙·注》，北京：人民文学出版社，1978年第1版。
③ 见《辞海》，上海：上海辞书出版社，1985年第1版，第1125页。此辞书是"文革"后的1980年编纂出版的。
④ 主要是指十年"文革"。"文革"中学术界"知识越多越反动"；学问家没有学术观，也没有方法论。

在"三位一体"的视野里,没有"道"理的规律,便没有"学"理的规范;没有"学"理的规范,便没有"术"理的规则。"规律—规范—规则"是三个不同"级次"的认知,且层递循环、互为因果。

从"世界观—学术观—方法论"三位一体的三个"级次"的学术认知来看,"学术观"处在第二位格"学"理的中介位置,与"提出问题—分析问题—解决问题"三位一体的学术研究过程中处于"中介"位置的"分析问题"相对应。想要"分析问题",没有学术观的牵引显然不能进行学术研究的"分析"。这就譬如"四书"的《大学》说"大学之道,在明明德,在亲民,在止于至善。知止而后在定,定而后能静,静而后能安,安而后能虑,虑而后能得。物有本末,事有终始。知所先后,则近道矣"①一样,"提出问题—分析问题—解决问题"与"世界观—学术观—方法论"有着严密的三位一体学术联系。且看其间的"学"理逻辑:

道
学—术
定—安—虑
规律—规范—规则
本末—终始—先后
在明德—在亲民—在至善
道理源—学理源—术理源
世界观—学术观—方法论
提出问题—分析问题—解决问题
道理规律—学理规范—术理规则

因此《大学》才说,"自天子以至于庶人,一是皆以修身为本。其本乱而末治者否矣。其所厚者薄,而其所薄者厚,未知有也。此谓知本,此谓知之

---

① 《礼记·大学》。

至也"①。"知至"是"学"理的关键。在学术研究领域里,没有基础理论研究体系框架"始终"坚持的"本末"之道理,"至真—至善—至美"的三位一体性是不存在的,学术研究也是不能进入由"广度—高度—深度"三位一体构成的学术研究"先后"按序认知的学术境界的。

在国学方法论看来,把世界作为有机体考察,把社会、自然、思维三者相互联系的整体,其实是三个层面的问题:其一是自然的"天"理,其二是社会的"地"理,其三是人生的"术"理,它们应该有这样的认知"级次":

道理—学理—术理

规律—规范—规则

他律—自律—规律

自然界—社会网—人生态

世界观—学术观—方法论

基本原理—基础理论—操作理论

道理规律—学理规范—术理规则

如果在文艺学研究中认为"文学艺术作为特殊的上层建筑、意识形态,既按照'自律'在运动,又制约于'他律'的运动,特殊规律和普通规律错综复杂,被制自约。这只有借助于马克思主义的历史辩证法,才能把握住它的'自律'和'他律'的辩证关系,从'他律'和'自律'的合力中去理解文学艺术的存在和发展。要从科学上去理解艺术辩证法,必须懂得马克思主义的历史辩证法。根本方法不能代替具体方法,具体方法也不能代替根本方法。根本方法的统一,具体方法的多样,两者的结合,乃是建设和发展具有中国特色的马克思主义文艺学的必然要求"②。这样讲便有"道"理、有"学"理了,因为从"他律"和"自律"的合力中去理解文学艺术的存在和发

---

① 《礼记·大学》。
② 王春元、钱中文主编:《文学理论方法论研究》,长沙:湖南文艺出版社,1987年第1版,第30页。

展,就要理解艺术辩证法的意思,就是要找到文艺学研究的"规律"。而"根本方法不能代替具体方法,具体方法也不能代替根本方法"的说法,就像我们所言的"道"有道理,"学"有学理,"术"有术理一样,各有各的位格。"根本方法的统一,具体方法的多样,两者结合"才能发现作为"第三者"的学术规律,才能用规律解决学术研究领域里的问题。且看以上观点在道—学—术三位一体的认知视野中,应该呈现出的"学"理关系:

  他律—自律—规律
  自然界—社会网—人生态
  世界观—学术观—方法论
  属规律—种规律—子规律
  物质世界—精神世界—学术世界
  不易之道—简易之学—变易之术
  对立统一—肯定否定—质量互变
  基本原理—基础理论—操作理论
  提出问题—分析问题—解决问题
  学术客体—学术主体—学术载体
  根本方法—具体方法—特殊方法
  逻辑方法—横向方法—纵向方法
  哲学方法—一般方法—特殊方法
  规律—规范—规则

这便是国学方法论认知的学术研究视域中"他律—自律—规律"存在的三位一体"学"理真相。也是学术研究"属规律—种规律—子规律"存在的三位一体规律发现的真相。

《方法论新编》说:"我们在一般科学方法这个层次中,先排除掉不那么重要的观察和实验方法,再把剩下的方法划分为两个类别,这就得出了逻辑方法与横向方法(横向方法指数学方法及'三论'等)这两个大类别。它们和文学批评的具体学科方法的批评模式一道,构成了文学批评方法的三个基本类别。必须说明,在使用中,这三个基本类别的方法完全可能出现互相交叉包容的情况,在一篇批评文章中,几种方法同时出现是不足为怪甚至是必须的。我们把方法分成这三个基本类别,目的还是为了理论上的条理化与论述的方便。"同时说:"方法论指向两个不同的方向,在两个方面发挥着作用。一个方向是指向理论,对发展着的科学和具体实践作出理性概括,使之更具普通性。方法论在这个方向上的作用是与认识发展的辩证过程的第一次飞跃相一致的。在认识过程中,在实践基础上由感性认识上升到理性认识,是一系列的抽象过程。而要进行科学抽象,必须具备两方面的条件:其一,以正确的理论指导实践。尽量避免实践活动的盲目性、自发性,为科学抽象奠定牢靠的基础;其二,运用正确的方法对实践经验进行总结和概括、防止主观随意性和片面性,确保理性思维的科学性。方法论为科学抽象提供指导原则,理念了从感性具体到抽象,再从抽象上升到理性具体的方法,它是由现实走向理论的中介和桥梁。"①根据以上关系的理解,我们应该得出这样的"学"理逻辑推论,即"学中有道,道中有术;术中有道,道中有学——学是道之学,道是学之道;学是术之学,学是学之术"。

"道"理、"学"理、"术"理三层面上所呈现出的层递循环、互为因果的研究关系,最终归结到一个"点"(•)上的"思维理路"的显示,肯定了学术概念所构成的框架体系必须是"三位格一体化"的逻辑级次的结果。否则,就不是"致广大,尽精微"的科学的学术方法论,这门学科研究的结论也是不科学的(参阅书后《道学术三位一体国学方法论义理图示》)。

所以我们才肯定了这样一种三位一体学术研究关系:学中有道,道中有术;术中有道,道中有学——学是道之学,道是学之道;学是术之学,学是学之术。缘"学"推论:"学"作为"学科"的"概括性"存在,它必然会因着道、学、术三位一体属性第二位格"学"理的"简易"性原则制约,其学科理论体系的发现和肯定,自然应该规范"学法方圆""学中规矩""学以致用"的学术原则的指导;"学"如无"学"之理的牵引,即无"学"理发现之后"非此莫属"

---

① 王晖主编:《方法论新编》,上海:上海财经大学出版社,1997年第1版,第6页。

的学科框架体系的概括性肯定。

再譬如《文艺学与方法论》认为:"方法论科学知识体系包括三个相对独立的部分:哲学方法论,学科间的方法论和个别学科方法论,文艺学研究方法论属于个别学科方法论……文艺学研究方法论的内容包括本学科的指导思想,研究对象,学科地位,学科根据,各层次研究方法的特征、功能、价值以及它们形成与发展的规律,它们之间的相互关系等方面问题。"[①]方法论的四个层次是:

(一) 哲学方法

哲学方法是处于方法论系统的最高层次,它适应一切科学……我们的哲学方法是马克思主义的哲学方法。

(二) 一般研究方法

一般研究方法是能为多种学科所采用,处于中介环节的研究方法,它处于方法论系统的第二层次。主要包括:系统论、控制论、信息论和逻辑思维方法。

(三) 特殊研究方法

特殊研究方法亦称具体方法。它是某一学科特有的研究方法,或者是其一学科从某种角度的研究方法。特殊方法取决于该门学科对象的特殊性,表现为"对文学的切入视角,一般都成为特定的文学流派"。特殊研究方法包括:运用于美学的美学方法,由文学心理学派生的文艺心理学方法,由文学信息属性衍生出来的符号学方法、语义学方法,由文艺价值分支出来的艺术价值方法,由读者所决定的接受美学方法……

(四) 具体的研究手段

具体的研究手段认真说不属于方法,而是组织加工材料的科学方式、技术措施,是属方法论的工艺部分,或者是科学本身的研究手段。具体的研究手段能为不同方法论的流派共同选用。比如定量和定性、观察和实验、调查、统计、模式化、比较法等。

以上"四个层次"的研究方法,从"学"理上讲还是三个"级次"的。也就

---

① 冯毓云:《文艺学与方法论》,哈尔滨:黑龙江教育出版社,1998年第1版,第1页。

说,它们依然是三位一体的,即哲学方法——一般方法—特殊方法"三位格"构成的。因为所谓"特殊研究方法亦称具体方法。它是某一学科特有的研究方法,或者是某一学科从某种角度的研究方法……具体的研究手段认真说不属于方法"[①]。这样讲,其实就是我们应该表述的三位一体学术观的"学"理关系。如果还应该表述"学"理应规范的学术观的三位一体性的学术内容,那么就应该最终肯定"学"理研究体系的基本范畴主要体现在三个方面:

(一) 研究门类的定位及性质肯定等,它必须在哲学方法的"道"理规律的牵引下进行。

(二) 学科基本特点的发现,研究视域、论域及学术前景等,必须在"学"理规范的牵引下进行。

(三) 学科体系框架的发现,理论的整合及体系框架建设等,必须在"术"理规则的牵引下进行。

这一"属规律—种规律—子规律"三位一体的三位格,直接指向学术研究"术"理的基本内容:即对学术客体世界中的"道"理的推论、判断等;对学术主体世界中的"学"理归纳、演绎等;对学术载体世界中的"术"理分析、综合,以及组织加工的科学方式、技术措施、定量和定性、观察和实验等问题所进行的具有技术性和艺术性的具体问题的处理,从而最终构成了三位一体国学方法论"提出问题—分析问题—解决问题"的全部理由。

"学"之理作为"分析问题"的认知"中介",它与学问家的学术观紧密相连,互为因果。有什么样的学术观,才会有什么样的"学"之理的阐发。就像古人用兵打仗一样,兵学有兵学的"道"理,兵法有兵法的"术"理,"君之所以患于军者三:不知军之不可以进而谓之进,不知军之不可以退而谓之退,是谓縻军;不知三军之事而同三军之政,则军士惑矣;不知三军之权而同三军之任,则军士疑矣。三军既惑且疑,则诸侯之难至矣。是谓乱军引

[①] 冯毓云:《文艺学与方法论》,哈尔滨:黑龙江教育出版社,1998年第1版,第1页。

胜"①。

这样我们便清楚了,所谓"乱军引胜"的结果,其实就是"胜之不武"的屈辱,所以古人才讲兵"学"的道之理,说"兵者,国之大事,死生之地,存亡之道,不可不察也"。那"察"什么呢?"故经之以五事,校之以计,而索其情:一曰道,二曰天,三曰地,四曰将,五曰法。道者,令民于上同意,可与之死,可与之生,而不危也;天者,阴阳、寒暑、时制也;地者,远近、险易、广狭、死生也;将者,智、信、仁、勇、严也;法者,曲制、官道、主用也。凡此五者,将莫不闻,知之者胜,不知之者不胜。故校之以计,而索其情,曰:主孰有道?将孰有能?天地孰得?法令孰行?兵众孰强?士卒孰练?赏罚孰明?吾以此知胜负矣。"②这便又构成了一个严密的三位一体的军事学基础理论研究框架。这就难怪美国的西点军校也不得不学中华国学的《孙子兵法》以丰富他们的兵学知识。且看其间兵学奥妙的三位一体认知:

胜—负—兵

曰天—曰地—曰将

兵道—兵学—兵法

国之大事—死生之地—存亡之道

阴阳—寒暑—时制三位一体之"道"理

远近—险易—广狭三位一体之"学"理

曲制—官道—主用三位一体之"法"理

智、信、仁、勇、严,"五行"之"术"理③

有了如此完备的兵学"学"理框架牵引,古人便可以"不战而屈人之兵"

---

① 《孙子兵法·谋攻篇》。
② 同上。
③ "术"即是"法","法"即是"术",二者处在同一"级次",都是指操作理论的"术"之理;不过"法"有着进行"术"理操作的动词意义,即古人所谓"人法地,地法天,天法道,道法自然"的万物一体的运动性。

了。君临天下的王者亦可唱道:"报以介福,万寿无疆!"①

　　这不仅仅是一种古老的文化祝福,在国学文化研究领域里,中华兵学所启示的军事学方法论,是具有非常深厚而广阔的文化意义的,否则就不会把《孙子兵法》称为中华国学文化中的兵学瑰宝。

---

① 《诗经·周颂·桓》。

第三章

"术"理——操作理论体系

"术"理牵引的三位一体关系提示(道○·学□·术△):术中有道,道中有学;学中有道,道中有术——术是道之术,道是术之道;术是学之术,术是术之学。

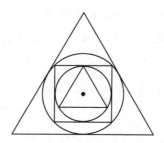

"术",是国学方法论"操作理论"体系的简称。"道"理在"天","学"理在"地";"术"理,是国学方法论天、地"和合"而生的"人道"。且看这一三位一体学术关系:

道
天—地
天—地—人

道—学—术

基本原理—基础理论—操作理论

当我们读到这一"术"理"三角形"的时候,应该首先看到顶"天"立"地"的"人"。这是一个可以"知变—应变—通变"的国学文化图腾。就像"人心"一样,人心不变,"道"理永存,道不远人;但是没有不变的人心,只有永存的"道"理。

所以古人才会说:"文之为德也大矣,与天地并生者何哉?夫玄黄色杂,方圆体分:日月叠璧,以垂丽天之象;山川焕绮,以铺理地之形。此盖道之文也。仰观吐曜,俯察含章,高卑定位,故两仪既生矣。唯人参之,性灵所钟,是谓三才,为五行之秀,实天地之心。心生而言立,言立而文明,自然之道也。"①这便是"天人合一""以人为本"的国学文化存在的全部理由——即"人"永远都是处在天、地之下变易的"术"理位格的。而所有的学术问题对"道"理和"学"理的理解和实现,都是通过"术"理的具体操作实践去完成的。

于是古人又告诫我们说:"盈天地之间者唯万物,故受之以屯。"②《易经》中,《乾》《坤》之后是《屯卦》——《屯卦》即处在"与人同在"的第三位。《屯》所启示的义理,是说人们应该看到天地的生机,无不酝酿于冬季;草木萌芽始于寒冬,但却因有着冬去春来的时运变化而生机蓬勃地,不畏艰难地、意志坚定地、祥和纯正地创始了万物万有的生命;当冬去春来,万物茁壮成长欣欣向荣的时候,人之为人的前途就不可限量了。这便是《屯卦》对人类前途最美好的祝福。

而"前途",在这里就是学问家思维理路铺就的解决问题的学术期望。譬如"术"字,在《说文解字注》里的意思即"邑中道也。从行,术声"③。而本义即指道路,也泛指街道、路道。尽管"道"与"术"的古文字意义是相通的,

---

① 《文心雕龙·原道》。
② 《易经·屯卦》。
③ 段玉裁:《说文解字注》,上海:上海古籍出版社,1981年第1版,第78页。

但倘无"不易"的"道"理去继往开来，就没有"变易"的"术"理前途，也便不可能有"术"理所期待的阳光大道和通天之衢。从国学方法论发现规律的"道"路而言，所谓"得道"而后"传道"—"传道"而后"知学"—"知学"而后"致术"—"致术"而后"方用"的三位一体认知途径来看，古人所谓"人主所以尊显，功名扬于万世之后者，以知术数"①的"术"理肯定，基本上完全体现着"天人合一""以人为本"的法则意义。因为无论是学问家还是普通人，只要进入"术"理实践，都要通过文化环境中"人"与"物"之间的知己、知彼的"术"技操作，才能在学术研究过程中百战不殆。

故而我们应该看到，在国学文化的宏观视野中，"术"之理和"数"之理是应该分而论之的。《辞海》讲"数，计算，计也"，有气数、气运、规律、道理、权术等意思。术数的种类虽然很多，但它们本质意义和终极目的都是要用"数"的"量"化来进行吉凶祸福、是非成败的因果关系分析的。譬如在先秦的官学里面把术数的内容和官学相对应，把整个知识体系分为两大部分：一类是以礼仪刑法、典章制度为中心的上层政治知识；另外一类则是以农、工、医、巫、卜、筮等技艺方术为中心的下层社会的数理知识，就是要"术"以"量"的角度来化解调合社会文化中人们生存的具体矛盾。倘不是秦始皇"焚诗书，坑术士，六艺从此缺焉"②，今天国学中的"术数"恐怕就不像《汉书·艺文志》里面所表述的"数术者，皆明堂羲和史卜之职也"，成为一个简单的职务称谓。就古代的一些国君大臣都要用"术数"预测吉凶祸福的"术"理存在而言，也使得那些游走于朝堂的"其知道者，法于阴阳，和于术数"③的术数大师们，有了毋庸置疑的身份和地位。所以说国学方法论中的"术数"与今天地摊上以一知半解的卜算点滴来骗人的术士，是有天壤之别的。

我们应该看到，国学不仅是"义理"的，也是"术数"的，对二者完全的理解才是国学面貌的全部。至于如何去伪存真，弃旧图新，那就要靠在弘扬

---

① 《汉书·晁错传》。
② 《史记·儒林列传序》。
③ 《黄帝内经》。

国学的具体实践中花大力气取其精华,弃其糟粕。

当然,国学方法论的"术"理,是作为学术研究的"操作理论"而言的。也就是说,"术"作为国学操作的"理"在,它必然会因着三位一体属性第三位格的"变易"性原则的制约,其操作理论必将在"道"之理和"学"的牵引下而"术法自然""术法天地""术法方圆"的。因为如无"术"之"法则",是不可能有效地指导学术实践的,因为失却了"天地"筑就的"自然之道"的"术"理牵引,学术研究中的"道"理和"学"理都是不能落到操作实践中去的。因此,我们才会说:"术"是"道"之"术"、"学"之"术"、"术"之"术"。

"术"以其绝对的"变易"性运动,是学术研究的终点认知,但同时也是它的起点认知。而"知变—应变—通变"三位一体,则是从事学术研究的必由之路:我们必须先得"天人合一"的"道"理,才能步入"他在就是我在"的"学"理,继而才能走进学术研究"自我操作"的学术行列。就像一个优秀的工匠一样,若是他一生都在执着地进行着"死而复活"的"术"理劳动,而不是日复一日去重复自己的"术数",那他就才有可能最终自立门户,自成一家,学益后人。否则,就只能做模仿他人的学术工匠,人云亦云,鹦鹉学舌。

"术"理是"道"理和"学"理最终指向的最为实际的"怎么办"问题。所有的学术问题,都会因为问题的"变易"性而万象纷呈、千变万化。只有在学术研究过程中具备了"道统—学统—术统"的三位一体理论体系,才能向学术研究运动规律的终极肯定——"变易"之"术"的操作实践迈进。因此我们才会说:术是道之术,道是术之道;术是学之术,术是术之学。古人在论及学术研究之"术"理时也会说"人法地,地法天,天法道,道法自然,无为而无不为"[①];"法",在这里显然是对"术"理通大道的操作理由的肯定。

譬如就文艺学研究而言,苏联文艺学家列西克说:"唯物辩证法是马克思、列宁主义研究语言艺术的方法论所依据的哲学基础。它为科学地探索、深入地研究、全面切实地解决文艺学最复杂的问题提供了最大的方便。由于方法论扩大并完善了科学研究的途径和方法,所以它有助于正确认识

---

① 陈志良、徐兆仁主编:《中国道家》,北京:宗教文化出版社,1996年第1版,第136页。

和解释文学现象的社会属性和艺术特点,获得对文学真正的认识,把文艺学提高到精密科学的程度。"①就"术"理操作而论,可谓"精密科学的程度"。按《文心雕龙》所言,即"夫情致异区,文变殊术,莫不因情立体,即体成势也"②,但这里的"体"和"势"是所谓"术"的定理。对"术"理的最基本的学术理解就是知变、应变、通变;"变"是马克思主义哲学"质量互变"规律的体现,是国学方法论"道—学—术"三位一体关系的绝对真理性的"道"理肯定。学术研究的过程中无不因有"变化"而后生"运动",有"运动"而后知"困惑",有"困惑"而后问"学理",有"学理"而缘"道理",有"道理"而后再回头进行具体的"术理"实践操作——如此层递循环、互为因果反复操作,我们才能走出学术研究的困境,最终完成学术研究的使命。

"术"之理的目标和宗旨就是去完成学术研究的使命。所以从事学术研究的学问家,一旦出色地完成了既定的"任务",便都会像文艺家们一样说:哪有什么学术的诀窍,我只不过比别人多付出了一点血汗,把别人喝咖啡的时间都用在学术上了而已。于是就形成了一种误解,说天才就是九十九分汗水加一分灵感,岂不知爱迪生所说的"天才就是九十九分汗水加一分灵感"的后面,还有一句"但这一分灵感恰恰是最重要的"③没有译出的话。这句被当年的编译者省略掉了的话,是因为那是一个人人都需要用励志格言来鼓励自身的年代,大家都要靠灵感是不行的,于是就断章取义了。而今天则应该有科学的学术设计的"术"理意识,否则就要误入学术的歧途,也就是说"术"理操作时的灵感是学问家们的灵魂。"术"理操作不是简单的实践模拟、模仿的"样子",而是对"道"理和"学"理形成的"是什么—为什么—怎么办"的三位一体学术理由终于有了"办法"的具体操作实践的最终"结论"。

---

① 列西克:《文艺学方法论概论》,杨福生、汪先均、吴咸葆译,合肥:安徽文艺出版社,1991年第1版,第6页。
② 刘勰:《文心雕龙·定势》。
③ 英文整句话的意思是这样的:"Genius is one percent inspiration and 99 percent perspiration." said Edison, "As a result, a genius is often a talented person who has simply done all of his homework."

"术",如果没有"术"理操作之"道"的牵引和"学"理规范的框架制约,就不能迈入学术研究的大门。正如列宾所言,"只有按部就班地学习,才能收到并非偶然的、理所当然的成就",千万不能进行无"道理"支持无"学"理支持的事倍功半的无效学术劳动。且看国学方法论对学术研究"术"理实践的理论定位:

道理规律体认:知道—得道—传道
学理规范体认:技能—技艺—技术
术理规则体认:学技—学艺—学术

譬如就中华文艺的实践而言,诸如"法无定法""法而无法""艺术之妙,妙在似与不似之间"等艺术箴言,都是对"法"所具有的"术"理意义的"变易性"总结。故而国学画论有云:"观前人之法而自为之,而自立其法。彼为绮,我为锦;彼为榭,我为观;彼为舟,我为车;则其法不死,文自新而法无穷矣。"①无穷之"法"是对"变易"之术的"道统""学统"。所以《中国画论》云:"不易者规矩,即所谓法;不同者性灵,即所谓心。学者虽须依从古人之规矩,但亦不可漠视自我之性灵。以心远法,以法出心,神而明之,方为妙也。"②

就"术"理而言,或许可以这样来理解"规矩"和"灵性"之间的关系:规矩是"有意"的"学"理框架,灵性是"无意"的"术"理感悟;"有意"是学理的"有法"阶段,"无意"是术理的"无法"阶段。当学术操作进入"术"理境界时,其最佳状态应该是处于学术思维自在自为的控制中,即所谓"法而无法"的阶段。在"有法"与"无法"之间,存在着要将在"学"理阶段所获得的"规矩"通过"法而无法"的"术"理思维过程最终变为学术自在、自为、自由的操作。可以说,"学"之理的出现提供了能够窥探学术规律的窗口,只要

---

① 郝经:《赫文忠公陵川文集答友人论文法书》。
② 李戏鱼:《中国画论·规矩与性灵》,郑州大学教务处教材科1982年编。

沿着这个窗口出发,就有了"笼天地于形内,挫万物于笔端"①的可能,就有了国学文化诗、书、画三绝同源、同理、同道的学术理解。

当然,"兴废系乎时序,文变染乎世情"②,但是在学术文化不断发展的今天,不管面对着怎样的学术文化现实,或者说有着怎样的"反认他乡是故乡"的"术数"理解的实践迷惘,中华国学文化留下的博大精深的"术"理真谛却是绝难移位的。譬如"我国古代文人,文、史、哲不分家,《论语》《孟子》《老子》《庄子》等哲学著作是案头必备之书,还有些文人爱读佛典,也因为那里面有许多人生哲理。外国古代文人,对亚里士多德等人的著作也很熟悉。而现代作家涉猎哲学书籍的面就更广了。如鲁迅,既爱读老子、庄子、韩非,又精研佛典;既心仪于赫胥黎的《天演论》,又广泛吸取西方的个性主义思想,此外对尼采哲学也很感兴趣。这些哲学思想,都在他的作品中留下了影响。他时而峻急,时而随便,这是老子、庄子、韩非的影响。'我知道伟大的人物能洞见三世,观照一切,历大苦恼,尝大欢喜,发大慈悲。但我又知道这必须深入山林,坐古树下,静观默想,得天眼通,离人间愈远遥,而知人间也愈深,愈广;于是凡有言说,也愈高,愈大;于是而为天人师。'——这显然夹满佛家语,不过鲁迅持的是批判态度。他认为青年必胜于老年,这是进化论观点;而号召青年起来,'敢说,敢笑,敢哭,敢怒,敢骂,敢打,在这可诅咒的地方击退了可诅咒的时代',这又是主张个性的张扬"③。其实,这也应该是作为今人的我们,在学术研究过程中必须应自修自养的学术素质的必须。否则,是无法面对今天整个学术文化研究领域里正在发生着的现代文化形势和现代科学技术的革命的。所以说,无论怎样的发展形势和科学技术变化,我们都不能,也不可能抛开国学方法论的"术"理之道,抛开"道理—学理—术理"三位一体国学方法论的学术文化传统。因为只有深入到国学文化曾经留下的优良学术传统中,才能受教于中华国学文化

---

① 陆机:《文赋》。
② 刘勰:《文心雕龙·时序》。
③ 吴中杰:《文艺学导论》,上海:复旦大学出版社,2002年第3版,第59页。

天、地、人三位一体的伟大智慧和道、学、术三位一体的博大精深。

一、术理的"变易"性原则

"变者其久,通则不乏"①,只有"通变",才有"变通",才能"骋无穷之路,饮不竭之源"②。

所以《易》说:"八卦成列,象在其中矣;因而重之,爻在其中矣;刚柔相推,变在其中矣;系辞焉而命之,动在其中矣。吉凶悔吝者,生乎动者也;刚柔者,立本者也;变通者,趣时者也。吉凶者,贞胜者也;天地之道,贞观者也;日月之道,贞明者也;天下之动,贞夫一者也。"③意思是:八卦设定而展示出的卦象序列,使一切物象就表现在其中了。根据它而两两结合在一起的卦的爻辞的阴与阳的相互运动,事物变化的规律就表现在其中了。所谓吉祥、凶险、悔恨和羞辱,都是从万事万物的变动而产生的;阳和阴是确立一卦的根本;天下一切事物的变动,都是顺应着这一根本而存在的。所谓吉祥与凶险,是要以守正而求胜条件的;天和地的运行的规律,是要以人的守正而展示于人道的。日月的运行规律,是要以守正而光照人间的。天下万事万物的运动,是要以守正而显示固定不变的大"道"之言、大"学"之说、大"术"之论的。"是故谓之爻。言天下之至赜而不可恶也,言天下之至动而不可乱也。拟之而后言,议之而后动,拟议以成其变化。"④

在《易经》看来,圣人因为看到天下万物的复杂多样,因而用卦爻的序列方式模拟出它们的形态,以象征万事万物应当遵守的本分。圣人因为看到了天下万物的运动规律,故而用万物在运动中的交合与变通之"术"理,用来指导人们的行为规范。在卦、爻、象后面又加上文辞的说明,用来判断

---

① 刘勰:《文心雕龙·通变》。
② 同上。
③ 《易经·系辞下》。
④ 《易经·系辞上》。

人事的吉祥与凶险情况,模拟出万事万物的"序列"所揭示的其中的"道"理,并仔细审定万事万物的"序列"之后再用爻辞揭示其中的变化,从而肯定了"变易"才是"道"理之"不易"的绝对真理性存在。

　　古人之所以强调"穷则变,变则通,通则久"的"道"之理,是因为万物万有的运动"变化"是绝对的。没有绝对的运动"变易"的"术"之理的肯定,古人就不会在《说文解字》①中说"日月为易","易"是日月两个字组成。因而,日代表阳,月代表阴,以象征《易》阴阳二元论的哲学。并且说"易"即蜴,是蜥蜴的象形。蜥蜴的保护色,随环境不时变化。以变化的含义,命名为《易》,象征宇宙森罗万象的千变万化。对这种运动变化的绝对肯定,其实即肯定了绝对不变的"道"理在和通过"简易"的学术研究"中介",实现了具有"道"理原则的学术研究框架的"学"理在。古人所谓"形而上者谓之道,形而下者谓之器,化而裁之谓之变,推而行之谓之通,举而错之,天下之民,谓之事业"②的论断,即言明这一运动关系的终极之理。

　　东汉的郑玄,在他的《易赞》③中,将《易》的定义高度发挥,说"易"这个字,有"简易""变易""不易"三种含义,便一语道破了中华国学道、学、术三位格的基本属性。"易"之三义反映的是三个自然法则——即人法地,地法天,天法道,道法自然的万物运行轨迹。"郑玄与同时代的思想家一样,把日月变化、天体运行视为阴阳形成、四时更替和万物兴衰的根据。"④当然,郑玄的"三义说"是以"简易""变易""不易"的序列来排列的。《白话易经》认为对"易之三义"的理解在于:"宇宙万物,时刻变化,人事也是如此;所以说'变易'。然而,变化不息的大宇宙,却具备法则性,整然有序,循环不已,有一定的规律可循;小宇宙的人的运命,也同样的具有法则性;所以说'不易'。由于这一'不易'的法则性,就能了解大宇宙的天地法则,可以规范;同样的,小宇宙的人的动向,也能够预知,可以规范;所以说'简

---

① 段玉裁:《说文解字注》,上海:上海古籍出版社,1981年第1版,第459页。
② 《易经·系辞上》。
③ 郑玄:《易赞》。
④ 参见西祠胡同网《易学研究》,林忠军《试析郑玄易学天道观》。

易'。"①

从"自然界—社会网—人生态"三位一体的角度看,这个世界上的一切都在变化着。《说文解字》言:"变易也者,其气也。天地不变,不能通气,五行送终,四时更废,君臣取象,受节相和,能消者息,必专者败。君臣不变,不能成朝……夫妇不变,不能成家……此其变易也。"自然界时刻处在生生不息的变化之中。所谓"变"是指阴阳相互推摩、开辟消息、交替转化。《系辞》曰:"一阖一辟谓之变","化而裁之谓之变","刚柔相推变在其中矣"。这种具体变化表现在宇宙生成后,大化流行生生不息。天地变化而生日月,日月变化而生光明,四时寒暑变化生节气而成一岁。一岁四时变化而万物枯荣轮转,周而复始。《系辞》曰:"在天成象,在地成形,变化见矣";"日往则月来,月往则日来,日月相推而明生焉;寒往则暑来,暑往则寒来,寒暑相推而岁成焉"。不仅自然界如此,社会网如此,人生态亦然。所谓:"天地感,而万物化生。圣人感人心,而天下和平。""天地革而四时成,汤武革命,顺乎天而应乎人。"这是一种存在于自然界—社会网—人生态中的"变动不居、周流六虚、上下无常、刚柔相易、不可为典要、唯变所适"②的变易之理。

古人的"变易"之理是明确的:穷则变,变则通,通则久。按照"术"理的"变易"性原则推论,几乎所有的学术研究都应该规范着"不易"的道理、"简易"的学理和"变易"的术理三大规律的牵引。这样我们便可得出一个结论:如果说"对立统一"即"道"之理的存在,那么"否定之否定"就是"学"之理的存在,"质量互变"就是"术"之理的存在。且看:

道—学—术

道理—学理—术理

不易性—简易性—变易性

道理规律—学理规范—术理规则

---

① 《白话易经》,北京:中国民间文艺出版社,1989年第1版,第4页。
② 参见西祠胡同网《易学研究》,林忠军《试析郑玄易学天道观》。

对立统一——肯定否定——质量互变
一般方法——特殊方法——个别方法
学术原理——学术理论——学术结论
是什么规律——为什么规范——用什么规则

从"术"理逻辑出发,学术研究操作之所以能够得以存在,就必须首先合乎"阴阳""虚实""情理""正反""动静"等"一阴一阳之谓道"的规律的牵引。有了这一"不易"的"道"之理的牵引,接着便是用分析的方法将操作实践中的种种现象进行科学的"性"定、"理"定、"象"定、"数"定。有了这些"一定"的结论来指导实践,一门学科的"术"科意义也便诞生了。而任何一门"学"科存在都不是"空洞"的理论存在,它必须通过"学"理运动走向它的终极——"术"理的实践领域,才能实现它的操作价值。那么,什么才是具有道、学、术三位一体的"术"之理呢?其实,我们所有的质疑和询问,都应该是从"术"理的角度发端,因为"术"是"道"之理与"学"之理的具体实践的操作理由,也就它之所以能够被学术"生产"的学术理由。可以这样简要地肯定:无论什么样的学术理由的存在,都是在"千变万化"的学术过程中得以实现的——"变"是绝对的——但要肯定这一绝对的"变易"的理由,则应首先规范学术研究中相对存在着的对立统一的"阴阳之道"。所以我们才会说无道不能成学,无学不能知术,无术则无学术研究方法论可言——而只要进入"术"理领域,"道"理和"学"理的追问是紧随其后的。

譬如按照文艺理论对"艺术生产"论的描述而言,我们可以认为:"任何生产都必须借助于一定的手段。物质生产的手段是工具,而精神生产的手段是符号。工具和符号都是人类特有的理念物。工具体现了人类科学技术的水平和物质生产的能力;人类进行物质生产必须借助于工具。在精神生产中,人所凭借的是符号。符号是标示事物的代码,例如文字、语言等。它的作用相当于工具在物质生产中的作用。然而不同的是,文字、语言作为建构观念世界的工具,既是人思索世界的手段,又是构造科学著作、塑造文学形象的材料。总之,精神生产以符号为手段,因而它实质上就是一种理念观念世界的符号活动。"① 这段结论引发出这样一个结论："任何生产都必须借助于一定的手段。学术必然最终要为我们提供一定的实践手段和一定的工具符号。工具和符号都是人类特有的理念物。在精神生产中，人所凭借的工具是符号。符号是标示事物的代码,例如文字、语言等,它的作用相当于工具在物质生产中的作用。然而不同的是,文字、语言作为建构观念世界的工具,既是人思索世界的手段,又是构造科学著作、塑造文学形象的材料。总之,精神生产以符号为手段,因而它实质上就是一种理念观念世界的符号活动。"② 且看通过马克思主义哲学"对立统一"规律的"道"理存在,对物质生产和精神生产之间存在着的"对立统一"关系的"阴阳之道"的"术"理肯定。

在学术研究领域,所有被我们称为"生产活动"的学术研究活动,都存在着属性"阳"(矛)与属性"阴"(盾)的对立统一的"矛"与"盾"的"道"理在。非"阴阳"不能生万物,非"矛盾"不能成活动。所有的"生产活动",无一例外都是物质实体(阳)与精神虚体(阴)对立统一的活动;"实"与"虚"是物质存在与精神存在二元"性"定的义理描述。无"虚"在,便无"实"论;无"实"在,便无"虚"说。且看它们对立统一于阴阳之道的性定推论:

物质生产与精神生产,二者一"阳"一"阴",对立统一而成世界整体;

体力劳动与脑力劳动,二者一"实"在血肉之"劳",一"虚"在心灵之"动";

物质产品与精神产品,二者一方由"力"生,一方由"心"生;

生产能力与理念能力,二者一方见"体力"于"物",一方见"心力"于"意";

产品共性与作品个性,二者一方趋"同"而无异同于道,一方求"异"而共同于道;

市场意识与审美意识,二者一方因"名利"而重现实,一方因"意义"而重理想;

---

① 童庆炳主编:《文学理论教程》,北京:高等教育出版社,2005年第1版,第103页。
② 同上。

工具属性与符号属性,二者一方因工具而如出一辙,一方因符号而各有千秋;

实用物品与审美作品,二者一方因物质而实惠于人,一方因精神而施慧于人;

技术革新与艺术理论,二者一方因创新而成为模范,一方因理念而独树一帜;

科学思想与艺术思想,二者一方因科学而成科学家,一方因艺术而成艺术家。

……①

通过以上"对立统一"规律的"道"理分析,可以看到"物质生产"与"精神生产"形成的"三位一体"关系。

物质生产的三位一体关系:
生产—产品—市场
工具—工人—产品
技术水平—生产能力—产品销量
物质实体—体力劳动—生活用品
工具应用—技能优秀—技术人才
科学领域—科学思想—科学专家
……

精神生产的三位一体关系:
生产—作品—审美
符号—作者—作品
艺术水平—理念能力—作品能量
精神虚体—脑力劳动—审美作品
符号理念—艺能优异—艺术人才
艺术领域—艺术思想—艺术大家

---

① 省略形式是指以下可展开下一级次的矛盾论对话或三位一体对话。

通过以上比较,"普通物质生产"与"特殊精神生产"形成的"三位一体"关系都归为对立统一的阴阳之"道"理了。二者的"术"之理,作为对学术工程的三位一体属性的"变易性"原则的肯定,当然我们知道学术的"变"是绝对的,它是"不变"的"道"理和"简明"的"学"理之所以能够存在的理由。从逻辑推论的大关系上讲,所有被定义划分的所谓学术"概念",几乎都不可违背地接受"对立统一、否定之否定、质量互变"这一马克思主义哲学三大规律的牵引。可以简单地做这样一个关系推理:如果说基本原理即"道","道"即对立统一,那就意味着一切的学术,都必须要合乎所谓"动静""正反""虚实""情理""有无""是非"等对立统一互动关系的哲学逻辑牵引。有了这样一种哲学逻辑的"道"之理的牵引——还有中华古代哲学思想"阴阳之道"的牵引,接着我们才可用演绎之法则,将整个学术圈里存在的种种问题进行一分为二的"性"定、"理"定、"象"定、"种"定、"类"定……从而最终使"学"之理的学术框架能够"致广大、尽精微"。

"术"是"道"之"术"、"学"之"术"、"术"之"术"的学术态势,以其绝对的"变易"性运动,使学术的整个过程进入了层递循环、互为因果的"变易"状态。在学术研究领域,具体的学术"问题"是无限多的,但"道"理却是唯一的。"道—学—术"三位一体作为"天—地—人"三位一体的世界观统取下的学术观,有着极为庞大的学术文化视野和理论研究范畴。就我们对以上"三位一体"问题的具体研究而言,应该肯定,它们的存在都应该因着"道理—学理—术理"三位一体方法论的"不易"性原则的牵引,其研究宗旨直接指向"基本原理"的"道"理的发现和归纳;同时,因着三位一体方法论"简易"性原则的牵引,其研究过程直接受制于基本原理的"道",旨在归纳整合出基础理论的"学"理框架体系;再则,因着三位一体方法论的"变易"性原则的牵引,其操作理论直接受制于"学",归宗于"道",旨在使操作理论的"术"理演绎成为一切学术活动中的不易之"法"、简易之"法"和变易之"法"。这样层递循环、互为因果的运动,便形成了整个学术研究"级次"秩序之间的学术关系。

学术的"关系",是对道—学—术"三位格一体化"研究过程"秩序"体系形成的学术研究框架的整体性认定。也就是说,我们所进行的全部研究都将是对学术研究这一"过程"的普遍秩序之间的"关系"进行的"一体化—二元素—三位格"的理论整合。按刘勰在《文心雕龙》里的说法,这样便可让学术研究有了"乘一总万,举要治繁";"振本而末从,知一而万毕"[①]的理论可能。也就是说,学术研究的全部学术问题都是要通过"提出问题—分析问题—解决问题"这一三位一体过程的"道理—学理—术理"的三位一体性才能最终得到解决。

如果说"道"之理的存在是去"发现"的话,那么"学"之理的存在,便是去"确立"。而"术"之理呢?古人所谓"五行无常胜,四时无常位,日有短长,月有死生"的绝对的变化之理,就是要告诉我们,"术"之理的全部意义,就在于将在"自然界—社会网—人生态"中所发现并确立的问题推向学术运动的终极——通过具体的操作实践最终去"解决"。

二、术理——"解决问题"

"解决问题",是学问家所从事的学术实践操作过程最终期待的结果,有很强的结论性。

如果要"解决问题",没有操作理论的"术"理牵引是不行的。就像在广袤的原始森林里要去寻找一棵早就已知的树:首先应该肯定它的存在,然后才能设计寻找它的路径;并且一直沿着这条路径走下去,最终才有可能"发现"——但是如果一开始就没有确定它的存在,只是盲目地去寻找,那即使是已经走到了那棵树的旁边,也会因为没有"振本而末从,知一而万毕"的认知准备,最终还是与它擦肩而过。

"术"是一个要能使具体的学术问题一直"走下去"的动词性很强的操作概念。譬如在学术研究的具体实践中,如果要问:我们为什么能操作、凭

---

① 刘勰:《文心雕龙·总术》。

什么去操作、如何操作的话,那么就意味着如果是凭着感觉的、分散的、表层的、经验的积累去进行操作的——即使是十分完美地完成了操作——甚至是撞在那棵树的怀里,能说这是一种具有理论意义的操作实践吗?显然不能。只能说这一操作"暗合"了理性的、深层的、整体的科学操作规律——而真正的科学操作规律的发现,从来都是以具体操作中发现的"术"之理为解决问题的前提的。譬如"癌症"这一疾病,当它作为医学"问题"出现在医学界后,紧接着才能产生要解决这一"问题"的需要——治疗;但是不管你有多么强烈和急切的操作期待——或者药疗,或者手术,都不可能在无病理解剖理论的前提下进行手术实践。否则,就只能用一个个的"死亡"去积累经验。

是的,"一个学科有一个学科的特点,因此不同学科的理论也有其自己的特点。有的侧重于宏观,有的侧重于微观;有的侧重于抽象的理论探讨,有的更重视实际的操作方法。研究病理的和操手术刀的,很难说哪一个重要。第一例开颅术的成功,也是被作为医学上的重大突破报道的。因为高明的外科医生也有在长期经验积累的基础上总结出的一套理论,只是这套理论更接近于技术性方法论,更重视实践中的价值"[①]。

换言之,"经验"越丰富,如果不是科学的,其代价就越惨重。这与我们进行学术研究时的操作完全是一个道理,且看这一结论指向的道、学、术三位一体的学术思维理路的逻辑推论:

"道"作为"科学"的"真理性"存在,它必然会因着道、学、术三位一体属性第一位格"道"理的"不易"性原则制约,其基本原理体系的发现和肯定,自然应该规范"人法地,地法天,天法道,道法自然"的哲学原则的统驭;"科学"如无"道"之理的统驭,即无"道"理发现之后"非此莫属"的理论基础的真理性肯定。

"学"作为"学科"的"概括性"存在,它必然会因着道、学、术三位一体属性第二位格"学"理的"简易"性原则制约,其学科理论体系的发现和肯定,自然应该规范"学法方圆""学中规矩""学以致用"的学术原则的指导;"学"

---

① 赵逵夫:《古典文献论丛》,北京:中华书局,2003年第1版,第11页。

如无"学"之理的牵引,即无"学"理发现之后"非此莫属"的学科框架体系的概括性肯定。

"术"作为"术科"的"运动性"的存在,它必然会因着道、学、术三位一体属性第三位格"术"理的"变易"性原则制约,其操作理论体系的发现和肯定,自然应该规范"术法天地""术法方圆""术法规矩"的学术原则的道理、学理、术理的三位一体牵引;形成"术"是"道"之"术"、"学"之"术"、"术"之"术"的学术态势,以其绝对的"变易"性运动,使学术的整个过程进入良性循环的科学状态——"术"之理,是进入学术过程的起点认知,同时也是建设学术理论框架体系的终点认知——"终点"又必然回到"起点",是道、学、术三位格层递循环、互为因果的运动性所完全的所有道理(参阅书后《道学术三位一体国学方法论义理图示》)。

基于"术"理"变易"性原则的逻辑肯定,我们拟从以下几个方面提出几项综合性命题,旨在给学术研究过程中"解决问题"提示出科学的"术"理演绎途径:

(一)学术基本原理体系建设方面的"术"性思考:
1. 马克思主义哲学对"术"理操作体系建设的引导问题
2. 中国古代哲学对"术"理操作体系建设的传统继承问题
3. 西方学术文化理论对"术"理操作体系建设的借鉴问题
4. 现代边缘交叉学科对"术"理操作体系建设的融通问题
……

(二)学术基础理论体系建设方面的"术"性思考:
1. 从客体的视域探询学术世界——学术客体论"术"理问题
2. 从主体的视域探询学术世界——学术主体论"术"理问题
3. 从载体的视域探询学术世界——学术载体论"术"理问题
4. 从受体的视域探询学术世界——学术受体论"术"理问题
……

(三)学术操作理论体系建设方面的"术"性思考:

1. 静态学术理论与动态学术实践制约下的"术"理框架问题
2. 经验学术模式与理论技艺模式制约下的"术"理体系问题
3. 传统操作技术与现代操作技艺制约下的"术"理范畴问题
4. 基本原理、基础理论、操作理论三位格的级次关系问题
5. 不同学科对学术的"质变"与"量变"的辩证关系问题
6. 学术操作技能、技艺、技巧的知变、应变、通变的问题
……

以上问题的着眼点,在于最终解决学术研究中"知变—应变—通变"的"术"理"变易"问题。也就是说,当进入"先入规矩之中,后出规矩之外"的"术"理"变易"境界时,以上诸方面的问题都会通过"术"的变易性原则,将"死"的概念化为"活"的理解。知变、应变、通变,是思考"术"理的关键,也是"提出问题—分析问题—解决问题"的关键。"术"理的问题最为复杂,它是以上所有问题中最为核心和最为要害的问题。因为它既是学术研究的终点,又是学术研究的起点。所有学术问题对"道"理和"学"理的理解和实现无不都是由"术"理来具体操控,具体实现的。至此,可根据以上构想的方方面面的问题得出这样一个结论:

在国学方法论的具体实践中,要想从经验的、无序的、无理论体系框架的盲目实践中走出,就必须用"术中有学,学中有道,道中有术"的三位一体层递循环、互为因果的思维理路来考察"学术"这一人类特有的精神劳动现象,才能使学术研究因着三位一体属性"不易"的"道中有学"原则牵引,其研究范围直接指向"基本原理"的发现归纳;同时,因着三位一体属性"学中有道"原则牵引,其研究方法直接受制于"道",归纳整合出"基础理论"的框架体系;进而因着三位一体属性"术中有道"原则牵引,其"操作理论"直接受制于"学",归宗于"道",旨在使"术"理的操作演绎,最终成为解决学术研究领域里一切问题的"不易"之法、"简易"之法、"变易"之法。

三、术理"规则"的方法论

路要一直走下去,就会从起点回到终点;水要一直流下去,就会流进大江大河,最终汇入汪洋大海而九曲一归——从终点又开始轮回为下一阶段的起点。

"术"理在解决问题的过程中,虽然"情致异区,文变殊术,莫不因情立体,既体成势"①,但依然遵循着"术法天地""术法方圆""术法规矩"的学术原则的三位一体牵引,才能形成"术"是"道"之"术"、"学"之"术"、"术"之"术"的学术态势。顺着这一态势前行,并以其绝对的"变易"性运动的逻辑牵引,学术研究的整个操作过程才能进入良性循环的科学状态——"术"之理,是进入学术研究操作过程的起点认知,同时也是建设学术研究理论框架体系的终点认知——"终点"又必然回到"起点",是道、学、术三位格层递循环、互为因果的运动性所完成的学术研究方法论的最终旨归。

在国学文化的"术"理视野里,一门学科一旦具备了"学"科的"简易"性位格,那它的基础理论体系的构成,就必然是建立在基本原理的"道"理基础上的。只有这样,所谓"道统""学统""术统"的学术指问,才有可能向学术研究运动规律的终极肯定——"变易"的"术"理迈进。所谓"术是道之术,道是术之道;术是学之术,术是术之学"的三位一体方法论的逻辑推论,是说"术"理操作无论走向哪里,都是"人法地,地法天,天法道,道法自然,无为而无不为"的法则在牵引着。方法论之"法则",显然是对"术"理通大"道"、通大"学"的运动轨迹的肯定。

譬如国学文化的先哲倡导的"法无定法","法而无法,是谓大法"的方

---

① 刘勰:《文心雕龙·定势》。

法论,是因为古人深知"心术之动远矣,文情之变深矣"①的学术研究过程的变动无常,所以始终强调"执术驭篇,似善弈之穷数;弃术任心,如博塞之邀遇。故博塞之文,借巧傥来,虽前驱有功,而后援难继"②的乏"术"之病。而当理解了学术研究操作时"务总纲领,驱万涂于同归,贞百虑于一致;使众理虽繁,而无倒置之乖,群言虽多,而无棼丝之乱,扶阳而出条,顺阴而藏迹,首尾周密,表里一体"③的"术"之理后,便可"设情有宅,置言有位……振本而末从,知一而万毕矣"④。

从国学传统的学术实践上讲,古人所取得的成就是卓越而辉煌的。然而正如前所述,今天在进行学术研究的操作时,却一直停留在将世界观和方法论混为一谈的"物"与"我"的关系纷争上,并未将方法论的"术"之理落在具体的操作实践上。也就是说,我们一直停留在世界观的"道"理位格上言说着方法论的"术"之理,并没有成熟的方法论认知体系,毋庸讳言,这在今天的文艺类学科研究领域里表现得最为突出。因为我们忽略了对国学传统学术研究中的技术、技巧、技艺的继承和发展,误以为今天所谓标新立异的"反传统"的现代主义、后现代主义的技术、技巧、技艺是源自西方的"新"东西,古人没有对这一变化中的方法论思考。其实,像"法无定法";"法而无法,是谓大法";"设文之体有常,变文之数无方"⑤的"术"理之变,早就深谙于古人的学术文化胸襟中。在中华国学先哲们的学术结论中,处处都有关于学术客体、学术主体、学术载体这一三位一体环节的"三相"交融——即物我交融之后的"术"理定位。且看这一三位一体的"术"理认知过程:

道
阳—阴

---

① 刘勰:《文心雕龙·隐秀》。
② 刘勰:《文心雕龙·章句》。
③ 《文心雕龙·附会》。
④ 《文心雕龙·章句》。
⑤ 《文心雕龙·通变》。

天—地—人

文—史—哲

诗—乐—舞

物—理—情

物—我—文

道—可道—非常道

物似—我似—似与不似

无法—有法—法而无法

道理规律—学理规范—术理规则

是什么规律—为什么规范—用什么规则

这便是国学文化三位一体的传统认知。承前所论,这类三位一体的"术"理思想,遍布于国学文化的典籍之中。而我们则受机械唯物论的所谓方法论的牵引,譬如在肯定"物我关系"后也明白了这样的"道"理,"这是一种双向的、反复的矛盾运动。一方面是对象的主体化,即作为对象的客观事物经过主体的加工、改造,逐渐被艺术的主观意识所'酿造'、所'熔化',像蜜蜂把花粉酿造成为蜜糖一样,发生了质的变化,使客体在一定意义上成为作者自我的化身"[①]的过程。这样的认识无疑是有对立统一的"道"理的,但这种停止于"双向"阶段的认识却没有被最终描述到位,只能是对阴阳之道的"二元"理解。在三位一体方法论看来,要想进入对象是主体的对象,主体是对象的主体;主体取代了对象,对象融进了主体;你就是我,我就是你,你中有我,我中有你,并且最终产生了"第三者"——即具有"术"理意义的"法而无法"的学术研究的操作状态时,才能算是进入了客体与主体相融合的"神与物游"[②]的学术境界。进入这一学术境界,就应该算是进入了古人所描述的"妙在似与不似之间"的"物我两忘而后得"的学术研究的高境界了。否则,就不能算是进入了具有方法论意义的"术"理操作阶段。

---

① 周姬昌主编:《写作学高级教程》,武汉:武汉大学出版社,1990年第1版,第19页。
② 《文心雕龙·神思》。

正如《老子》所言"道之为物,唯恍唯惚。恍兮惚兮,其中有象"①,学术研究进入一定的高境界时,并不是紧紧地抓住了物象来"就事论事"的,而是"筌者所以在鱼,得鱼而忘筌;蹄者所以在兔,得兔而忘蹄;言者所以在意,得意而忘言"②,如此说来,学问家才能在学术理念的整个过程中"登山则情满于山,观海则意溢于海"③。且看这一"术"理认知:

道
阳—阴
天—地—人
道—学—术
不易—简易—变易
基本原理—基础理论—操作理论
物我交融—博而能一—法而无法
提出问题—分析问题—解决问题
道理规律—学理规范—术理规则
是什么规律—为什么规范—用什么规则

解决问题时"规矩虚位,刻镂无形"的"变易"认知,是绝对的"道"理、绝对的"学"理、绝对的"术"理所最终指向的方法论的"道"理所在,它可以让学问家学术研究达到"无为而无不为""物我两忘"的尖端境界。不易的"学"理,以其相对稳定的"博而能一"的概念集合,控制着学问家思维活动的运动轨迹;变易的"法而无法"的"术"理方法论,则以其"法无定法""法而无法是谓大法"的通变认知,将学术研究这一行为的全过程做了"振本而末从,知一而万毕"④的"物我交融"的整体性表述。

就这一三位一体的要义而言,其实古人已经把"法而无法"的变易之

---

① 《道德经》。
② 庄子:《外物篇》。
③ 《文心雕龙·神思》。
④ 《文心雕龙·章句》。

"道"理讲尽。撇开前述的国学经典的"术"理论要,譬如国学画论云:"不易者规矩,即所谓法;不同者性灵,即所谓心。学者虽须依从古人之规矩,但亦不可漠视自我之性灵。以心远法,以法出心,神而明之,方为妙也。"[①]就艺术理论活动中的"变易"思想而言,或许可以这样来理解"规矩"和"灵性"之间的关系:规矩是"有意"的框架,"灵性"是无意的发挥;有意的学术框架是"有法"可依的阶段,无意的发挥是"无法"可循的理念阶段。当学术研究或艺术理论进入"术"理操作的高境界时,其最佳状态应该是处于思维理路"自在—自为—自由"三位一体的操控之中的,即所谓"法而无法"的理念阶段的:

道

阳—阴

天—地—人

不易之道—简易之学—变易之术

外在规矩—我在灵性—神与物游

相似之物—不似之我—似与不似

无法之境—有法之界—法而无法

自在之道—自为之学—自由之术

是什么规律—为什么规范—用什么规则

在"有法"与"无法"之间,即存在着我们所表述的方法论的"法则",它是要通过"法而无法"的思维过程才能最终得以圆满实现的。应该说,"法则"的存在提供了能够窥探外物的窗口,只要沿着这个窗口出发,就有了"笼天下于形内,挫万物于笔端"的操作基础。但是至此还远远不够,因为法则的存在仅仅只是解决了"物"与"我"的关系问题,并未进入"神与物游"的"术"理操控的境界。

在所有描述"形"与"神"的"术"理问题上,古人都是厚"神"薄"形"的。

[①] 李戏鱼:《中国画论——中国美学史论丛之三》,郑州大学教务处教材科1982年编。

其基本认识可表述为这样一种三位一体的关系：

道
阳—阴
天—地—人
理—气—趣
物理—人气—艺趣
物境—我境—画境
出外境—入内境—得真境
入乎内—出乎外—得其法
是什么规律—为什么规范—用什么规则

对于其中"术"理操作阶段的"趣""画境""形神兼备"，古人一再倡导"入乎内，出乎外""取法乎上"——"上"，即是法而无法的"变易"之妙境。

宋人方熏言："画无定法，物有常理。物理有常，而其动静变化，机趣无方。出之于笔，乃臻神。"①这"神妙"之境中的"机趣无方"即告白了法而无法之真理。宋人董迪亦言："造乎理者，能画物之妙；昧乎理者，则失物之真。何哉？……造其理者，能因性之自然，究物之微妙，心会神融，默契动静；则形质动荡，气韵飘然矣。昧于理者，心为绪使，性为物迁，泊于尘垒，扰于利役；徒为笔墨之所使耳，安足以语天地之真哉？自然界之物类，虽动静不居，变化靡定，但苟求其理，物各有其神明。"这其中反复主张的"理"字，无一不是声言了这样的一个道理："天之生物，如山川草木；人之置物，如屋宇桥渡。何一非理，何一无气？离是二者，则无物矣。故一举目间，莫非佳画也。要在能取其意，以会于笔墨耳……画家若造物之妙，得物之真，鼓以胸中之逸趣，合于天地之生气，则自然造化在手，可为万物传神。唯其

---

① 《山静居画论》。

如此,画家对于自然,当取其意而略其迹,融其灵而足其神。"①对于以上的文言文句,更多的时候,我们只能意会,不可言传。当然,也可以进行这样的骈体形式的概括:

  画无定法,物有常理;物理有常,而其动静变化之趣无方;规范心性之自然,才能穷究万物之微妙;心会神融于内,默契动静于外,则形质动荡,气韵飘然;自然界之物类,虽动静不居,变化靡定,但苟求其理,则物各有其神明;画家若造物之妙,得物之真,鼓以胸中之逸趣,合于天地之生气,则自然造化在手,可为万物传神;惟其如此,画家对于自然,当取其意而略其迹,融其灵而足其神。

此类文言文,即使不得画理,不知画法,亦可用今天的白话一目了然其间的三位一体认知关系:

    外静——内动——运动
    自然——心性——神融
    无穷——变化——变通
    生气——逸趣——传神
    产品——作品——神品

"自然"和"心性"之间的"术"理关系是神奇而微妙的。古人之所以深得艺术思维之奥妙,无疑是紧紧抓住了"传神"之要道。进而言之,仅仅"知法入矩"是不够的,而要"出法度之困,破规矩之囿"。邓椿言:"画之为用大矣,盈天地之间者万物,悉告含毫运思,曲尽其态。而所以能曲尽者,止一法耳。一者何也?曰传神而已矣。世徒知人之有神,而不知物之有神。此

---

① 所引文字均见李戏鱼:《中国画论——中国美学史论丛之三》,郑州大学教务处教材科1982年编。

若虚深鄙众工,谓虽曰画而非画者,盖只能传其形而不能传其神也。"①这不,说透天机还是一个"传神"。然而在传神的过程中,艺术家们似乎都在追寻着一条"似是而非"的道路。就像董迪所言:"山水在于位置。其于远近阔狭,工者增减,在其天机,务得收敛众景,发之图案。唯不失自然,使气象全得,无笔墨迹,然后画妙。故前人谓画无真山活水,岂此意也哉?"②所谓"无笔墨迹,然后画妙"之真妙处,无疑是要化有法为无法的高境界。可以说倘无上面的法"术"理在便无这样的说法:"一树一石,必分背面正反,无一笔苟下。至于数重之林,几曲之径。峦麓之单复,借云气为开遮;沙水之迂回,表滩碛为远近。……境地愈稳,生趣愈流。多不致逼塞,寡不致凋疏;浓不致浊秽,淡不致荒幻。……显现出没,全得造化真机耳。向令叶叶而雕刻之,物物而形肖之,与工匠斗能,何贵画乎?"③古人的意思是显而易见的,艺术理论不能"物物而形肖之,与工匠斗能",应该把握以下的方法论要领:

    状外物——抒我情——传其神
    似是而非——是非而是——似与不似
    外师造化——中法心源——法而无法
   有山水气象——无笔墨痕迹——显造化之妙
   是什么规律——为什么规范——用什么规则

  看来,在对具体操作时方法论的"术"理理解上,古人是坚决反对无想象力、与工匠一般的面面俱到。当自然造化的真机显露于心时,法度作为一种传统,肯定会向艺术家透露一种"入乎内"的欲望。但是如果艺术家在这时候仅仅只是"入乎内",而不知道"出乎外"的道理,那他肯定就成了没有想象力的"叶叶而雕刻之,物物而形肖之"的工匠。譬如读过毕加索的人

---

① 所引文字均见李戏鱼:《中国画论——中国美学史论丛之三》,郑州大学教务处教材科1982年编。
② 同上。
③ 同上。

都知道,他一生几乎每一个阶段都与已成为定式的法度在战斗,并且每一个阶段都让整个画坛耳目一新。他在六十岁以后用"黑与白"的简单色彩所构造的无限丰富的版画世界《大自然的故事》四个主题系列,即充分展示了艺术大师深藏内心的神思世界,其想象力之神妙、方法之奇特,无不令人叹为观止。毕加索对整个艺术界的启示是不言而喻的。如果要对他一生的艺术创造所使用的全部智慧进行概括的话,他的全部成就是用"法而无法通大道"的方法论震惊了世界。而中华历代的书画大师无一不是"入乎内,出乎外","状外物,抒我情,传其神"的丹青妙手。而诸如上古时"诗不离乐,乐不离舞,舞不离诗"的文化传统,其实都是层递循环、互为因果的三位一体文化关系结成的学术理念。诸子百家,各有建树,但却一脉相承于道、学、术之方法论。譬如魏晋南北朝时期是一个佛学、儒学、道学、道儒兼综、佛儒兼综等文化背景空前复杂交替的时期,同时也是各种文化理论的概念和范畴争相涌现的时期。在这一时期,仅文化理论方面的研究即取得了突出的成就,而且有了诸如曹丕、萧统、陆机、钟嵘、刘勰等一大批文艺理论家,使文艺理论的发展走向了自觉整合的时代。且看这些国学文艺思想在不同层面上所展现出的三位一体的学术结论[①]:

诗—乐—舞三位一体:

诗—乐—舞

文字—音符—表情

色彩—旋律—动作

文—史—哲三位一体:

文—史—哲

文学—史学—哲学

文笔—文章—文学

文风—文气—文意

---

① 参见拙著:《写作学概论·魏晋南北朝时期的文艺理论点评》,北京:民族出版社,2004年第1版。

物—意—言三位一体：
　　物—意—言
　　物境—心境—意境
　　感悟—即兴—灵感
　　物象—我象—意象
　　神韵—气韵—文韵
　　风骨—风貌—风格
　　形象—意境—本象
体—势—文三位一体：
　　体—势—文
　　构思—孕育—定型
　　内容—形式—文章
　　华丽—质朴—文采
形—心—意三位一体：
　　形—心—意
　　物境—诗人—诗作
　　物象—我象—本象
　　情感—理感—灵感

以上三位一体中的"概念"均为先秦、魏晋南北朝时期的文艺理论术语。以上所呈现出的这一系列三位一体关系，便是古人在国学文化实践中三位一体的发现。而唐宋时期是文艺理论不断向前演进变化的历史时期，且看这一时期不同层面的三位一体结论①：

道—学—术三位一体：
　　道—学—术

---

① 参见拙著：《写作学概论·魏晋南北朝时期的文艺理论点评》，北京：民族出版社，2004年第1版。

道统—学统—术统

明道—致学—知术

内容—形式—辞章

继承—批判—革新

本之经传—参之诸子—变通为文

文以载道—儒学经典—出言得要

物—意—辞三位一体：

物—意—辞

语言—意义—气势

景物—人情—诗作

物象—我象—意象

物境—情境—意境

情感—灵感—神韵

儒—道—释三位一体：

儒—道—释

入世—超世—出世

得道—得理—得意

自然—文理—风格

物—意—文三位一体：

道统—学统—文统

物象—内心—外言

道统—义理—法术

寻常之物—奇倔之思—言志之文

以上三位一体中的"概念"均为唐宋时期的国学文化术语。明清两代的国学文化理论是一个全面发展并有所创新的时期，在诗文、小说、戏剧各方面都出现了一些准确完备的文艺理论见解。且看这一时期不同层面的

三位一体结论①:

    自然—心灵—妙笔
    自然—意趣—神色
    物象—我象—形象
    性定—情出—理真
    自然—性灵—文章
    外圆—内方—中和
    理至—事至—情至
    不易—简易—变易
  闻现实—顺性情—著童心
眼中之物—胸中之思—笔下之文
耳闻目见—感发人心—自然而然
博搜精采—蓄自胸中—抽毫写作
大中见小—小中见大—传神阿睹
外周物理—内执才情—言而得神
物我交融—博而能一—法而无法
法定(正名)—死法(定位)—活法(虚名)

  至于后来晚清民初的学术史,葛兆光先生做过这样发人深省的概括:"晚清民初的学术史上,如果关注沈曾植这一学者群体,就可以发现,(这期间的)学术史不仅仅有康(有为)、梁(启超),不仅仅有章(太炎)、黄(侃),不仅仅有李(大钊)、陈(独秀)或蔡(元培)、胡(适),也不仅仅有'心随旧而学则新'的罗(振玉)、王(国维),还有没有到过东洋却和他们成同道的沈曾植。在他这里可以看到,在这些新领域,中国人不都是拾人牙慧、鹦鹉学舌,也不都是闭关自守、固步自封的。沈曾植的眼界和思路,显然与国外学

---

 ① 参见拙著:《写作学概论·魏晋南北朝时期的文艺理论点评》,北京:民族出版社,2004年第1版。

界同步,考虑到他在当时学界的影响和位置,我们或许可以说,当时恰恰是他,象征着中国学界的趋势。"①这一学术判断应该是"乘一总万"高屋建瓴的。他深刻预见了中华民族要复兴国学、弘扬国故、发扬国粹,并最终有望"东学西输",使中华民族文化发扬光大于世界民族文化之林的美好前景指日可待。

"圣贤书辞,总称文章"②,"情理设位,文采行乎其中"③;虽"时运交移,质文代变"④,然而古今情理,或可一言穷尽:中华国学方法论的学术研究"法则"意识是紧紧缘着道、学、术三位一体这棵参天大树的。在此仅以中华国学文化的点滴精要呈现了中华国学方法论三位一体的学术真谛,故而也就难免忽略了学术世界中分门别类之道理—学理—术理的三位一体阐述。所谓"铨序一文为易,弥纶群言为难"⑤,不周之虑、疏漏之处,谨以下一章节的学科实践论证之。

---

① 葛兆光:《欲以"旧道德新知识"六字包扫一切——读许会胜〈沈曾植年谱长编〉再说学术史的遗忘》,载《书城》2008年5月号。
② 刘勰:《文心雕龙·情采》。
③ 刘勰:《文心雕龙·熔裁》。
④ 刘勰:《文心雕龙·总术》。
⑤ 刘勰:《文心雕龙·序志》。

第四章

中华国学"道—学—术"三位一体方法论学科实践

"闻道有先后,术业有专攻。"故《易经》言:"《易》有圣人之道四焉:以言者尚其辞,以动者尚其变,以制器者尚其象,以卜筮者尚其占。是以君子将有为也。"① 中华文化的先圣前贤们创造的国学方法论,其实给了我们一把开启学术研究大门的钥匙,门开了,一切修为都在自己。且听中华儒学经典《大学》的开篇言论:

> 大学之道,在明明德,在亲民,在止于至善。知止而后有定,定而后能静,静而后能安,安而后能虑,虑而后能得。物有本末,事有始终。知所先后,则近道矣。
>
> 古之欲明明德于天下者,先治其国;欲治其国者,先齐其家;欲齐其家者,先修其身;欲修其身者,先正其心;欲正其心者,先诚其意;欲诚其意者,先致其知。
>
> 致知在格物。物格而后知至,知至而后意诚,意诚而后心正,心

---

① 《易经·系辞上》。《易经》含有圣人常用的四个方面的道理:用来指导言论的人,应该崇尚其文辞精义;用来指导行动的人,应该崇尚其变化规律;用来指导制作器物的人,应该崇尚其意义象征;用来指导卜问决疑的人,应该崇尚其占筮原理,对《易》的理解各有所专,各有所重,各有所长,君子才能有所作为。

正而后身修,身修而后家齐。家齐而后国治,国治而后天下平。①

且看《大学》所蕴含的道、学、术三位一体逻辑义理:

道理——学理——术理
大学之道——在明明德——止于至善
定能静——静能安——虑能得
有始终——知先后——则近道
诚其意——正其心——修其身
家齐——国治——天下平

这一道道的门槛若是"循序渐进"迈入了,中华国学所昭示的大学之"道"也就功德圆满了。

承前三章所论,对学术研究过程中理论和实践相结合的最终理解是:在中华学术文化的大视野里,面对所有的学术问题,都应该形成这样一种三位一体的基本的逻辑思维理路:

道
阳——阴
天——地——人
道理——学理——术理
不易之道——简易之学——变易之术
基本原理——基础理论——操作理论
道理规律——学理规范——术理规则
道之"真"理——学之"善"理——术之"美"理
道统于真"知"——学统于善"情"——术统于美"意"
世界观层面——学术观层面——方法论层面

---

① 《礼记·大学》。

提出问题—分析问题—解决问题
　　学术客体—学术主体—学术载体
　　规律体系—规范体系—规则体系

"学术规律—学术规范—学术规则"是学术研究"提出问题—分析问题—解决问题"的基本认知环节。所有学术问题在通过分析综合，归纳判断，演绎推论走向"解决问题"的学术意图最终完成时，无一例外地都应该是在"道—学—术"三位一体方法论"三位格一体化"的学术逻辑演进中完成的。也就是说，我们所进行的全部学术努力，都应该是对学术这一"工程"所要解决的"问题"进行的"三位格一体化"的阐释，只有这样的学术研究才会形成以下的国学方法论的逻辑认知体系：

　　国学方法论的文化视域：天—地—人三位一体
　　国学方法论的哲学背景：阳—阴—道三位一体
　　国学方法论的价值标准：真—善—美三位一体
　　国学方法论的人本定位：知—情—意三位一体
　　国学方法论的原理确认：道—学—术三位一体
　　国学方法论的性质肯定：不易、简易、变易三位一体
　　国学方法论的位格限界：一体化—二元素—三位格
　　国学方法论的认知范畴：自然界—社会网—人生态
　　国学方法论的构建原则：道理规律—学理规范—术理规则
　　国学方法论的环境条件：自然环境—社会环境—人文环境
　　国学方法论的研究范围：物质世界—精神世界—学术世界
　　国学方法论的体系设置：基本原理—基础理论—操作理论
　　国学方法论的研究级次：道理规律—学理规范—学理规则
　　国学方法论的研究过程：提出问题—分析问题—解决问题
　　……

在学术研究领域,如果没有一个科学合理的思维理路,面对学术研究领域里的问题,就根本无从判断、无从论起。所有的学术问题都不在于是否想抛弃和改变原有的标准而成为自己的创见,而在于理论上能否抛弃和能否改变。因为只要想抛弃和想改变原有的理论就意味着创新;而理论的创新则是非常艰难的,难就难在必须在提供了想抛弃和想改变"原有标准"的理由之后,必须重新确立一种新的理论秩序的研究"关系"。譬如当我们在下面的论说中说某某学科的某一问题应该进行三位一体的重新思考的时候,就意味着对它们存在的"老"关系有了新的发现,并且试图建立一种"新"的理论秩序。

下面,且让我们循着"道—学—术"三位一体国学方法论的思维理路,走进哲学、宗教学、文艺学、文化人类学等学科研究领域之一隅,从这些学科一个个的具体问题的"点"上看看在国学方法论的牵引下,它们会呈现出一番怎样的学术结论,以实证中华民族的先圣前贤们创造的国学方法论科学性的毋庸置疑。

一、哲学研究领域中的三位一体运用

在哲学研究领域,万物万有作为一种"存在",是存在、自在、本在的,无论是谁的哲学思想或是哪一种哲学思想,只要被称"思想",都不应该简单地来判断其是"唯物"还是"唯心"的,"唯物"和"唯心"是对立统一而存在的:"唯物"缘于看得见的"现实","唯心"缘于看不见的"意识",都是"一阴一阳之谓道"的"道"之理存在的对立统一的"两面"。没有这一"心物交融"的原初认知,所有的哲学问题都无从谈起。

在"三位一体"的视野里,这个世界的万物万有均以"一体化—二元素—三位格"的态势呈现在人们面前。在人们的认知视域中,"一体化"是说,这个世界的万物万有,大如天地,小如芥蒂,都是一个个的整体存在;

"二元素"是说,这个世界的一个个的整体存在,都是由"阴""阳"两个基本元素构成的,就像构成计算机语言的"0"和"1"一样;"三位格"是说,这个世界的万物万有作为一个个的整体存在,无一不是"阴""阳"二元素的"关系"诞生的"第三者"——没有这一个个的"第三者",即"第三位格"包涵牵动着的"层递循环互为因果"的三位一体运动,这个世界便不存在。

"三位一体"既不是一元论,也不是二元论,更不是三元论——它是中华国学先哲们所谓"道生一,一生二,二生三,三生万物。万物负阴而抱阳,冲气以为和"①的"天人合一"的文化论断所启示的哲学本体论思想。这一思想,是对这个世界万物万有之所以存在的"道"理、"学"理、"术"理三位一体的发现,是对这个世界万物万有之所以能够"生生不停、新新相续"地运动着的全部奥秘所在和根本规律所在的发现。

根据以上学术哲学的思维理路,国学方法论道、学、术三位一体的总体逻辑框架即:

道
世界
1—0:电脑
阴—阳:世界观
自然界—社会网—人生态
↓
天—地—人:自然观
知—情—意:人生观
真—善—美:价值观
道—学—术:方法论
↓
道理—学理—术理
存在—意识—哲学

---

① 《道德经》。

物在—我在—思想

物质—精神—存在

唯物—唯心—意识

↓

一体化—二元素—三位格

对立统一—肯定否定—质量互变

物质形态—意识形态—文化形态

唯物主义—唯心主义—人本主义

"天人合一"—"以人为本"—"以和为贵"

基本原理体系—基础理论体系—操作理论体系

是的,"哲学方法是处于方法论系统的最高层次,它适应一切科学"①,一直以来,我们的哲学研究领域对唯物论和唯心论的肯定和否定从来都是旗帜鲜明的。

在以往近五十多年的哲学教育中,有一个从20世纪50年代讲到现在的佛学故事,一直被哲学界作为分别"唯物论"和"唯心论"的分水岭②。

故事说,慧能大师在法性寺的寺院里转悠,看见两位僧人在那里争论问题。问题是僧人们看见风吹着幡在飘动。一位僧人说是风在动,另一位说是幡在动。两人正在争论时,慧能大师走过去说:不是风动,也不是幡动,是你们的心在动。于是我们的哲学便有了这样的结论:说风动者,是朴素的唯物主义;说幡动者,是客观唯物主义;慧能说是心动,是典型的主观唯心主义。

《老子为道》③也引用了这个故事。说这个问题用公式可表示为:前者说A不是B;后者说B不是A;六祖说不是A,也不是B,是C。有人会问,这不还是"是"与"不是"吗,慧能大师不也是一个大俗人吗,他不也是有分

---

① 冯毓云:《文艺学与方法论》,哈尔滨:黑龙江教育出版社,1998年第1版,第1页。
② 故事原文见《六祖坛经》。
③ 殷昂:《老子为道》,兰州:甘肃文化出版社,2005年第1版,第48页。

别心吗,他所讲的"心动",也不比"风动""幡动"高明多少。《老子为道》说:"但实际并非如此,慧能大师的境界之高一般人是很难理解得到的。那他高明在什么地方呢?我认为他高明在人的六识之中,他给识一个升华……能看到了事物的本来面目:为什么风在动;为什么幡在动?为什么风吹幡能动?为什么心也跟着动?这些慧能大师都留给他人自己去悟,所以大师被后人所敬仰,被称为一代导师。因为他的教育法是启发式,是无为法,是佛教的教法。"①

无须深究佛教的"无为"教法与六祖慧能的"心动"有何联系,也不必追究慧能大师的境界为什么比一般人的高。但是有一点却是要说清楚的:我们一直的哲学教条对这个例子讲了半个多世纪,说看到了风动的和尚是"唯物的",是看到了事物的本质,是朴素唯物主义的;说看到了幡动的和尚只是看到了事物的现象,是客观唯物主义。看来朴素的唯物主义和客观的唯物主义都没有什么大的问题,只是在认识论的问题上再进一步便是了,但唯独不能认可六祖慧能的"心动说"。好像这"人心"一动问题就大了,就成了唯物主义的反面——唯心主义。唯心主义就是"有神论",是唯物主义的大敌。其实呢,万物万有的存在是自不待言的,唯不唯物,唯不唯心,都是自在的本体。外部世界都是人人须要"唯心"去面对的自然客体;就像人人都要思维,哪有不"唯心"、不唯"情感"、不唯"意志"的。学术界"有什么样的世界观就有什么样的方法论"②的信条,失去了学术研究过程中"人心"与"外物"之间对立统一关系的"学"理中介——"学术观"这一关键环节,没有了"以人为本"的"学术观",再言什么人的主观能动性的作用与反作用,还有什么指导社会实践的学术意义呢?说到底,机械唯物主义不是"天人合一""以人为本"的,只是"见物不见人""为物不为人"的庸俗实用主义。

在三位一体国学方法论看来,风在动,幡在动,心也在动——风吹幡"能动"——幡动风"使动"——心动人"主动",三者都在动。正是这三方

---

① 殷昆:《老子为道》,兰州:甘肃文化出版社,2005年第1版,第48页。
② 参见《第一章"道"理统驭的世界观》。

面的"动"态,才构成了事物层递循环、互为因果运动的三位一体性。庸俗实用主义用机械的、片面的、孤立的、静止的认知看世界"物"在,歪曲了事物本来面目的运动真相,对学术研究是非常有害的。

王守仁作为一个哲学家和教育家,认为"万事万物之理不外于吾心",要认识到"万物一体"而"知行合一""知行并进"就应该穷究"吾心"之所以能"思想"的"理"在。一次他同朋友到郊外春游时说:"你未看此花时,此花与你同归于寂;你来看此花时,则此花颜色一时明白起来,便知此花不在你的心外。"王守仁的谈论集中到一点就是主张"心外无物"。且看王守仁的三位一体思维理路:

观花之关系:物—我—花
观花之初始:物在—我在—花在
观花之过程:外物—我心—此花
观花之结果:情韵—情意—情调

这样以来,我们要想理解观花的全过程,就应该看到:在观花之前,观花的主、客体之间"同归于寂",它们之间没有发生关系,是处于"静态"的;谈不上谁是第一谁是第二,我是我,花是花,二者互不相干,没有相互的认知关系,即没有观不观、谁观、观什么的认知意义。但是倘若一旦进入了观花的"初始阶段"便有了"物在—我在—花在"的三位一体关系。即"物在"有了花与我之间存在的观花的客体背景意义,"我在"有了花与我之间存在的观花的主体背景意义,"花在"有了我与物之间存在的载体背景意义。没有这三重背景意义层递循环、互为因果的思维理路的相互关照,观花之"行为"便不能全面显像而成为一个"过程"来描述。也就是说,仅有"物"在,我们不能说就有了观花的行为;仅有"我"在,也不能说就有了观花的行为,因为花是花,我是我,我们之间"同归于寂"并未产生相互认知的关系。但是我们一旦进入观花的过程,便意味着物、我、花都进入了显像的过程,即"外物—我心—此花"都有了自己作为观花过程中的背景角色的定位。于是我们会觉得观花时"外物"是有"情韵"的,"我心"是有"情意"的,"此花"是有"情调"的。当"情韵—情意—情调"三位一体时,观赏者赏花的过程便会呈现出一种"物我两忘"但却"独有颜色"的审美境界——此种境界,即是国学方法论中所描述的三位一体的境界。"此花不在你的心外"的说法,更是一语中的,实证了观花者"心在"因素的重要。

再则说来,王守仁"心外无物"而独获其花之颜色的"情韵—情意—情调"三位一体的审美追求,岂不比"观花只是花"者强调的"先有花的存在,我才能看到花"的机械僵化的理解要高明多。这就像毕加索快走了五十多年别人起初也看不懂他一样,王守仁守望国学理念早就用三位一体的眼光来看世界了。

我们一直用"有神"和"无神"来区别"唯物主义"和"唯心主义",其实有神论和无神论从来就不是在一个哲学层面上来进行"人性"对话的。在中华民族历史文化中,对"神"这一遍布史料典籍的哲学名词,更多地表现为对它的不解、误解和曲解。[①]

譬如《沟通中西文化》认为:"明代朱子和托马斯在认识论上惊人相近,朱子认识的主体是'气之灵',即人的心灵;托马斯认为是人的精神、灵魂、理性。认识的对象在前者为'心之理',即得自天而藏之于自己内心的理;在后者则为'人的本质',而此本质就是得自上帝之在的'在'。在前者,为认识这种'心之理',必须由格物,即由认识外在事物开始;在后者,为了认识自己的本质,必须由认识外在事物开始。认识所要达到的最高境界在前者是'穷理''知至',是明澈'吾心之全体大用';在后者则是拥有一个基于自己本身的,独立的在。"[②]一个说的是"人的心灵",一个说的是"人的精神";一个说是"格物",一个说是"物在",其实他们说的都是一个意思。所谓"基于自己本身的,独立的在",就是物在、我在、文在三位一体的"理"在。所谓"格物"而后使"吾心之全体大用"的理想境界,则是通过"穷理""知至"

---

① 在中华历史文化的史料典籍中,"神"一词有名词性、动词性、形容词性等多种词义。
② 王晓朝、杨熙楠:《沟通中西文化》,桂林:广西师范大学出版社,2006年第1版,第231页。

"明澈"的三位一体过程来完成的,并且都应该由"道理体系—学理体系—术理体系"的三位一体性来进行检验。就像马克思主义哲学的三大规律,"对立统一"是"道理体系"的原理,"否定之否定"是"学理体系"的原理,"质量互变"是"术理体系"的原理,"道"理认知应该从研究"唯物观"入手,发现"万物一体,万物有道"的道之理;"学"理认知应该从研究"心物观"入手,发现"万物莫不从心动,心生而言立,言立而文明,即自然之道"的学之理;"术"理认知应该从研究"唯文观"入手,发现"学是道之学,术是道之术,无道不能知学,无学不能通术"的术之理。且看朱子和托马斯在认识论上相似的地方与马克思主义哲学理论的契合:

物在—我在—文在
肉体—灵魂—身体
穷理—知至—明澈
自然—自在—自由
物之本—气之灵—人之象
唯物观—唯心观—唯文观①
对立统一—肯定否定—质量互变
基本原理—基础理论—操作理论

学问家都是思想家,学问家如果没有自己的思想,仅仅以他人的思想做教条,并且把教条当成了自己的方法论,那肯定是不能称为学问家的。真正为人生的、为人性的、为人道的、为人生的哲学思想都是"以人为本"的,都是要用自己的思想解放他人的人生活动的。而要想解放他人的人生活动,在哲学研究领域里,恐怕最刻不容缓的就是转变为"为人生"的哲学。在文化全球化的背景下,中华学术文化观念的现代转型日益受到学术界的重视。特别是在哲学文化研究领域里对各学科研究所规范的学术世界观的追问,也日益引起了学术界的关注。譬如在文学界也就出现了诸如"多

---

① 这里三位格的"唯"字、不是唯独、唯一的意指,而应作为语气词理解。

元一体"①"平行统一"②"三元文学观念"③"多民族文学史观"④"相互作用原则"⑤"学术递阶级次"⑥等对学术真理性探求的新概念的流行应用。显然,这是在哲学思想解放背景下对中华学术文化认知的前沿推进。有学者做了这样的结论性提示:

> 20世纪人类思想领域里的一个重要变化是从历史领先原则向相互作用原则的转变,反映在辩证法领域,则是黑格尔对立统一辩证法受到质疑和挑战并提出平行统一的概念。这一概念用之于中华民族文学史的编纂工作时可以提供有效的借鉴,同时对于学术观念的现代转型和文学的平行本质比较提供了方法论指导。⑦

概念是哲学思想的结论。方法论所提出的"概念"作为学术研究的逻辑法则,一旦提出,总是先有属(门、科)的大概念,才有种(体、样)的小概念,这是起码的哲学概念的逻辑"级次"。没有哲学逻辑"级次"形成的逻辑体系的"递阶"关系,属概念和种概念是不能进行同一级次、同一水平的"平行统一"⑧的哲学对话的。因为任何哲学的定义都应该涵盖哲学论域对某一问题的整体关照,而任何定义却又很难确定某一概念对哲学视野的全面概括和全面包容。哲学的研究结论是不可能孤立存在的,有什么样的"术"

---

① "多元一体"见郎樱:《多元一体中华民族文学史的体认与编纂》,载《民族文学研究》2007年第4期。
② "平行统一"见扎拉嘎:《20世纪哲学转向与多民族文学史观问题》,载《民族文学研究》2007年第4期。
③ "三元文学观念"见顾祖钊:《华夏原始文化与三元文学观念》,北京:北京大学出版社,2005年第1版。
④ "多民族文学史观"见朝戈金:《中华多民族文学史观》,载《民族文学研究》2007年第4期。
⑤ "相互作用原则"见朝戈金:《中华多民族文学史观》,载《民族文学研究》2007年第4期。
⑥ "递阶级次"参见拙著:《文艺创造三位一体论·学术研究方法论义理图示》,北京:中国文联出版社,2007年第1版。
⑦ 扎拉嘎:《20世纪哲学转向与多民族文学史观问题》,载《民族文学研究》2007年第4期。
⑧ "属概念"和"种概念"运用于学术研究领域里的所有学科,其"级次"并不"平行相对";属概念是外延大的概念,种概念是外延小的概念,它们并不能在同一"级次"上进行"递阶"对话。

理结论,就会有什么样的"学"理框架;有什么样的"学"理框架,就会有什么样的"道"理原则;哲学研究的"道理原则—学理框架—术理结论"形成的"三级次"的逻辑递阶关系,是构建所有哲学文化研究体系的必须。所以我们才肯定:道—学—术三者层递循环、互为因果的运动,是建立学术"平等对话"的哲学认知秩序。否则,我们的哲学结论就不是"科学"的。这便是"道—学—术"三位一体国学方法论所提示的三位一体的辩证法,也是人类思维活动形成哲学思想体系认知的必然。

无论哲学家研究的哲学问题有多么深刻、多么高远、多么抽象,其实都是关于"人"的世界观的问题,都是关于这个世界的人们认知的"真、善、美"的问题,都是关于这个世界上的人的"知、情、意"的问题。且看人类两大思维"并列"运行的三位一体逻辑关系:

抽象思维的逻辑原则:

道

阴—阳

天—地—人

真理—善理—美理

物象—我象—抽象

归纳—演绎—逻辑

抽象理念—抽象理性—抽象理论

学术规律—学术规范—学术规则

是什么规律—为什么规范—用什么规则

形象思维逻辑原则:

道

阴—阳

天—地—人

真情—善情—美情

外形—内相—形象

想象—联想—幻想

感觉—感受—感悟

物在—我在—情在

艺术规律—艺术规范—艺术规则

是什么规律—为什么规范—用什么规则

　　抽象思维的"理"在和形象思维的"情"在，便概括完了"天—地—人"三位一体世界中的全部哲学问题。哲学要解决的所有问题，其实都是为人性、为人生、为人本、为人道的"人"的"情"在和"理"在的问题。所有学术问题和艺术问题的解决都应以"是什么规律—为什么规范—用什么规则"的三位一体方法论为准则。换言之，无论是怎样的思维理路，都应该建立在"以人为本"的认知基础上，这样才能在哲学研究领域里"提出问题—分析问题—解决问题"，从而给学术研究以方法论上的最大启示、最高启示。

　　老子说："孔德之容，唯道是从。"①有学者说，在国学传统的哲学文化的视野中，"虽然老、庄较之儒家是富于思辨，具有形而上学的性格，但其出发点及其归宿点，依然都是落实在现实人生之上的。西方纯思想性的哲学，除了观念上的推演以外，对现实人生可以说是不必有所'成'。而中国的道家思想，则依然是落实于现实人生之上，即在为人生上是必应有所成的"②。这"必应有所成"的人生判断，其实就是对中华国学"为人生，为人的生命价值"而存在的"以人为本"的哲学精神的肯定。

　　《中国道家》认为："道"，具有普遍性的辩证性格。老子善于把这种辩证性格用于看待和处理人生，形成一套辩证的人生哲学。老子主张：为人处世应谦下谨慎，甘居柔弱。"贵以贱为本，高以下为基。"老子爱用水做比喻，认为"上善若水""水善利万物而不争"。能够隐忍不争，"知其雄，守其雌"；"知其白，守其黑"；"知其荣，守其辱"。这是一种非常难得的修养功夫。这是由于人们往往不懂得柔弱的妙用。"人之生也柔弱，其死也坚强。

---

① 《道德经》。
② 参阅徐复观：《中国艺术精神》，桂林：广西师范大学出版社，2007年第1版，第35页。

万物草木之生也柔脆,其死也枯槁。""故坚强者死之徒,柔弱者生之徒。"因此,"兵强则灭,木强则折",坚强处于劣势,柔弱处于优势。江海之所以能为"百谷之王",就因为它善于处在小河流的下游。柔弱不仅是一种美德,而且更是一种生存的智慧。故用水来打比方,"天下莫柔弱于水,而攻坚强者莫之能胜"。没有一个东西能够代替得了水的作用。以柔克刚,以弱胜强,天下没有不知道这个道理的,然而却没有谁能真正地去实行它。水是天下最柔弱的东西,却能在最坚硬的东西中穿来穿去,它具有看不见的一往无前的巨大力量。这种柔弱胜刚强的规律常被运用于战争,作为作战的指导原则,故而才有"将欲教之,必固张之;将欲弱之,必固强之;将欲废之,必固兴之;将欲夺之,必固与之。是谓微明,柔弱胜刚强"①的哲学结论。对于敌人,将要使它收敛,姑且先使它扩张;将要削弱它,姑且先使它强大;将要废毁它,姑且先让它兴起;将要夺取它,姑且先给它。这是一种何等深微明哲的道理。基于这个道理,我们应该认识到,要想让我们的哲学研究源于人生、"高于"人生,就应该这样来看待中华国学文化中一部《老子》②的全部哲学真理:

道

阳—阴

天—地—人

物质世界—精神世界—人本世界

○—□—△

阳—阴—独阴不生,孤阳不长的天地之道

无—有—有生于无,无中生有的自然之道

始—终—始为终点,点为终原的循环之道

生—死—生死相依,死而后生的生命之道

古—今—古为今鉴,今为古训的历史之道

---

① 参阅陈志良主编:《中国道家》,北京:宗教文化出版社,1996年第1版,第16页。
② 以下正反语词的概括均出自老子《道德经》。

长—短—此长彼短,短长相对的时间之道
前—后—前后相向,前仆后继的空间之道
高—下—高者即下,下者即高的方位之道
进—退—进退两难,以退为进的处世之道
大—小—大而后小,以小为大的数理之道
美—丑—美极丑生,丑极美生的审美之道
善—恶—无善不恶,善恶相形的宗教之道
刚—柔—以柔克刚,以刚制柔的物理之道
强—弱—强从弱起,以弱胜强的生存之道
荣—辱—知荣守辱,荣辱与共的名分之道
胜—败—胜极必败,反败为胜的兵家之道
损—益—损上益下,损而后益的利民之道
正—反—正为反动,反为正名的变化之道
智—愚—智愚相倾,大智若愚的为政之道
贵—贱—以民为贵,以君为贱的牧民之道
利—害—利即害之,害即利之的经济之道
祸—福—祸福相随,因祸得福的经世之道
静—躁—鸟鸣山静,蝉躁林幽的禅悟之道
巧—拙—巧而后拙,大巧若拙的艺学之道
兴—废—兴而后废,废而后举的攻革之道
予—夺—欲想夺之,必先予之的谋取之道
难—易—难者亦易,易者亦难的为学之道

诸如此类生命哲学的"道"理罗列,可以说都是以"○—□—△"三位一体的形式来完成的。我们应该肯定:"三位一体"的哲学方法论是古已有之的。中国古代哲学在一代代的国学先哲们的承传下,似乎都在教导我们这些后来"源于生活"中的现代人,要想在生活中有价值地活下去就必须有这样"高于生活"的理解,而《老子》是这些生命哲学中最为智慧的经典。所以,林语堂先生才在他的《老子的智慧》中说:"据我的估计,这一本著作是全世界文体最光辉灿烂的自保的阴谋哲学……尽我所知,老子是以浑浑噩噩藏着韬晦为人生战争利器的唯一学理,而此学理的本身,实为人类最高智慧之珍果。"①林语堂先生是敏锐的。但是应该指出的是,老子的"浑浑噩噩"只是大智若愚的伪装,所以他才有了他自保的"阴谋哲学"的千古流传。老子不是自己在用"阴谋",而是将"阴谋"之道教给我们。老子是大度的、宽容的、仁爱的,是"一不愿服官,二不愿叩头,具有深邃的天性"②的世外高人。所以林语堂先生将他与孔子比较说:"孔子学说依其严格的意义,是太投机、太近人情……孔子学说的人生观是积极的,而道家的人生观是消极的。道家学说为一大'否定',而孔子学说为一大'肯定',孔子以义为礼教,以顺俗为旨,辩护人类之教育与礼法。而道家呐喊重返自然,不信礼法与教育。"③林语堂先生对老子和孔子的判断是没有错误的。但是如果从更为宏观、更为细微的角度,将老子和孔子的哲学思想比较一下来"透看"其"为人生"的动机,就会发现二者的"音容笑貌"和"行为举止"形成以下"对立统一"的学术文化判断:

> 孔子的哲学是庙堂文化的——老子的哲学是田野文化的;
> 孔子的世界观是唯"有"的——老子的世界观是唯"无"的;
> 孔子的人生观是"有为"的——老子的人生观是"无为"的;
> 孔子的价值观是"有用"的——老子的价值观是"无用"的;
> 孔子是肯定现实生活的——老子是否定现实生活的;
> 孔子是"源于生活"的——老子是"高于生活"的;
> 孔子是问"道"的——老子是悟"道"的;
> 孔子是行"道"的——老子是知"道"的;
> 孔子是"唯物"的——老子是"唯心"的;

---

① 林语堂:《老子的智慧》,长春:时代文艺出版社,1988年第1版,第4页。
② 同上书,第1页。
③ 同上。

孔子是近人情的—老子是远人欲的；

孔子是入世的—老子是超世的；

孔子是社会的—老子是自然的；

孔子是现实的—老子是浪漫的；

孔子是积极的—老子是消极的；

孔子是官家的—老子是民间的；

孔子是智慧的—老子是智谋的；

孔子是严谨的—老子是潇洒的；

孔子是方正的—老子是圆润的；

孔子是谨慎的—老子是放任的；

孔子是华丽的—老子是朴素的；

孔子是仁爱的—老子是慈善的；

孔子是仁者—老子是智者；

孔子在正面—老子在反面；

孔子在前面—老子在后面；

孔子在左面—老子在右面；

孔子是山—老子是水；

孔子是雨—老子是风；

孔子是圣—老子是仙；

孔子如光—老子如电；

孔子如露—老子如云；

孔子如茶—老子如酒；

孔子如凤—老子如龙[①]；

孔子得仁—老子得道；

……

在中华文化的历史长河里，孔子和老子的思想一直并驾齐驱，"对立

[①] 孔子问道于老子时，将自己比为"凤"，把老子比作"龙"。

统一""合二为一"教化滋养着社会家国、天下苍生。如果说他们生活的时代是一个人人需求"自保"的离乱时代,那么孔子是想通过"哲学智慧"的教化给国家和民众寻求着"自保"之路,而老子则是想通过"哲学智谋"的传授让民众和国家得以"自保"。这种"自保"的哲学在我们看来,依然应该是"以人为本"的伟大哲学。我们无论有着多么冠冕堂皇的生活理由,但从"人"的生存价值和生命意义而言,同样需要与"自然(界)—社会(网)—人生(态)"发生关系时的生命"自保",否则就会被自然界、社会网、人生态构筑的现代化的生存环境所淹没、所淘汰、所取消。

就这一生命哲学的要义而言,孔子和老子尽管已经千秋作古,但他们所留下的哲学思想却依然熠熠生辉、历久弥新,依然能为我们"源于生活"的物质现实和"高于生活"的哲学理想提供取之不尽、用之不竭的精神宝藏。是的,孔子是现实的、积极的、"源于生活"的,老子是浪漫的、消极的、"高于生活"的。至于林语堂先生说,有人读了《老子》便得出"老子这一套学说在名声上很不好听,不如儒家修身、齐家、治国、平天下的抱负那么有气势,有光彩,那么动听,但老子的学说却很实用"①的结论,那他也就完全误解了老子。老子是"实用"的,那么孔子就成"虚用"的?事实上,正好老子是"虚用"的,是"无中生有"的,是"虚中藏实"的,是"高于生活"的;孔子是"实用"的,是"源于生活"的,是要我们修身、齐家、治国、平天下的。且看我们对二位先哲的哲学思想的比较:

孔子:有—有为—实用:源于现实的人生境界
老子:无—无为—虚用:高于现实的理想境界

孔子对人生现实的理解,实则是由于把人生彻底追溯到现实之地而形成的"有用""有为"人生观。但是我们一直在误读老子的"无为",一直把"无为"作为"有为"的反面"无所作为"来看待,就是对老子的一种误解。老子的"无为"其实是作为"无所不能为"的前提的。也就是说,老子认为只要

---

① 林语堂:《老子的智慧》,长春:时代文艺出版社,1988年第1版,第4页。

想"有所作为",就必须首先进入"无为"的精神状态;只有进入了"无为"的精神状态,才有可能向"无所不能为"的"无不为"的自由境界发展;否则,我们所有的"有为状态"都是浅薄的、错误的、没有意义的。从这个意义上讲,老子的"无为而无不为"的生命哲学是深刻的、积极的、高层次的。老子讲"无为",并不是说什么事都不要做,而是说不要勉强,不要不可为而为之,一切当顺乎自然。即"'辅万物之自然而不敢为'。(譬如)君王应当辅助万物自然发展,不敢勉强去做,违背事物的本性。他要求帝王在行事时要去掉三种东西,即'去甚,去奢,去泰',去掉那些极端的、奢侈的、过分的东西"①。老子这样来谆谆教导统治者为政不要苛刻,不要把个人的意志强加于天下的民众,要为政宽大,人民就淳厚忠诚;政治严苛,人民就抱怨不满,怎么能说他的"无为"是"无所作为"呢?是的,老子的意思是"'圣人'是没有他自己固定的意志的,以百姓的意志作为他的意志。百姓的意志,善的就当作善的,不善的也当作善的,这样就得到了善;百姓的意志,可信的要信任它,不可信的也要信任它,这样就得到了信任。这也就是'无为而无不为',通过'无为',实现了最积极的'有为'。民之所欲,天必从之!治理天下绝对不能勉强,不可违逆民心。'取天下常以无事,及其有事,不足以取天下。'老子的治国哲学,虽然是为帝王服务的南面之术,但其中也依稀可见民本主义的思想倾向"②。这样来理解老子的"无为"显然是正确的。但是千万不要认为老子是不分"善"与"恶"的,是不分"信"与"不信"的。老子给了理解善恶和信与不信一种极大的"阴极则阳生""阳极则阴生",物极必反的"一阴一阳谓之道"的理解空间。在老子的眼里,"不善"与"善","不信"与"信"是认识事物时的两个阶段、两个方面,它们是统一的。所以他才认为"大巧若拙""大智若愚""大辩若讷",不然我们就不能理解他把"善的就当作善的,不善的也当作善的,可信的要信任它,不可信的也要信任它"的真理之言,反而以为他模棱两可、混淆是非。同理,对老子"返璞归真"生活哲理的理解也存在着认知上的偏差。在《返璞归真》一节中,《中国道

---

① 陈志良主编:《中国道家》,北京:宗教文化出版社,1996年第1版,第53页。
② 同上。

家》说:

老子认为,天下人之所以追名逐利,争夺不止,就因为心中有贪欲存在。"五色令人目盲;五音令人耳聋;五味令人口爽;驰骋田猎令人心发狂;难得之货令人行妨。"如果能从治国政策上加以调节,抑制人的私心和贪欲,那么天下人就不会相争,国家也就不会有乱子。而达到这种效果的最好方式就是返璞归真,使民无知无欲。①

如果我们认为,"老子提出的具体建议有三条:'不尚贤,使民不争;不责难得之货,使民不为盗;不见可欲,使民心不乱。'为了实现这三条政策,统治者要采取一系列措施来具体操作。这些措施包括'虚其心,实其腹,弱其声,强其骨,常使民无知无欲'",就得出了这"也就是要简化老百姓的头脑,填饱老百姓的肚子,削弱老百姓的志气,强壮老百姓的筋骨,永远使老百姓没有知识,没有欲望,总而言之,一句话就是'圣人为腹不为目',让老百姓四肢变得发达,头脑变得简单,只知道活着,不考虑为什么活着,人除了活着还要求什么,使老百姓无知无欲是最有利于控制、驱使和统治老百姓"②的话,那么老子真也就罪该万死。但是我们同样误解了老子的意思。老子一生"既不愿拜官,又不愿叩头……只不过觉察了人类智巧的危机"③,才把自己"不可道"的独到见解以"可道"的无奈说了出来,我们怎么能给这样一位超凡脱俗的世外高人一种这样的误解呢? 还是老子自己说得好:"上士闻道,勤而行之;中士闻道,若存若亡;下士闻道,大笑之,不笑不足以为道也。"④老子显然是睿智绝顶的,他知道他的五千言的《道德经》会留传后世见仁见智,于是把问道者分为上、中、下三类。中华文化中的"道德"二字了得! 在我们以往的研究中,特别是在 20 世纪 90 年代前几乎没有谁有可能在涉及"道德"二字时,能够以"以人为本"的见解来解释"道"

---

① 陈志良主编:《中国道家》,北京:宗教文化出版社,1996 年第 1 版,第 54 页。
② 同上。
③ 林语堂:《老子的智慧》,长春:时代文艺出版社,1988 年第 1 版,第 95 页。
④ 《道德经》。

之理。我们曾经误解过孔夫子的"仁爱"之道,误解过刘勰的"文章"之道,误解过宗教的"爱人"之道,误解过"经济"的商品之道。在所有中国古代文化遗产的研究,几乎都停留在"下士"的阶段说着"中士"的"学"理,停留在"中士"的阶段说着"上士"的"术"理。我们在哲学领域中的误解实在是太多。且看林语堂先生的译解:

> 大德之人,他一切言语举动的情态,都是随着道而转移。道是什么样子呢?道这个东西,是恍恍惚惚的,说无又有,说实又虚,既看不清又摸不到。可是,在这恍惚之中,它又具备了宇宙的形象。在这恍惚之中,它又涵盖了天地万物。它是那么深远而幽昧,可是其中却具有一切生命物质的原理与原质。这原理与原质是非常的真实可信的。从古迄今,道一直存在,它的名字永远不能消去,依据它才能认识万物的本始,因它一直在从事理念无物的活动。我怎样知道无物本始的情形呢?就是从"道"认识的。①

据此,林语堂先生将其引发为三个方面的认识。在他看来所谓的"万物"其实是自然界存在的全部现象的总称。他将我们对这全部现象的认知归结为对"道"的认知,所以以前有人才将老子的哲学思想定性为"客观唯心主义"。其实老子的哲学之"道"从来都是"道生一,一生二,二生三,三生万物。万物负阴而抱阳,冲气以为和"——三位一体的。葛兆光先生说了这样一段话,应该引起学术界的反思:

> 学术史为何不可以脱开政治史和思想史,自己有一个脉络……领域分化,各自评价,其实是理性的结果,政治意义不能取代学术意义,学术史对于这些政治上"保守"甚至"反动"的人,如何给予公正的评价?这并不是已经解决的事情。今天在评论学术史的时候,不妨学会把政治立场与学术成就分化开来,不要让政治评价总是凌驾在

---

① 林语堂:《老子的智慧》,长春:时代文艺出版社,1988年第1版,第95页。

学术评价之上,这样,也许政治便不至于总是笼罩一切,让人时时感觉到政治挂帅的阴影,而学术能够有自己独立的空间,成为独立的领域,能够建立起独立的评价体制。①

在"以人为本"认识生命之"道"的国学典籍中,不妨通过台湾漫画家的一部连环画《庄子说》再看看一脉相承于老子的庄子,对人的生命意义的哲学高见。

庄子认为:"人必须自觉人的存在,人不要从他人而画出自己;不要从过去和未来画出现在;不要从无价值画出价值;不要从无限画出有限;不要从死亡画出生存,这样才能超越束缚而得到自由。庄子的哲学是自由的哲学,是把生命放于无限的时间、空间去体验的哲学。人世的生活,在庄子看来是'无生命的秩序',庄子所要追求的却是'有生命的无秩序'。"②且让我们问道于庄子。

庄子认为:"人必须自觉人的存在"③——我们自觉出我们的存在了吗?我们是谁,从哪里来,要到哪里去,哪里才是我们缘道之旅的天路历程?

庄子认为:"人不要从他人而画出自己"——他人是谁,没有"我"在,哪有他人,为什么人要从他人画出自己,"他人不就是我的地狱"吗?

庄子认为:"人不要从过去和未来画出现在"——过去是哪里,未来是哪里,那么"现在"呢,"现在"又在哪里?从起点又回到终点,哪里才有人生画出自己"现在"的取景框?

庄子认为:"人不要从无价值画出价值"——价值就像一条忠实的猎狗;无价值呢?像什么,不就像一个大地湾文化的陶罐,陶罐破了,猎狗死了,怎样才能让人的生命价值无怨无悔永存于天地间?

庄子认为:"人不要从无限画出有限"——有限是什么?难道就是界

---

① 葛兆光:《欲以"旧道德新知识"六字包扫一切——读许会胜〈沈曾植年谱长编〉再说学术史的遗忘》,载《书城》2008年5月号。
② 蔡志忠:《庄子说》,北京:中国连环画出版社,1987年第1版,第1页。
③ 同上。

限量定的尺度;无限呢？既然没有了尺度,难道人就是界限无法量定的尺度的影子,没有了尺度,要影子干什么,难道人的影子可以让我们永垂不朽、万古不灭吗？

庄子认为:"人不要从死亡画出生存,这样才能超越束缚而得到自由"——有一首《无题》的诗是这样写的:在死亡的岸边

看生

在生命的岸边

看死

此岸和彼岸

永远遥遥相对

于是

我站在桥上

两岸遂成一幅风景。①

齐生死,等贵贱,无善恶是人生对生命理解的最高自由吗？如果是,我们该如何描绘这一风景的三大面五调子,才能超越束缚获取生命自由的画面的虚假的立体感呢？

如果我们认为:"庄子的哲学是自由的哲学,是把人的生命放于无限的时间、空间去体验的哲学。"②那么自由的空间在哪里？自由的时间在哪里？在人性的尊严和生命的归宿里如果人生没有自由,人性没有尊严,生命没有归宿,心虽广大如天地,虚明如日月,又能怎么样呢？难道可以让人的生命一代代做牺牲,也要"返璞归真"？

如果我们认为:"人世的生活,在庄子看来是'无生命的秩序',庄子所要追求的却是'有生命的无秩序'。"③什么是所谓生命的秩序呢？当天地

---

① 非默:《世纪末诗丛·隐敝的手》,沈阳:春风文艺出版社,1989年第1版,第260页。
② 参见蔡志忠:《庄子说》,北京:中国连环画出版社,1987年第1版,第2页。
③ 同上。

与"人"同在一条起跑线上准备起跑时,有谁能超越天地而独领风骚与天斗、与地斗、与人斗,将天、地、人三位一体的关系打乱,从而建立一种新秩序,使人的生命变得有价值呢?

基于这样的询问,人人都有自己的回答。但是站在天—地—人三位一体的哲学关系的角度,再来看《庄子》的智慧时,庄子所谓"人必须自觉人的存在,人不要从他人而画出自己"的观点,其实表述了这样一种"三位一体"关系:

　　　　天理—地理—人理
　　　　天情—地情—人情
　　　　过去—现在—未来

这一"三位一体"关系告诉我们:天大、地大,不如道大;天道、地道,都是为了人道;天理、地理,都是为了人理,都是为了人情;没有"他人"的世界,就没有"自己"的世界;没有"自己"的世界,就没有人类的世界——人类世界都是"人理"的,都是"人情"的;没有"人理"没有"人情",人类世界便不存在。

再看庄子所谓"不要从过去和未来画出现在"的观点,其实表述了这样一种"三位一体"关系:

　　　　天理—地理—人理
　　　　天情—地情—人情
　　　　他人—自己—人类

这一"三位一体"关系告诉我们:人活在这个世界上,最为让人骄傲的是人们为"情"而生,为"理"而活;无论过去、现在、未来有着怎样的人世沧桑,只要有"人道"存在,哪怕从起点又回到了终点,永远都不会因为"未来"

肯定有世纪末的灾难而忘记"创世纪"的伟大。

再看庄子所谓"不要从无价值画出价值"的观点,其实表述了是这样一种"三位一体"关系:

天理—地理—人理
天情—地情—人情
无价值—有价值—价值观

这一"三位一体"关系告诉我们:价值观的"有""无"不是人为的价值判断的有无。人的伟大就是因为人有"以人为本"的价值观,才使"有价值"的人生对生命有了无限的渴望,"无价值"的价值观,是因为宇宙世界的生命体有着无限存在的可能性,谁都无法用自己有限的生命去穷尽宇宙世界的价值存在——这才是关于价值"有""无"的人生价值观。

再看庄子所谓"不要从无限画出有限"的观点,其实表述了是这样一种"三位一体"关系:

天理—地理—人理
天情—地情—人情
无限—有限—界限

这一"三位一体"关系告诉我们:宇宙世界的万物万有有着无限存在的可能性,尽管人们可以用有限的生命去穷究宇宙世界万物万有的无限存在,但谁都不可能穷尽宇宙世界万物万有"玄之又玄"的生命奥秘。当宇宙世界万物万有"玄之又玄"的生命奥秘一旦解开的时候,这个世界也就不复存在——这便是关于"有限""无限"的人生界限。

庄子所谓"不要从死亡画出生存,这样才能超越束缚而得到自由"的观点,其实表述了是这样一种"三位一体"关系:

天理—地理—人理

　　天情—地情—人情

　　生存—死亡—生命

这一"三位一体"关系告诉我们：生命的真谛就在于人类对生存和死亡的人道选择。只要"生"得伟大，"死"得光荣，就是死得其所——死亡因此有了归宿，生命因此有了开端，人类生命新新不停、生生相续的奥秘全在于此。

我们所谓"庄子的哲学是自由的哲学，是把生命放于无限的时间、空间去体验的哲学"的观点，其实表述了是这样一种"三位一体"关系：

　　天理—地理—人理

　　天情—地情—人情

　　时间—空间—时空

这一"三位一体"关系告诉我们：真正的时空观是对时间和空间的超越。不能超越时间，便不知道过去；不能超越空间，便不知道未来；没有过去和未来，就没有现在。

再看我们所谓"人世的生活，在庄子看来是'无生命的秩序'，庄子所要追求的却是'有生命的无秩序'"的观点，其实表述的是这样一种"三位一体"关系：

　　过去—现在—未来

　　无限—有限—界限

　　时间—空间—时空

　　生存—死亡—生命

　　他人—自己—人类

　　无价值—有价值—价值观

无秩序—有秩序—秩序观

以上诸种"三位一体"关系对理解现实生活中人的存在和生命的存在,以及生命价值的存在是很有积极意义的。庄子关于"人必须自觉人的存在,人不要从他人而画出自己"的观点,会让我们一下子觉出两千多年前的先哲发现人之为人的"人本"价值的睿智。

或许,我们应该意识到,在人对人性的"自我"丧失和对生命意义的"自我"丧失过于惨重时,人们总是习惯从"他人"画出"自己",去跟眼前的"他在"环境拼搏攀比;从可见的"现在",画出已知的"过去"和未知的"未来";从有经济度量的"价值",画出"无价值"的精神需求;从"有限"的生存空间,画出"无限"的宇宙世界;从"生存"可知的短暂,画出"死亡"不可知的长远——甚至以为只有这样来思维才是最聪明、最智慧、最科学、最先进的现代人的人生哲学。岂不知,两千多年前的庄子却"不要"这样所谓的睿智的哲学结论,他以为这些都是人们不能成熟的小智小慧,是功利与现实驱动下小人的世界观。在庄子的眼里:人应该首先认识到人就是人,我就是我,尽管他人也是我,我也是他人,但我和他人是不一样的;过去就是过去,未来就是未来,现在就是现在,但过去、未来和现在是"同一"生命过程中的不同的"点",在无限的时空中,过去是未来的,未来也是现在的。所以我们不能从无价值画出价值,从无限画出有限,从死亡画出生存,因为价值和无价值、有限和无限、生存和死亡,其实都是生命的起点,也同时都是生命的终点,起点和终点在一个"过程"中是"同生共死"的——就像在一个"圆"里的"点"一样,是没有大小、多少、前后、左右的序列分别的。

"人必须自觉人的存在",这是一种伟大睿智的人本发现。这样便一下子开阔了认识人生意义、认识生命价值的视野。庄子主张自我和他人、有限和无限、价值和无价值、生存和死亡,应该是人生道路上的"同一"对话。认为有了这样"同一"的认识,才能让人们的生命超越束缚而得到自由,才能使人的生命有了归宿。因此,他才说现实生活中的人应该大智若愚,大辩若讷,大巧若拙;应该绝圣弃智,返璞归真,无用而有用,无为而有为，把有限的生命和有限的生活与天、地、人构成的无限大的宇宙世界勾连起来去审视、去考察。所以我们应该看到，今天的人们并没有两千多年前的庄子聪明、智慧、潇洒、旷达。我们的聪明是表面的，庄子的聪明是本质的；我们的智慧是短视的，庄子的智慧是远见的；我们的潇洒是人为的，庄子的潇洒是自然的；我们的旷达是造作的，庄子的旷达是自由的。于是我们才感叹"庄子的哲学是自由的哲学，是把生命放于无限的时间、空间中去体验的哲学；人世的生活，在庄子看来是'无生命的秩序'，庄子所要追求的却是'有生命的无秩序'。"[①]在理解人的生命意义的"道"之理时往往会进入这样的误区：总是把有限的生命放在了有限的生活实践中去体验，于是进入了一种在自觉不自觉中丧失自我、丧失生命的生活现象的秩序圈里，完全丧失了对人的生命意义和生存状态的本质追求，自觉不自觉地成了生命的牺牲品和生存的奴隶，这在古今中外的文学艺术品描述中，一直都是一个永远都显现着新鲜活力的永恒话题。

是的，"人人都知道有一个我，但人未必真能成一我，未必能真成一真我"[②]。老子和庄子所建立的哲学概念就是"道"，他们的目的就是要人在精神上和物质上与"道"融为一体，亦即所谓的"体道"，因而形成了以"道的人生观"安顿、体抚现实的人们对待现实生活的态度。有学者说："说到道，我们便会立刻想到他们所说的一套形上性质的描述，但是积极地说，他们所说的道，若通过思辨去加以展开，以建立由宇宙落向人生的系统，它固然有理论的、形而上的意义，但若通过工夫在现实人生中加以体认，则将发现他们之所谓道，实际是一种最高的艺术精神，这一直要到庄子而始为显著。"[③]《中国艺术精神》还认为："庄子为求得精神上的自由解放，自然而然地达到了近代之所谓艺术精神的境域，但他并非为了理念或观赏某种艺术品而作此反省，而是为了他针对当时大变动的时代所发出的安顿自己、成就自己的要求。因之，此一精神之落实，当然是他自身人格的彻底艺术化。

---

① 蔡志忠：《庄子说》，北京：中国连环画出版社，1987年第1版，第3页。
② 钱穆：《人生十论》，桂林：广西师范大学出版社，2005年第1版，第94页。
③ 徐复观：《中国艺术精神》，桂林：广西师范大学出版社，2007年第1版，第35页。

《庄子》书中所描述的神人、真人、至人、圣人,无不可从此一角度去加以理解。我们若将《老子》与《庄子》两书中所叙述的人生态度做一对比,即不难发现,老子的人生态度,实在因祸福计较而来的计议之心太多,故而后的流弊,演变成为阴柔权变之术;而庄子则正是要超脱这种计议、打算之心,以归于'游'的艺术性的生活,所以后世山林隐逸之士,必多少含有庄学的血液。《天下篇》中庄子的自述,也正是一个艺术化了的人格内心的表述。"[1]

我们无须在此论辩老庄思想观点的理论得失和个体差异。事实上,"三位一体"的哲学理念告诉我们:老庄哲学实际上最终概括了这样一个为人生、为人本、为人性、为人道的生命哲学的最高理念——在整个宇宙世界里,天大、地大,不如人大;天道、地道,都是为了人道;天理、地理,都是为了人理,都是为了人情。没有"他人"的世界,就没有"自己"的世界;没有"自己"的世界,就没有人类的世界——人类世界都是"人理"的,都是"人情"的,没有"人理",没有"人情",人类世界便不存在。人活在这个世界上,最为让人骄傲的是为"情"而生,为"理"而活;无论过去、现在、未来有着怎样的世事沧桑、人情流变,只要有为人生的"道"理存在,哪怕人人都会从起点又回到终点,但谁都不会因为"未来"肯定有着难以预料的苦难而忘记我们曾经理念的伟大。人之为人的伟大,就是因为人类有着"可道"的"以人为本"的价值观,才使人类对人的生命意义有了无限美好的价值渴望;而"不可道"的"天人合一"的"无价值"的国学文化理念的存在,便让我们一下子就看清楚了宇宙世界的生命本体有着谁都无法用有限的生命穷尽人的存在价值的崇高、伟大、神圣、完全——这便是中华国学关于人的生命价值"有""无"的哲学思想体系的终极原理。于是我们就会发现,老庄的生命哲学其实是"消极中的积极,被动中的主动"。且看:

  道生一,一生二,二生三,三生万物——道为万物之母;万物三位一体。
  人法地,地法天,天法道,道法自然——无为而无不为;道、学、术

---

[1] 徐复观:《中国艺术精神》,桂林:广西师范大学出版社,2007年第1版,第76页。

三位一体。

公乃全,全乃天,天乃道,道乃久——人与天地同在;真、善、美三位一体。

……

在三位一体的世界里,"人与天地同在"的生命潇洒与人性旷达肯定了"人为万物之灵,为五行之秀,实天地之心"[①]的生命意义。这便是老庄所要追求的"有生命的无秩序"的一种"道理—学理—术理"三位一体的生命哲学的人生"秩序"。所以说,哲学家的哲学其实都应该是"为生命的哲学"。他们的哲学都应该是"以人的生命为基础"的哲学,所以都应该"以人为本",有"唯人心""唯人的情感""唯人的意志""唯人的生活"的人本取向。

有学者这样讲到:"哲学的本义不是'爱智慧'吗?那么,第一,请不要把智慧与知识混同起来,知识关乎事物,智慧却关乎人生。第二,请不要忘掉这个'爱'字,哲学不是智慧本身,而是对智慧的爱。一个好的哲学家并不向人提供人生问题的现成答案。这种答案是没有的,毋宁说他是一个伟大的提问者,他自己受着某些根本性问题的苦苦折磨,全身心投入其中,不惜地寻找着答案,也启发我们去思考和探索他的问题。他也许没有找到答案,也许找到了,但这并不重要,因为他的答案只属于他自己,而他的问题却属于我们大家,属于时代、民族乃至全人类。谁真正地爱智慧,关心生命的意义超过关心生命本身,谁就不能无视或者回避他提出的问题,至于答案只能靠每个人自己去寻求。知识可以传授,智慧无法转让,然而,对智慧的爱却是能够被相同的爱激发起来的。我们读一位哲学家的书,也许会对书中聪明的议论会心一笑,但最能震撼我们心灵的却是作者对人生重大困境的洞察和直言不讳的揭示,以及他寻求解决途径的痛苦而又不折不挠的努力。哲学关乎人生的根本,岂能不动感情呢?哲学探讨人生的永恒问题,又怎么会没有永恒的魅力?一个人从哲学中仅仅看到若干范畴和教条,当然会觉得枯燥乏味,而且我们可以补充说,他是枉学了哲学。只有那

---

① 参见刘勰:《文心雕龙·原道》。

些带着泪和笑感受和思考着人生的人,才能真正领略哲学的魅力。当然,这样的哲学也必定闪放着人性的光彩。"①

哲学的问题虽浩瀚无涯,却又最简单不过,就是人们的世界观。当哲学研究的思想完备了人类生命的两大需求——一方面要有"清清楚楚、明明白白"地活着的方法,另一方面则要有"模模糊糊、朦朦胧胧"活着的理由的时候,中华国学的先哲们便会说,其实天、地、人之间最为和谐最为美好的哲学关系,就是对"人"的生命意义和生存价值的整体关照。无论是谁的思想、谁的哲学,只有发现人、理解人、认可人、解放人,发现人心、认可人心、理解人心、解放人心,谁的哲学就能"得人心者,得天下"。

二、文艺理论研究领域中的三位一体运用

文艺理论研究领域中的问题既大且广,繁难遍及。在这里,仅从"生活、思想、技巧"这三个"点"上出发,引出应该重新重视、重新理解、重新发现的文艺理论研究中最为基本的"三位一体"认知。

如果可以把所有人类生存活动中的"过程"都称为是一种"生活活动"的话,那么首先可以给"生活"下这样一个定义:"生活",就是人的"生命"在特定时空中自在自为的"生存"过程。

如果生活是一个过程,那么这个过程就应该是一个发现美、理解美,发现真、理解真,发现善、理解善的过程,因为再也没有比"真—善—美"三位一体更能包举人类生活活动全部内容的本质描述。通俗而言,如果我们可以说"生活是美的",那么还应该接着说"生活是善的""生活是真的"。只有这样讲,才能完备文艺理论研究中对生活源泉论的理解。不然,当我们说文艺理论中的生活其实是由"物在生活—我在生活—艺在生活"三个层面的三位一体认知构成时,便不能理解"物在生活",其实就是客体世界中

---

① 周国平:《诗人哲学家》,上海:上海人民出版社,1998年第1版,第2页。

存在着的广义的"再现"的"物在"生活;"我在生活",就是主体世界中存在着的狭义"表现"的"我在"生活;"艺在生活",其实就是既客观又主观、既广义又狭义、既"物在"又"我在"的载体世界存在的"显现""艺在"生活——只有这样三位一体的整体性认知,才是文艺理论应该描述的"生活"的本来面目的全貌。其三位一体关系如下:

真—善—美
生命—生存—生活
生命理由—生存理解—生活理想
发现生活—理解生活—诠释生活
发现"人生"—理解"人性"—诠释"人道"

生命是"真"的,生存是"善"的,生活是"美"的,这是为人生的文学艺术创造的全部真谛。"生命—生存—生活"三位一体,就是要给"生命"一个理由,给"生存"一个理解,给"生活"一个理想。人类的"生命理由—生存理解—生活理想"的三位一体关系,是对文艺理论界通常所说的文艺创造中的生活、思想、技巧三要素的第一要素"生活"的义理透解。

就生活活动中的文艺理论中的"生活"而言,无论是以"再现"为主的现实主义,还是以"表现"为主的浪漫主义,还是以"显现"为主的象征主义,说到底,生活活动的全过程其实是一个既要"再现",也要"表现",最终则要去"显现"的"发现人性—理解人道—诠释人生"的过程。如果说"生活就是人的生命在特定时空中自在自为的生存过程"的话,那么文艺家眼里的"生活",其实就是一个发现美、理解美,发现真、理解真,发现善、理解善的过程。而客体的"生活"—主体的"思想"—载体的"技巧"三位一体的认知,构成了文艺理论研究领域里的全部问题。

就文艺理论研究中的"生活活动"而言,无论是以"再现"为主的现实主义,以"表现"为主的浪漫主义,以"显现"为主的象征主义,说到底,生活活动其实是一个既要"再现",也要"表现",最终则要去"显现"的发现"人生"、理解"人性"、诠释"人道"的创造过程。我们曾经总是以为只有亲身经历的看得见摸得着的生活事实才是文艺的源泉,但是为什么即使是我们亲历过所谓的生活实践,也会因为没有对"生活"的正确理解和审美意图的圆满诠释而依然与我们向往的艺术殿堂无缘呢,或者说还是被生活的外在现象挡在了艺术殿堂的大门之外呢?显然这是因为并未真正"进入"生活的三位一体境界,生活不仅有着事实存在的"物在生活",还有着自我体验的"我在生活",更应该有"物我交融"之后的"艺在生活"三个层面。"物在生活—我在生活—艺在生活"的三位一体认知,才是生活活动的全貌,才是引领我们踏入文艺殿堂大门的通行证,没有对生活活动"道"理、"学"理、"术"理三层面层递循环、互为因果的三位一体思维理路牵引,是无法真正发现生活、理解生活、诠释生活的。且看这一三位一体关系:

天—地—人

他人—自我—人生

自然界—社会网—人生态

客体生活—主体生活—载体生活

再现生活—表现生活—显现生活

物在生活—我在生活—艺在生活

生活的真—生活的善—生活的美

真—善—美

生活本身就有着物质生活和精神生活之分。如果说物质生活是"实"在的,是"唯物"的、"唯存在"的、"唯客观"的、"唯现实"的、"唯形象"的,那么精神生活则是"虚"在的,是"唯心"的、"唯情感"的、"唯意志"的、"唯理想"的、"唯抽象"的。因此应该理解到:生活既是"实在的、物质的、客观的、具体的,也是"虚在"的、精神的、意志的、主观的、浪漫的……这样一来,在我们文艺创造的天地里无论是肯定生活的光明也好,否定生活的黑暗也好,才能使我们的文艺在"显现"生活时有着"高人一等"的本质发现和全貌理解；否则，就会沉陷入"外在生活"的一隅而很难识见生活的全貌，文艺创造也就很难获得具有审美意义的生活诠释。故此，且从"物在生活—我在生活—艺在生活"三位一体的角度来看看"生活"在文艺创造中所呈现出的整体风貌。

　　古人所谓"情动而言形，理发而文见，盖言隐以至显，因内而符外者也"①；"故外听之易，弦以手定；内听之难，声与心纷；可以数求，难以辞逐"②。说到底，还是一个"内"与"外"的问题："物在生活"就是"外在生活"，"我在生活"就是"内在生活"，"艺在生活"就是"物我交融"的生活。

　　譬如我们总是说"以现实生活为基础，以理性为指导"的客观性。其实"外在生活"是对生活发现和生活理解最基础的认识，是文艺创造再现生活的常规性理解。但是这一理解如果只停留在所谓"客观—主观""情感—理智""感性—理性"这样一些谁是谁非的二元论模式的认知上，那么这样的认知显然不能包容文艺创造实际操作时的"术"理意义。就像一些小说家和散文家，如果他们说"我写的都是我亲身经历过的或是亲眼看到过的真人真事"，但是却没有一个成熟的读者会从他们的小说和散文中去考据他们所谓的真人真事是否真的存在。曾经，我们错误地认为，只要抓住了"以现实生活为基础"这点众人皆知的"事实"源头，就发现了艺术的大江大河，于是也就一直停留在隐蔽着源头的沼泽地上做着所谓艺术真实的梦。而由于种种原因的历史局限，我们曾经给所谓唯心主义的"艺术至上""唯美主义""艺术个人主义""生命源泉论""心灵表现说"的观点所戴的帽子，几乎都有着"唯现实""唯再现"的机械唯物主义的通病。所以我们要肯定：仅仅靠"再现"一种"态度"去发现生活、理解生活是不行的，我们的理论在很多地方都不能自圆其说显得非常教条的原因，就是因为我们往往停留在不顾"学"理不顾"术"理的阶段来讨论"道"理，这样的"道"理就必然是死

---

①　刘勰：《文心雕龙·体性》。意为：因为情感的激发，故而形成了语言；因为要阐发道理，故而写出了体现道理的文章。这便是是写文章由隐到显，由内到外的过程。

②　刘勰：《文心雕龙·声律》。意为：所以说，听外在的乐音容易发现问题，于是用手去调整琴弦；听内心的声音比较困难，因为语音与情思关系复杂；前者可以用乐律去推求，后者难于从文辞中探寻。

的教条。也就是说,我们在以往对待文艺创造方面的诸多具体问题的学术研究论断时,大都停留在哲学的"道"理意义上,并未由哲学的道理转化为学术研究的"学"理,形成由"道"及"学",由"学"致"术"的三位一体关系理解。真正意义上的文艺理论问题的研究,是要靠"道—学—术"三位一体关系的牵引,才能从根本上解决问题。

应该相信,爱因斯坦之所以说"只有我们观察到的东西才是存在的。这种说法显然也是错误的"。为什么呢?"因为可观察的世界并不'存在'。可观察的世界,你去观察能全部观察到,这样的世界是不存在的。如果这个世界存在的话,那么,我们这个世界就不是这么个丰富多彩的世界了……我们用肉眼观察到的任何物体都不是该物体的全部。"①是的,我们观察到的世界不是世界的全部,而是一个局部。我们应该怎样从局部世界里面超脱出来,从单一概念里面超脱出来,让我们的智慧发挥出来,才是认识和理解整个生活活动的关键。文艺家若是对艺术创造中的生活活动从整体上大彻大悟了,还会受到"外在生活"对自己的束缚吗?他们不但不被"外在生活"所束缚,而且还能在大彻大悟的艺术情境中建立自己的艺术思想和创造个性,创造出属于个性的艺术生活情境来,使自己的艺术完全体现出自己对"外在生活"的判断。说到底,外在的"物在生活"只不过是给文艺家的艺术创造提供了一块实现自己艺术愿望的跳板而已。

没有这一跳板显然是无法步入艺术理论的坦途的。但是从艺术理论者的角度讲,艺术理论活动自始至终都体现着理论者的个性,并且总是以个体的方式进行着,所谓"文如其人"就是对个体性的一种全面概括。无论是何种艺术理论,都程度不同地体现着属于作者自己独有发现的美学意趣和审美特点。他们总是以忌讳雷同、崇尚自我、独抒灵性,表现着作者理论性的艺术见解和思想情操。艺术理论这一行为过程,实际上是作者的思维能力、心理素质、审美境界诸项水平在艺术理论的流程中综合反映的艺术拼比。这就必然要求作者把自己的生活、思想、技巧所形成的三位一体综合素质全面调动起来,为艺术理论服务。这一行为过程显然是要通过实践

---

① 殷昌:《老之为道》,兰州:甘肃文化出版社,2005年第1版,第51页。

操作的"术"性理解力去完成的。故此,我们才强调艺术理论只有经过有效的科学的实践训练,才能将所谓的艺术知识转化为艺术理论的能力。这种能力体现在具体的艺术成果上,无疑就是理论家个体理论水平的终极表现。这种表现,就是对这世界、这社会、这人生中存在着的真、善、美发现之后的审视和理解;它的起点,无疑应该是对生活发现之后的美学审视。审视生活,其实是在审视"美"的存在、"善"的存在、"真"的存在。而理解生活则是在寻找生活之路通往艺术之门的钥匙;有了钥匙,才能开启通往诠释这世界、这社会、这人生的艺术审美的第一道大门。

道—学—术
生活道理—生活学理—生活术理
生活起点—生活过程—生活终点
宏观生活—微观生活—虚拟生活
现实生活—理想生活—文艺生活
发现生活—理解生活—诠释生活
生活的真—生活的善—生活的美

但是作为文艺理论者对生活的询问,我们总是难免对生活感性描述的耳濡目染。譬如生活是一杯酒、一杯茶,生活是一锅粥、一团麻,生活像一出戏,生活像一场梦……这是艺术家对生活的感性概括,而不是对生活的抽象结论。

譬如我们曾经对"高于生活"这句名言产生过不少歧义。所谓"高于",它既不是机械"唯物"论源于生活的"高于",也不是盲目"唯心"论舍弃生活的"高于",所谓"高于",其实应该是指文艺家在对生活现象穿透后,发现生活、审视生活、理解生活,最终去诠释生活本质的"高于"。艺术理论的"道"理告诉我们,我们的理论是"唯物"的,必须"源于生活";艺术理论的"学"理告诉我们,我们的理论是"唯心"的,必须"理解生活";艺术理论的"术"理告诉我们,我们的理论是"唯美"的,必须"诠释生活"。这就是"我在生活"的审美观告诉我们的最终答案。

我们之所以说文艺家对生活的理解应该是"源于生活,高于生活"的,就是因为我们给了艺术以无限期待的审美想象力。生活的"道"理告诉我们,作为文艺家所有艺术理论的宗旨,无非就是要从某一角度或某一侧面告诉他的读者这样一个最基本问题的答案:什么是人?什么是人生?什么是人的生活?人为什么生活着?但是,作为普通的人,我们往往会在现实中忘却这一终极答案的追问,只是在不知不觉的实际生活的漩涡中丧失了自我、丧失了生活、丧失了对活着的意义的理解。对艺术理论者来说,人生最为可惜最为痛苦的丧失,或许不是丧子失亲、丢名丢利的痛苦,而是对艺术理解力和诠释力的丧失。如果我们的理解仅仅停留在源于"物在生活"的现实基础上,并且说"要以生活的本来面目反映生活",那么生活的本来面目又是怎样的呢?其实,任何规律都有三个层面的理论范畴:其一是"道"理层面的,其二是"学"理层面的,其三是"术"理层面的。从"道"理层面的角度讲,它就会涉及诸如世界观、人生观、价值观这样一些具有哲学意义的研究范畴;从"学"理层面的角度讲,就应该回答什么是世界观、人生观、价值观这样一些基本理论问题;从"术"理层面的角度讲,就应该让"道"理提出问题,让"学"理分析问题,让"术"理解决问题。这一认识应该毫无疑问地成为建立某一文艺观的审美认识的哲学基础。但是,这一"基础"在建设文艺理论体系时,它却只能是一块被做了奠基的碑石,在我们建立的文艺理论体系中,它不可能再站出来进行直接的对话。直接对话的只能是建立在奠基的碑石之上的又一基础——学术研究的基础理论体系。所以说,艺术理论活动是一个复杂的过程。譬如文学理论,我们从生活中开始有意识地搜集材料、设计人物、编织情节、布局谋篇,到自觉地投入创作之后出现的潜移默化、明滋暗长、无意有意而为之的骤然涌现文思的意象纷至沓来的时候,只有用创作无非就是一个梦圆满和未圆满,无非就是作家想象力的完成和未完成来概括它,实在是再没有更好的说法来说明成功抑或是中途流产失败的理由。而这种所谓"梦的圆满和未圆满"、"想象力的完成和未完成",说到底,就是我们能否最终突破现实生活的"局限",使艺术的"审美"功能得到充分的发挥。

从这一要义而言,纵观文艺理论界对生活这一"人的生命在特定时空中自在自为的生存过程"的理论描述,几乎都是停留在机械唯物主义的认知阶段。其实,说艺术是"源于生活"的时候,并不是说艺术之所以要"源于生活"是因为生活本身就是艺术,它只不过是艺术"河流"的"源头"。如果是这样,我们便可以比喻说,任何"河流"的源头都不是河流本身的全部;"源头"可以有千万个起点,每一支就是每一支,有大有小,有轻有重,有主有次,只有当它们汇为一处时,才可以将它们称为江河湖海;越是大的"河流"其源头就越丰富,越复杂,越不好说清楚它的源头到底是有那些因素合成的。因此,当我们说"生活是艺术唯一的源泉"的时候,其实就应该理解到这一"源泉"的丰富性、复杂性、合成性。如果我们忽略了这一点,等于也就是说认可了源头就是河流本身这样一种盲目的认识。

是的,生活就是岁月的流淌。艺术理论呼唤"生活"的历史的确是太久远了,文艺理论对"生活"事实描述的抽象经验实在是太宽泛了,一提起它就会让我们想起人类的童年和人生的童年经验。因为我们记得的最有效的审美经验大都是童年抑或是少年的。人类是无法忘记童年和少年的,就像文学艺术永远都不会忘记古代的传说和神话一样,生活永远都应该是源于童心想象的心灵史的花园中开放着的永恒话题;不管我们怎样追溯这一话题的源头和尽头,它都能如我们童年和少年经验中流淌着的那条河一样,有着无穷无尽的审美想象力可以自由翱翔。所以随着岁月的流淌,"当我们去重读古代神话时,我们便会面临着一个使人心灰意懒的事实:人类在想象力方面并没有什么长进,甚至有所衰退"[①]。为什么要去重读古代神话呢?人们到底要在艺术的园地中追寻什么?衰退了的想象力在重读古代神话时为什么会有着望尘莫及的悲哀?为什么觉得犹如人类之精神家园失却了心灵世界谆谆寄寓之缤纷一样,生活永远都应该是人类心灵世界里不能失去的朋友。然而,如果想象力的衰退毕竟已经衰退,那么是否已经认定它就是人类现代文明进程中必须要付出的思维代价?甚至是为

---

① 曹文轩:《小说家:准造物者》,载《小说选刊》2001年第5期。

物质文明而付出的精神代价？是的,我们必然会疑问重重,在这一"衰退"的事实面前:"日益受制于理性的想象力,一方面,在无数概念的指导下,获得了精致的逻辑秩序,并有了许多新的流动方向;一方面又被概念所缠绕所束缚乃至被窒息了。"① 如此严酷的学术判断,应该说已经成了文艺理论研究领域中的痼疾。

从对"生活"理性审视的角度而言,现实生活因着"物在"真实的"道"理存在,显得既残酷而又现实;但生活却因着"我在"浪漫的"术"之理的存在,却依然回望着文学和艺术所描述的人类童年时代和少年时代的浪漫神话和古老传说。生活作为美学所描述的人类童年和少年的艺术形式的一个梦在,正如马克思所说"某些有重大意义的艺术形式只有在艺术发展的不发达阶段上才是可能的"②。现实生活就是这样,它总是将"物在"的真实性和"我在"的浪漫性搭配成一对矛盾组合,让它们既要你消我长,又要生生不息。就像没有想象就没有人类的童年,现实世界已经进入了想象"不可能"完成的模拟时代一样,想象所牺牲的或许就是现实生活所需要的真实。而正就是这样:想象这个"十分强烈地促进人类发展的伟大天赋"③,在经过人类童年时代和少年时代的骄傲之后,它所曾经造就过的人类的神话传说世界,也就只能是人类处于氏族社会阶段产生的一种艺术样式,只能是那个生产力水平下的童贞时代的思想文化结晶吗？可是人类已经成熟,想象中的浪漫神话时代早已被成熟的现实生活粉碎为历史,想象作为人类精神世界的特殊的思维活动,对现实生活的审视和理解也面临着新时代的考验。如何才能使其对生活的审视力和理解力像人类的想象力一样,不致"衰退"于现代艺术的大门之内,如何才能使其对生活想象力不至于完全丧失,其实就是对生活须要重新审视、重新理解之后,在艺术世界中去进行"神与物游"的重塑的全面主题。而文艺理论想象力的衰退、枯萎、丢失,乃至崩溃,无疑来自思维危机。但是这样讲,我们依然疑问重重,好像说我

---

① 曹文轩:《小说家:准造物者》,载《小说选刊》2001年第5期。
② 《马克思恩格斯选集》(第2卷),北京:人民出版社,1972年第1版,第113页。
③ 《马克思恩格斯论艺术》(第2册),北京:人民文学出版社,1963年第1版,第5页。

们的脑子犹如一部机器,出现危机应该源自某一部件的损坏。于是我们就完全有理由得出这样一个简单的结论:出了毛病的机器只要将其损坏的部件修复,一般还是能够正常运转的,怕就怕依然依靠坏死的马达驱动心灵的战车,终至枯萎了生活想象、崩溃了生活想象,沦为生活想象的奴隶。然而问题却又不是这样必然的简单。或许,正因为造物主在设计我们大脑的时候,给了每个人都具有相同部件的大脑以思维上千变万化的或然性,完全不像千篇一律的马达那样容易修复;于是在所谓具有共性的大脑程序的图纸上,或许正就是"无数的概念""精致的逻辑"窒息了想象的个性腾跃。面对艺术,倘若更多的时候往往都是在概念和逻辑里面兜圈子,很少敞开心灵的窗户像古人那样在生活中"神与物游"的话,我们苦心经营的所谓艺术、学问,又有何意义呢?心灵窒息了,生活想象也就窒息了;生活想象窒息了,艺术、学问也就没有了。所以,曹文轩先生才呼吁小说家们应该"操练想象",成为具有特殊想象力的"准造物者"。否则,我们的文艺就不可能弥补"远不尽人意的现实",给我们的生活生存和生命心理以长久平安的艺术慰藉。

或许可以这样来描述对生活的最终理解:在文艺理论的领地,只有知道了"三位一体"的操作原则,有了对"物在生活—我在生活—艺在生活"三重构的三位一体理解,才能走进文艺理论研究的领地。因为"艺在生活"就是作为载体的艺术本身,它是以客观现实生活和主观理想生活"物我交融"之后为认知背景的,是艺术载体对"生活事实"的"终点"又回到"起点",最终通过艺术形式去"诠释生活"的终极答案。且让我们用三位一体的视野来看看"生活"概念三位格的真相:

道
阳—阴
天—地—人
他人—自我—人生
自然界—社会网—人生态

生活起点—生活过程—生活终点
物相生活—我相生活—本相生活
缘物生活—缘心生活—缘艺生活
物质生活—精神生活—艺术生活
宏观生活—微观生活—虚拟生活
现实生活—理想生活—世事生活
物在生活—我在生活—艺在生活
客体生活—主体生活—载体生活
再现生活—表现生活—显现生活
发现生活—理解生活—诠释生活
过去生活—现时生活—未来生活
生活的真—生活的善—生活的美

在这里，显然不能就这一庞大的三位一体生活关系展开论述，但就艺术理论最终形成的生活载体而言，虽然可以说只要我们以审美的态度来对待生活，以审美的眼光来观照生活，就可以进入生活的审美状态，就可以成就我们的艺术理论，但却不能说这种态度就能直接产生审美载体。因为不管进行哪一领域里的艺术理论，都是要在天、地、人三位一体的文化视野里，才能彰显真、善、美三位一体的生活意趣的。无论是广义的审美载体还是狭义的审美载体，都要通过艺术实践完成的结果去"发现生活—理解生活—诠释生活"的。也就是说，人是生活中的人，生活是人的生活。在"天—地—人"三位一体的审美视野中，要想进行成功有效的艺术理论，就必须发现生活、理解生活、诠释生活；要想发现生活、理解生活、诠释生活就必须首先认识人性、理解人本、诠释人道——这不仅是作为语言艺术的文学的必须，也是所有艺术门类都应认知的必须。不研究人学，各门类的艺术理论都没有存在的可能。在"人学"的门槛内，文艺家们最为关注是人们都知道自己是在生活中活着的，可是都在为"为什么活着""应该怎样活着"而苦恼、而嗟叹，都觉得活得很无味、很无奈、很无聊、很没有意思。于是文艺家都想通过自己的艺术形式,给人们绘出了一幅幅教人"活着"、救人"活着""为什么活着""应该怎样活着"的画图。他们既在诉说着自己活着的模样,又在诉说着他人应该怎样活着的模样,从而满足了人们的精神需求和审美愿望,同时也满足了自己作为人的艺术生命追求的愿望,这就是所谓艺术真谛对每一个生活在这个世界上的人的审美启示。所以说艺术理论就是文艺家们在生活中发现"真"、理解"真",发现"善"、理解"善",发现"美"、理解美——最终去诠释真、善、美的一个过程。

譬如曾经对唯物再现论的批判,是因为生活本应该是"无秩序"的自在、自为的一个过程,但它却生硬要以"再现生活的本来面目"而让我们感到了人为的所谓"生活的本来面目"的真实,所以我们抛弃了再现论的僵化。而我们对"唯心"的表现论的批判,则是因为生活本应该是"有秩序"的社会化的美满,但它却生硬地要表现自己的生活意图,将这一美满变成了个人意图的虚空,所以也不再留恋表现论的浪漫。因此有了显现论的理由:认为艺术理论就是要"显现"的,就是要显现人与自然、人与社会、人与人的正常对话关系,就是要将无生命、无生活的秩序抛弃,将有生命、有生活的"无秩序"重建起来归于自然——要外师造化、中法心源,返璞归真、抱朴守拙,自在、自为地显现出生活的本质意义,从而创作出"发现生活—理解生活—诠释生活"的真正的艺术品。因此要求文艺家应该理解到生活中的"人"的存在和人的"生命"存在的伟大与艰辛,崇高与苦难。于是在更多的文艺家的眼里,对生活的本质发现则是"痛苦"的,艺术就是要用自己的图画诠释出这一痛苦的根源,让痛苦生出幸福的希望才能使人的生命有价值,生活有意义。于是他们把人有限的生命和有限的生活与天、地、人构成的大世界勾连起来去审视、去考察,以期望我们在理解生活时走出这样的误区:我们总是把有限的生命放在了有限的生活时空中去体验,于是进入了一种在自觉不自觉中丧失自我、丧失生命的生活秩序的怪圈里,完全丧失了生活的意义,在自觉不自觉中成了生命的牺牲品和生活的奴隶。但是当我们把有限的生命放在无限宽阔广大的生命长河中去考察的时候,才能感觉到我们短暂有限的生命价值的难能可贵。于是才会更加珍惜这一无限中的有限,无价值中的有价值。正如"有的人活着,他已经死了;有的人死了,他还活着"的生命的有限与无限的辩证肯定,和"生命诚可贵,爱情价更高;若为自由故,二者皆可抛"的价值与无价值的生命价值观的发现,都会让我们的生活耳目一新。因此,当我们发现"人与天地同在"时,才会发现艺术审美的最高境界是以超现实、超利害观念、超越官能欲望的纯粹精神活动而永垂不朽的。这一精神活动源于人类感性实践的生命活动,展示的是一种高级的人生境界。只有从人的生命活动的神圣情感关联性出发,才能理解当代大众文化现象中的某些令人担忧的问题,才能逐渐领会严肃高雅文化经久不衰的美学意义。否则我们就会被今天的所谓"物在"的现实生活所左右、所迷惑,终归不能走进艺术的殿堂。

显然,文艺家们在认识自己创作历程,深化创作技巧,处理生活现象的思维过程中,对生活的理解不是"明确"的、"清楚"的、"理智"的、"平面"的、"机械"的,而是跳跃的、放射的、立体的、活泼的、运动的、朦胧的、直觉的、意识流的。所以当艺术理论之神思在艺术的田园里掠过之后,就会划破时间与空间的局限凭借神来之笔放飞自己艺术理论的翅膀。而生活不仅仅是我们所看得见、摸得着的物质实体,也不应该是我们所理解的那样的消极的精神虚空。生活的时间有着无限延伸的空间展望,生活的空间有着无限理解的时间推想——生活需要我们的想象力,生活需要我们的"唯心"论,生活需要我们"重情感",生活需要"有意志"。否则,我们的艺术理论就不会有高于生活的"艺术诠释"。我们之所以说艺术应该是源于生活、高于生活的,就是因为生活给了艺术以无限期待的艺术想象力和艺术理论力的诠释可能。

从学术研究理论的角度讲,也完全有理由说学术研究活动和艺术活动一样,对所谓"生活活动"的理解应该有"高于生活"的理论诠释。所谓"高于生活"在艺术形式中所反映的是"虚拟"生活,但是它却比现实生活中的生活现象"更真实":因为艺术所反映的"虚拟"的生活是文艺家对现实生活中"所谓真实"的现象穿透后的本质发现——如果没有这一"更真实"的本质发现,文艺家就不能称为文艺家,艺术也就失去了它存在的意义。显然,学术研究活动虽然与艺术理论活动不同,但它们对"生活活动"的本质理解却应该是同"道"的、同"理"的:因为没有一个学问家因为对周遭的生活活动现象"满意"了而从事学术研究活动的,而都是因为不"满意"眼下的生活——要"高于生活",才从事学术研究活动的。学术研究理论也罢,艺术理论活动也罢,学问家和文艺家都应该有"高于生活"的学术研究视域,才能独步学苑、自成一家、高屋建瓴。如果说学术研究理论是由"客体生活—主体思想—载体技能"三位格的三位一体关系构成的话,那么生活的理由起码应该有"道"在、"学"在、"术"在三个层面:"道"在的生活,是宏观的现实世界中存在着的广义的"再现"的生活;"学"在的生活,是微观的主体世界中存在的狭义的"表现"的生活;"术"在的生活,是既宏观又微观、既广义又狭义、既"他在"又"我在"的载体世界存在着的"显现"生活。此三种生活的三位一体关系即:

物—意—文①
生活—思想—技巧
客体之物—主体之意—载体之文
道理生活—学理生活—术理生活
宏观视野—微观视野—学术视野
共性视域—个性视域—特性视域
……
物—心—乐②
天文—地文—人文
自然界—社会网—人生态
自然环境—社会环境—人生环境
源于生活—高于生活—诠释生活

---

① 顾祖钊:《华夏原始文化与三元文学观念》,北京:北京大学出版社,2005年第1版,第246页。
② 同上。

客体之物—主体之意—载体之文

提出问题—分析问题—解决问题

《华夏原始文化与三元文学观念》说:"《乐记》中最著名的论点莫过于它对音乐本质的论述,其《乐本》章云:'凡音之起,由人心生也。人心之动,物使之然也。感于物而动,故形于声……乐者,音之所由生也,其本在人心之感于物也……感于物而后动,是故先王慎所以感之。凡音者,生(于)人心者也。情动于中,故形于声,声成文,谓之音。'"这是我国文论史上对艺术本质和源泉最完美的概括。它显示了"物—心—情—乐(文)"的完整过程。其实"物—心—情—乐(文)"的完整过程,就是"客体之物—主体之意—载体之文"三位一体的过程。

而以上三位一体过程所构成的"生活关系",才是学术研究活动中对生活活动本来面目的整体理解。因此我们才说,没有生活活动就没有学术研究,学术研究的生命是靠学问家对生活的理解来维系的。"理解生活"是我们热爱生活,拥抱生活,反映生活的最重要的情感前提。换言之,没有对生活的理解,便没有学问家的情感世界;没有了学问家的情感世界,生活的存在也就没有什么学术研究的意义了。这就是我们所说的"外物"与"我意"的关系,生活活动显然不是学问家学术研究生命之外的东西。学问之所以成为学问,不管它有着多么漫无边际的复杂问题,都离不开学问家情感的维系。因此不仅要从微观上去考虑生活的每一个具体环节与学术研究的关系,更要从宏观的角度考虑到生活是一个动态过程,是有动力推进的。这动力就在于它能够把我们所面临的、所渴望的和所期待的结果化作一种"行动"。这一"行动"就是要进入学术研究的"过程"之中。学术研究的行为作为一个过程,从来都不是孤立的片段的动因能够推动的。真正意义上的学术研究,关键在于对学术研究具体操作时的"术"理"变易"性操作程序法则的理解和诠释。

根据上述理解,可以认为"学术研究作为一种人类特有的精神活动现象,它具有个体性、理论性、综合性的特点"①,是合乎学术研究的"道"之理的,且看由"生活"牵引出的三位一体的学术研究关系:

道—学—术
物—意—文
生活—思想—技巧
客体世界—主体世界—载体世界
源于生活—高于生活—诠释生活
提出问题—分析问题—解决问题
综合性—个体性—理论性

艺术理论的"个体性",主要是说艺术理论活动自始至终都体现着文艺家的个性,并且总是以个体的方式进行着。所谓"文如其人"就是对个体性的一种全面概括。无论是何种艺术理论活动都程度不同地体现着属于文艺家自己独有发现的美学意趣和行动特点。他们总是以忌讳雷同、崇尚自我、独抒灵性,表现着文艺家理论性的艺术思维能力。这就必然要求文艺家把自己的生活、思想、技巧所形成的三位一体综合素质全面调动起来,才能将所谓的学术研究知识转化为艺术理论能力,最终将这种能力体现在具体的创作成果上。创作成果无疑就是文艺家个体艺术水平的终极表现。这种表现,无疑是文艺家们对这世界、这社会、这人生中存在着的真、善、美发现之后的审视和理解;它的起点,无疑应该是对生活的审视。审视生活,其实是在审视生活中"美"的存在、"善"的存在、"真"的存在。而理解生活则是在寻找生活的钥匙;有了钥匙,才能开启通往诠释这世界、这社会、这人生的"生活活动"的第一道大门。如果说"生活,就是人的生命过程在特定时空中的自在自为的运动"的话,那么至于在生活活动中是否"自在自为"的,是否理解过这个活动的"运动过程",是否理解生活本质的内涵,了悟了生命过程的真谛,那就需要见仁见智的艺术判断力。

---

① 路德庆:《普通写作学教程》,北京:高等教育出版社,2001年第1版,第10页。

接下来,应该再来看看作为文艺理论中关于文艺创造"生活、思想、技巧"三要素中的"思想"应该处在国学方法论"道—学—术"三位一体的何种位置。

从"学"理"位格"处在"生活—思想—技巧"三位一体的"中介"位置来看,按照恩格斯的话说:"一切都在中间环节融合,通过中介过渡到对方。"①因此,应该看到艺术思想作为艺术的灵魂和统帅,艺术精神本质的能源和精髓,它所启示的审美可能应该有三个层面的认知定位:一是客体世界的"他在思想",二是主体世界的"我在思想",三是载体世界的"艺在思想"。三种思想层递循环、互为因果,构成了艺术理论三位一体的思想认知体系的基本范畴:

生活—思想—技巧
他在思想—我在思想—艺在思想
客体之物—主体之意—载体之文
真在世界—美在世界—善在世界
真知—善情—美意

简言之,"外在思想"是外部世界中他人的思想,"内在思想"是艺术家自身的思想,"艺在思想"是文本载体所呈现的思想。作为比喻,我们曾经说思想是艺术的灵魂和统帅,也是十分贴切的,它既说清楚了艺术本身的话语蕴藉之道,也说清楚了文艺家的思想内涵之理。从"道"理的层面来看,艺术之为艺术,是以"真"的"知"来肯定其"外在思想"的道理的存在的;从"学"理层面来看,艺术之为艺术,是以"善"的"情"来肯定其"我在思想"的学理存在的;从"术"理的层面来看,艺术之为艺术,是以"美"的"意"来肯定其"艺在思想"的术理存在的。

如果说思想体系的建立是由"唯物—唯心—唯道"的三位一体过程来逐步完善的,那么它就应该有以下三个层面的基本认知,即:

---

① 参阅劳承万:《审美中介论》,上海:上海文艺出版社,2001年第1版,第15页。

"道"理认知：唯物之真—唯心之善—唯美之美
"学"理认知：物在体验—我在体验—艺在体验
"术"理认知：外在思想—内在思想—自在思想

无论是谁的思想和或是哪一种思想的正确与否，都应该由"道理体系—学理体系—术理体系"的三位一体性进行检验。就像马克思主义哲学的三大规律一样，"对立统一"是它道理体系的核心观点，"否定之否定"是它学理体系的核心观点，"质量互变"是它术理体系的核心观点，因此而成为科学的世界观和方法论。艺术理论体系的构建，其"道"理认知应该从研究"唯物观"入手，发现"万物一体，万物有道"的道之理；其"学"理认知应该从研究"唯心"观入手，发现"万物莫不从心动，心生而言立，言立而文明，自然之道"①的学之理；其"术"理认知应该从研究"唯艺观"入手，发现"学是道之学，术是道之术，无道不能知学，无学不能通术"的术之理。如此三位一体层递循环、互为因果认知，便能"知一而万毕，振本而末从"②，获得艺术理论思想体系构建的可能。且看：

知—智—慧
得道—知理—通术
外在思想—内在思想—自在思想
无心得道—用心知理—潜心通术
道理体系—学理体系—术理体系

承前而论，从文艺理论理论体系构建的"级次"关系讲，"外在思想"是指文艺家在艺术创作过程中必须面对客体世界中的诸种思想体系、精神存在的艺理通识。包括哲学、宗教、美学、道德、法律等学科的思想体系和文化结晶，它对"内在思想"和"艺在思想"具有基本原理意义的"道"理牵引功

---

① 刘勰：《文心雕龙·原道》。
② 刘勰：《文心雕龙·章句》。

用,是艺术创作过程中必须首先认知的"物在"范畴。

　　一般认为,艺术思想是我在、内在的,其实"外在思想"对文艺家理论力的牵引有着举足轻重的反作用。因为所有的文艺家,如果他不是一生下来就成为文艺家,都必须在一生中极为漫长的成长阶段被"外在"的文化思想所围困、所束缚、所淹没,终至有一天突破围困,挣脱束缚,免于淹没,直至有一天将自身的"内在"思想转化为艺术本体的"自在"思想,才能独树一帜、自成一家,给人类留下他们的思想旗帜。如今的专家和学者们都讲"隔行如隔山",其实在艺术世界里只有与"一通百通"的道理、学理、术理牵手才是最为智慧的选择。无论是何时代,无论是谁,只要你面对的是天人合一的"艺术"就得有"一体""一统"的率真、率善、率美自由腾越的艺术创造力,才能使你的心灵世界与外部世界"天人合一""神与物游"[①]。

　　譬如我们曾经一直就以再现论、表现论、显现论来阐述文艺理论的"结果",并且形成了艺术理论领域里既成事实的文艺再现论。徐亮先生认为:"如果循着过去结果论的老路走,这个物品或形象永远无法得到理解。再现论指引你向外看,通过对日常生活中客观事物的联想来理解它;表现论则指引你向内看,通过对已有情感的回忆了理解它。这些解释尽管解渴了,却不真实,不根本,并且造成二元论或多元论的倾向。因为只要你面对作品,作品就不能单纯地被看待,除非不提出问题,否则就必须在你和作品之间,你的背景和作品背景之间,以及二者所进入的整个世界——一个动态的运作着的世界之中对它加以理解。这样,我们就发现,艺术有一个更大的场合,艺术是这场合中所发生的一切,在对场合的估计的基础上,我们要建立的是关于艺术的一元论本体观。"[②]这里的"一元论本体观",显然是"三位一体"的,因为徐亮先生的《显现与对话》是建立在再现论、表现论、显现论"三相一体"基础上的。而"一元本体论"显然也是合乎认识艺术世界整体的客观实际的。那么什么是"一元本体论"的基本观点呢?根据上述的文字,再现与表现都是"结果论",而不是"过程论","显现论"才是"过程

[①] 刘勰:《文心雕龙·神思》。
[②] 徐亮:《显现与对话》,天津:百花文艺出版社,1993年第1版,第69页。

论"。如果按"三位一体"过程论层递循环、互为因果的思维理路来看,再现和表现如果是表示"道"理层次的,那它就只是一种"性"定的符号,"一体"就跟"一元"一样,其实也只是一种对艺术活动过程的整体性认知符号罢了。换言之,表现论和再现论都不是"方法"上的认知错误,而是"方法论"上的认识偏颇。说到底,方法论才是艺术理论过程中的文艺家的"外在思想"和"内在思想"导致的认识论上的"结果"。这一结果作为方法论的符号,它有可能是正确的,也有可能是错误的,再现论和表现论显然是方法论上的认知偏颇。且听听这些先行者们的言论:

"再现外在真实"是现实主义的灵魂,它的真谛是:"隐蔽文艺家自己。"①

过去的文艺、诗,一直在宣传另一种非我的"我",即自我取消,自我毁灭的"我"。②

诗人应该通过作品建立一个自己的世界,这是一个真诚而独特的世界。③

我们发现以往对艺术源泉仅仅确立为一个视觉表象的现实,我们称为"客观"的现实。殊不知,大脑的思维也是一种现实,也是一种隐性的现实,有其自身的确定性。④

可以看出,这是对我们曾经无"我在思想"的机械唯物论文艺观的最早觉悟。"隐蔽文艺家自己"也好,"建立一个自己的世界"也好,时至今日终于能够把"世界"和"我"放在"艺术"天平的两端来衡量了,也可以说可以

---

① 徐敬亚:《崛起的诗群》,载《当代文艺思潮》1983年第1期。
② 顾城:《请听听我们的声音——青年诗人笔谈》,载《诗探索》1980年第1期。
③ 北岛:《关于诗》,载《上海文学》1981年第5期。
④ 参阅陈晋:《当代中国的现代主义》,北京:中国文联出版公司,1988年第1版,第45页。

把"现实"和"艺术品"放在"我"的两端来衡量了,因为这样才是公平的。徐亮先生认为:"在艺术领域里始终存在着三个显性的相度——自然物相、人(及其情感)、作品。迄今所有的理论都是有所偏重的(因而也是有所偏废的)理论。再现论和表现论各执一端:再现论偏重于自然物(或客观事物),表现论偏重于人的情感。它们共同偏废的是作品。这三者从未曾'同一'过。"①在三位一体的视野里,任何文艺的"结果"都是再现—表现—显现三位一体的,只不过它们在"结果"的过程中侧重点不同罢了。

至此,便可以下定义说:"内在(即我在)思想"是指文艺家在艺术创作过程中主体世界的诸种精神内涵的集中体现。它是文艺家对客体世界和载体世界中存在着思想体系、文化体系的自我判断认识的结晶。它的存在,对"外在思想"和"艺在思想"具有桥梁、中介、枢纽的"学"理意义。

《显现与对话》说:"迄今为止,对'艺术是什么'的看法尽管难以数计,但概括起来,可以归纳为两种:再现论的和表现论的(西方的情况尤其如此)。前者强调艺术是对客观事物的再现,后者则认为艺术是人的情感的表现。例如可以把摹仿论纳入再现论一类,而把'诗言志'归入表现论一类。这两种针锋相对的理论,有相似的思路,而由于它们长时间地支配艺术理论,人们已习惯于用这种思路来考虑艺术问题。但它产生的问题也愈来愈明显。从其本身来说,这两种看法总是令人感到似是而非:艺术中当然有自然的形象,有树、山、人、鸟的形象,然而它仅仅是这些吗?艺术当然表达了文艺家的情感,但这句话意味着什么?是意味着艺术是文艺家情感的喷发,还是由于其参与,文艺家无意中把自己的情感态度显露出来,而他的关注重点实际上还是形象和语言,而不是他自己。从这两种理论的效果来说,引起了文艺家和观众的普遍失望和反感。不错,有时可以听到文艺家说他在诗里、画里宣泄了他的感情(这时他往往只是抓住了一种说法,而并不认真地认可这种理论),但更多的情况是他们对所有的理论和理论家都嗤之以鼻,他们认为理论的解释和艺术本身毫不相干,批评不着边际,艺

---

① 徐亮:《显现与对话》,天津:百花文艺出版社,1993年第1版,第71页。

术没有得到理解。"①

徐亮先生是敏锐的。他几乎是一针见血地指出了那些"长时间地支配艺术理论,人们已习惯于用这种思路来考虑艺术问题"的理论的苍白,认为问题主要出在以下三方面:(1)现有理论主要关心艺术中所出现的是什么,而不关心艺术是怎样生成的;(2)现有理论把艺术的性质归之于他律的,而不是自律的;(3)现有理论的意图是提供定义和解释,而不是理解艺术。因此,他提出了这样的结论:"艺术的本体不是作品,正像人的本体不是躯壳。当我们想到'艺术'这个概念时,根本不能将它想成某种物质形式,它是人的一种特殊类型的生命活动。应当把艺术看成艺术活动,而这活动本质上是一种显现。显现是艺术活动的本体形态。而对话则是艺术活动的表现形态。"这就是作为艺术理论家的徐亮先生的"内在思想"促成的《显现与对话》这一理论文本的最高结论。没有"内在思想"的存在,又怎么能够形成对以上"外在思想"的判断,最终形成自己的结论呢?

如果我们认为再现论所"再现"的艺术中所出现的是已有过的客观事物,只不过是客观事物的再次呈现,这是一种认知上的偏颇。而表现论所"表现"的艺术中出现的是人的主观思想感情,也只不过一种内心感情的表征,同样是一种认知上的偏颇,那么这就是说它们都把艺术看作一个既成事实,一种结果的认识是不完备的,因为它们的任务都在于把一个事实判断成是什么,而不在乎这个事实是怎样发生的。所以,他认为一种理论如果不关注它所观照的事实的发生过程,不关心这一事实的运作、发展及其整个活生生的存在,它就必定同事实本体失去了联系。如果说借徐亮先生的认识延及我们关注的艺术理论,那我们是应该得出这样的结论的:无论是表现也罢,再现也罢,在艺术创作的过程中都不可能离开"我在思想"的操控。之所以强调"我在思想"的三位一体性,就是要肯定艺术理论既不是单纯的再现的事实,也不是单纯的情感的表征,当然更不应该是事实与情感的机械的合一。总之,艺术是艺术思维活动从"外在思想"到"内在思想"再到"艺在思想"的一个三位一体层递循环、互为因果的过程。在这个过程

---

① 徐亮:《显现与对话》,天津:百花文艺出版社,1993年第1版,第71页。

中,"内在思想"一直承担着具有桥梁、中介、枢纽作用的基础理论的"学"理位格,它才是艺术创作过程中认知再现、表现、显现的艺术理论主体精神"我在"的艺术判断力所在。如果我们将"显现"和作为一种艺术活动的过程,切进道、学、术三位一体的描述来认识,便会呈现出以下态势的三位一体认知体系:

知—情—意
再现—表现—显现
物理再现—情理表现—艺理显现
外在思想—内在思想—艺在思想
再现对话—表现对话—显现对话
形象思维—抽象思维—艺理思维
艺术客体—艺术主体—艺术载体

这样的"过程论"描述或许可以说就是"我在思想"的思维理路。按照徐亮先生所说的:"我们不能把艺术仅仅看成名词,看成既成的显性事实或结果。因为无论如何,艺术作品总是被实现出来的,它并非本来如此。艺术应当被看作一个生成的和作为的过程。这个过程是理解所有艺术构成部分的前提,是理解文艺家的构思、艺术作品的质料、形象、符号等的前提。必须进入这个过程,艺术才存在。这个过程充满理论性。艺术不是由于他物的原因才成为如此这般的,艺术之所以如此,完全是由于它自己生长的原因,这原因要从过程中去找。"[①]这样的过程论结论显然准确的当。当然,徐亮先生的"过程论"和我们的"过程论"不尽相同,徐亮先生认为"显现是艺术活动的本体形态,对话则是艺术活动的表现形态",这是从本体论角度对文艺过程论的表述;而我们的描述是把艺术活动的全过程表述为:显现和对话就是艺术活动三位一体的过程,但它们处在不同的级次,显现和对话都应该有三个层次的逻辑认知体系。至于这与道理系统对应的"再现

---

① 徐亮:《显现与对话》,天津:百花文艺出版社,1993年第1版,第71页。

对话"和与学理系统对应的"表现对话",以及与术理体系对应的"显现对话"三位一体表述,只不过是表述了这种三层次的过程论的符号而已,它与文艺理论方法论意义上的"表现说"和"再现说"并无理论上的必然联系。因为无论怎样说,"再现和表现的反映论"也罢,"显现的三位一体过程论"也罢,艺术理论活动说到底,还是一种"外在思想—内在思想—艺在思想"三位一体运动关系形成的精神物化的艺术实践。

有学者认为:"思想,作为一个不断生长着的整体,总是需要这样那样一些完全不同的'营养'来滋润的;你随便从一个人的思想(作品)中切下任何一块来加以评述,都会给人不完全的感觉。但作为一个人,一个活生生的人,在任何时候,任何情况下又都是完整的。这就是一个人所给予我们的'感性确定性',哪怕如黑格尔所说,这种'感性确定性'又是语言所不能达到的。读有些人的书,我们只见'思想'不见'人';而读另一些人的书,则见'书'如见'人'。崔卫平的书,看来就属于后者。"[①]这段话即言明了"我的思想"和"艺在思想"的关系。

所以说,当我们的视野从"外在思想—内在思想—艺在思想"三位一体阶段切入艺术理论时,就会看到具有独特心理建构意义的"外在思想"一旦受到客体世界中"外物"相关因素的刺激,"内化"于潜意识心理深层的"内在思想"就会跃入显意识层面而产生新的主客体信息碰撞的"艺在思想"。这种碰撞是一个过程,这一过程就是艺术理论的三位一体过程。在这一三位一体过程的运动中,"外物"会因为"神与物游"时的"心力"启动,最终燃起了动人魂魄的"艺在思想"的情感画卷。这些情感的画卷,就是文艺家们在进行艺术理论操作时所需要的形象和意象的原型基础,即《文心雕龙·神思》所描绘的超我想象的神思之路所最终期待的艺术审美的最高境界。正如有学者言:"人是在学术兴趣的不断转移中才意识到那种情感力量的,也就是说,才可能捕捉到自己的'意图',哪怕只是一种朦朦胧胧的指向。而只要有了意图,也就能看到许多别人所看不到的东西,或使在别

[①] 崔卫平:《积极生活》,见陈家琪序:《请将这当作一个沉默的呼唤》,北京:中国人民大学出版社,2003年第1版,第1页。

人眼中索然无味的东西变得富有感情、充满诱惑。"①把"索然无味的东西变得富有感情"是文艺家"我在思想"所致、把艺术变得"充满诱惑"则应该归为实现"艺在思想"的技巧了。

技巧是区别"技术"和"艺术"的。因为它不像工匠掌握了一定的操作程序和方法就能复制产品那样去复制艺术作品。就技巧的操作意义而言，几乎不能把它看作是一种既成事实的技术工具，因为它不可能脱离每一个活生生的理论客体的灵活性而像技术一样独立存在。所以我们有理由认为，技术是一种"绝对相似"的可以重复的模仿，而艺术则是"绝似又不似"的理论，总是有着千变万化的艺术实践的审美可能。

就《国学方法论》给文艺理论所提出的解决问题的"术"理意义而言，我们对文艺理论研究应该提出以下问题供研究者们思考。

> 基本原理研究方面对"道"理"规律"的思考：
> 马克思主义哲学方法论与文艺"术"理的关系；
> 中国古代哲学"道"理论与文艺"术"理的关系；
> 西方文艺理论理论的借鉴与文艺"术"理的关系；
> 边缘交叉学科理论的吸收与文艺"术"理的关系；
> ……
> 文艺基础理论研究方面对"学"理"规范"的思考：
> 对文艺客体世界——"生活"论的三位一体研究；
> 对文艺主体世界——"作者"论的三位一体研究；
> 对文艺载体世界——"文本"论的三位一体研究；
> 对文艺受体世界——"读者"论的三位一体研究；
> ……
> 文艺操作理论研究方面对"术"理"规则"的思考：
> 文本结构模式中的主题、材料、语言、形象、意象、直觉、意象、意

---

① 崔卫平：《积极生活》，见陈家琪序：《请将这当作一个沉默的呼唤》，北京：中国人民大学出版社，2003年第1版。

境等专题研究的三位一体法则；

文本分析模式中的阐释、解构、现代主义、后现代主义文艺史、文艺史观等分析方法的三位一体法则；

文本分类模式中的"二分法""三分法""四分法"分类类型的三位一体法则。

以上问题的研究方法直接受制于"道"，归宗于"学"，旨在归纳整合出文艺学基础理论研究的框架体系；同时因着三位一体属性的"术"的变易性原则"术中有道"的牵引，旨在使"术"理演绎成为文艺学研究活动中的不易之"法"、简易之"法"和变易之"法"。这样便形成了所谓整个体系秩序之间的研究关系。而"关系"，无疑是对道、学、术三位一体的"一体化"的过程的整体系统的认可。也就是说，我们所进行的全部研究都将是对文艺理论这一"过程"的普遍秩序之间的"关系"进行的"一体化"的阐释。《文心雕龙》中所谓"百家腾跃，终入环内"[①]的"道"理警策，就文艺家进行艺术理论的整个过程而言，这"环"中的每一个内容都是指向"术"理操作的。因为"道"理才是艺术的内容和形式构成的"环"中的灵魂、统帅、能源、精髓、核心、意旨实现的终极手段，而文艺圈里所谓无题、无主题、淡化主题、淡化结构、形式超越、语言犯规、语言陌生化的"术"理突破，其实正好是对术理"变易"性不弃不离的"道"理佐证。

《对现当代文艺研究中"过度诠释"现象的反思》一文说："文艺作品对意义的追寻原本是文艺研究包括文艺批评的题中应有之义，按照别林斯基的说法，'批评——意味着要在个别的现象里去探寻并显示该现象所据以出现的一般精神法则，并且要确定个别现象和它的理想之间的生动的、有机的关系密切到什么程度'。这个一般的'精神法则'也就是文艺作品的意义。与文艺批评基本同质的文艺研究也是如此。而且不同的人和不同时代的读者，从文艺作品中探寻的这种'一般精神法则'，也是各不相同的，所以才有'有一千个读者就有一千个哈姆雷特'，'一代人有一代人的莎士比

---

① 刘勰：《文心雕龙·宗经》。

亚'的说法。这就是文艺作品的意义"增值"。文艺只有通过这种意义的探寻和增值,才能显示出它所特有的价值来,否则,有一说一,就事论事,文艺就永远只能是一些具体个别现象的堆积,是无法发挥其'洞明世事''练达人情'的普遍作用的。"①这里强调的文艺批评的"普遍作用""一般精神法则",以及对"个别现象和它的理想之间的关系程度"的探询,说到底就是对构成文艺文本的主题、材料、结构、语言等"变易"特点的"术"理问题之所以能够"增值"和应该"增值"的"道"理追寻。

总而言之,就文艺理论研究的全部理论问题而言,正如顾祖钊先生所说:"我们今天提出文艺的文化研究,并不是在西方的面前落伍的问题。文艺的文化研究的根源在中国自身的现实……西方流行的文化研究中带有真理性的观点和做法,如跨学科多学科的研究方法,重视文学艺术与语言、神话、宗教、历史、科学关系的研究,我们可以有分析地加以借鉴。世界上一切好的又是适用的东西我们都可以拿过来,这不是什么丢脸的事情。但我们有我们自身的社会现实问题,我们要从我们的社会现实问题出发,文化研究应该走自己的路。对于西方那种过分政治化的文化研究,对于'反诗意'的文化研究,我们认为是不足取的。我们大可不必走西方那种以一种方法取代另一种方法的路子。"②

毋庸讳言,中华学术研究在五四运动至今的这一百年间,真是经磨历劫、饱经沧桑。而我们的文艺理论建设在经过近四十年来商品经济的磨砺之后,也繁荣起来了。但是倘要冷静反思一下今天的理论境遇,我们在文艺理论建设方面存在的问题却是不可忽视的:这就是在商品经济风潮的鼓动下,学术研究的风气十分浮躁,好像宁可放弃华夏文化"表义"的"之、乎、者、也"的话语权的艰涩,也情愿让"表音"的 A、B、C、D 的外来语义的时髦牵着鼻子跑,文艺理论研究中崇洋媚外、东拼西凑的学术研究积弊显而易

---

① 於可训:《对现当代文学研究中"过度诠释"现象的反思》,载《文学评论》2006 年第 2 期。
② 顾祖钊:《华夏原始文化与三元文学观念》,北京:北京大学出版社,2005 年第 1 版,第 2—3 页。

见。其实正如"西方哲学死了"[①]一样，所谓"西学东进"的引入也已走到了尽头。而今天想要弘扬国学"东学西输"，让世界认识中华文化之博大精深，恐怕只有回顾国学、回归传统，才能找到出路，建设真正有"中国特色"的文艺理论。

三、文艺美学研究领域中的三位一体运用

根据国学方法论道、学、术三位一体方法论提示，且不论什么是"美"、什么是"审美"、什么是"美学"，只要这三大概念都"在"，就意味着它们三者的概念中不能互换，只能"互动"——并且是层递循环、互为因果的三位一体"互动"。

就人类文化的审美实践而言，之所以说美学是一块"丰富"的园地，是因为美学不像应用学科那样单纯专一，它无论如何也要牵涉各类学科——哪怕是有些许"美"义的学科——只要牵涉"美"，最终都会被"美学"纳入自己的怀抱。所以美学一直都在高扬着自己的旗帜，总是把审美的眼光不仅投向文化学、艺术学，还投向语言学、文字学、建筑学、园林学、宗教学、哲学等研究领域，甚至还要向古典的、现代的，生理的、心理的，经验的、逻辑的，实用的、实证的，自然的、符号的等所谓学术研究领域不同角度的"美在"之地——美学在今天，几乎无处不在。而"美"是什么？"审美"是什么？作为人类文化本质所在的"美"和作为人类文化鉴赏力的伟大天赋的"审美"二者的交相辉映，才能构成一个充满和谐的"美学"园地，只是我们的美学，在今天虽然热闹非凡，但还很不成熟。

按照世界史上各个不同时期的主要思想家的设想，美在人类生

[①] 语出黎鸣：《西方哲学死了》，北京：中国工人出版社，2003年第1版。

活的体系中究竟占有什么地位和具有什么价值？我们必须坚定地指出，美学家并没有手持一套批评的原则和戒条这一精良的武器，无礼地侵入艺术家的领域，有人是这样看的。这种看法虽然不正确，却给美学带来很大的坏名声。人们常说，艺术是无用的；在类似的意义上，也不妨说，美学也是无用的。总之，美学理论家之所以想要了解艺术家，并不是为了干涉艺术家，而是为了满足自己的学术兴趣。①

在美学界，无论今天有着怎样的中学、西学之论，南派、北派之争，如无国学方法论"道—学—术"三位一体"道"理、"学"理、"术"理的逻辑认知秩序，将"美、审美、美学"这三个基本概念进行"会通地把握它们的共同精神……构成中国传统文化的一个有机整体"②，所有的美学研究问题，都不可能得出科学的结论。《当代美学原理》说："中国古代文化对审美意识也有很多研究，中国最古老的文字甲骨文就有'美'字，老子、孔子、庄子、孟子各自从自己的哲学思想出发，都讨论过什么是美。"③

其实，一个"美"字，实际上就已经把美学要讨论的问题说完了。可是在当今的美学界，"美学"也真是能量过剩、"繁荣丰富"得有点令人眼花缭乱。它似乎更像一个神秘的魔盒在美学家的手心里转了一圈之后，便让各个领域的美学需求"摇身一变"，便成了所谓的语言美学、文字美学、建筑美学、园林美学、宗教美学、哲学美学、古典美学、现代美学、心理美学、经验美学、逻辑美学、实用美学、实证美学、自然美学、符号美学、接受美学、现象美学、分析美学的"美学学"了。美学研究的领地是"丰富"的，但是它绝不会像戏剧和小说那样没有理论也同样会产生《西厢记》和《红楼梦》，尽管小说和戏剧的名目有上千种，但在小说家和戏剧家的心目中却非常单纯，单纯到读者绝不会发生把"写小说的"和"看小说的"混为一谈。但是美学就不那么"单纯"了，稍不留意便会发生主客体的错位和认识上的大相径庭。难

---

① 鲍桑葵著：《美学史》，张今译，桂林：广西师范大学出版社，2001年第1版，第10页。
② 楼宇烈：《十三堂国学课》，北京：北京大学出版社2008年第1版，第71页。
③ 陈望衡：《当代美学原理》，北京：人民出版社，2003年第1版，第16页。

怪就像叶朗先生所说:"美学研究的对象,在学术研究界是个争论不休的问题。大致有以下几种不同的看法:一种认为美学就是研究艺术,是艺术哲学;一种认为美学就是研究美,是美的哲学;一种认为美学是研究人对现实的审美关系,包括研究美、美感和艺术,但以艺术为中心;还有一种意见认为美学研究对象包括三个部分——第一部分研究美的哲学、美的本质,第二部分研究美的审美心理学,第三部分研究艺术社会学,而以研究美感心理为中心。这些不同的看法并没有得到统一。但至少有一点似乎是共同的,就是大家都承认美学要研究艺术,而且多数人都认为艺术是美学的研究中心。"[①]可以说,三十多年前叶朗先生整理出的关于美学研究的这段话是很有正本清源的"学"理整合意义的,且看我们的分析梳理:

第一种观点:以研究艺术为主的"艺术哲学"论。
第二种观点:以研究"美"为主的"美的哲学"论。
第三种观点:以研究人与美的关系为主的"审美关系"论。

在三位一体的视野里,以上三种观点虽然没有错误,只是它们三者不能算是三种"并列"的关系,而是一个学科范畴中不能"分割体认"的不同"级次"的"三个阶段"的问题,我们却将它们"分裂"开来认知就麻烦了。因为艺术就是"美"的,"美的"才是艺术的;"艺术哲学"是"美的哲学",没有"美的哲学"的存在,就没有艺术哲学的追问,没有"艺术哲学"的追问,就没有艺术哲学存在的可能;更何况人与美的关系最本质的审美归属,就应该是艺术哲学和美的哲学最初的出发点和最终的询问点。在道、学、术三位一体国学方法论的视野里,它们所形成的关系应该是这样的:

"道"理研究体系:"艺术哲学"属"基本原理"认知体系。
"学"理研究体系:"美的哲学"属"基础理论"认知体系。
"术"理研究体系:"审美关系"属"操作理论"认知体系。

[①] 叶朗:《中国小说美学》,北京:北京大学出版社,1982年第1版,第1页。

以上"三位格"所形成"道—学—术"三位一体层递循环、互为因果的关系，就是美学研究体系构建的"一个学科的三个阶段的问题"。这样便划定了文艺美学研究对象的范畴和论域。

再看美学研究对象的"三大部分"的观点：

> 第一部分研究者认为，研究"美的哲学、美的本质"。
> 第二部分研究者认为，研究"美的审美心理学"。
> 第三部分研究者认为，研究"艺术社会学而以研究美感心理为中心"。

但至少有一点似乎是共同的：大家都承认"美学要研究艺术"，而且多数人都认为"艺术是美学研究的中心"。

以上"三部分"的观点，其实也是不能"分裂"开来看的。因为任何一部分的"缺位"都意味着不完备、不整合，不能形成文艺美学研究的道、学、术三位一体框架体系。且看这"三部分"应该形成的三位一体关系：

> "道"理研究体系："美的哲学、美的本质"。
> "学"理研究体系："美的审美心理学"。
> "术"理研究体系："艺术社会学予以研究美感心理为中心"。

我们应该看到：第一部分研究者认为应该研究"美的哲学、美的本质"的问题，属"基本原理"认知的"道"理体系的问题；第二部分研究者认为研究"美的审美心理学"的观点，属"基础理论"认知的"学"理体系的问题；第三部分研究者认为"以研究美感心理为中心"的观点，属"操作理论"认知的"术"理体系的问题。"三部分"的观点是"道—学—术"三个阶段上的问题，它们层递循环、互为因果不能分割体认，根本不应存在所谓"三部分观点"的分歧，而是对文艺美学研究体系缺乏理论整合造成的体系缺失的问题。至于"多数人都认为艺术是美学研究的中心"的观点，其实是不言而喻的。但问题是我们必须面对这样一种现实:"当今世界,对'美'的形而上学探讨已被审美经验以及艺术中的一些专门问题所替代。经验主义的审美学流派五花八门、层出不穷。正如有的西方美学家所说:'哲学已由于持久的斗争和混乱而赢得了一种声誉,相当多的哲学家都已把美的领域看作是毫无希望的混乱的领域。审美经验的理论就像恩培多克勒所说的'浑沌状态'……在这些年代里,我们已看到一些美学理论的概念,它们忽而分离,忽而又重新挤凑成一些奇怪的组合。……同一个老师的门徒在当他们转向美学时,常常突然分道扬镳。"①这便是由于文艺美学缺乏理论整合造成的体系缺失引发的问题。亦有学者说:"当代西方美学流派的繁多,不仅不是学术研究的真正繁荣,反而意味着某种危机。尤其是以维特根斯坦、莫里斯·韦兹为代表的分析美学,几乎成了审美学上的取消主义,因为他们的目的就在于得出下面的结论:所有的美学命题都是毫无意义的。"②这就是我们看到的什么都是"审美"的,什么都是"美学"的,什么都是可以"美"化的理论大背景。而当下所谓"生活就是美""生活审美化""美学生活化"等在认识论上的泛审美观点更产生了一种急待建立新的"美学学"及"美学分类学"的愿望。否则,美学真是要因其"丰富"而泛滥成灾,果真让"所有的美学命题都是毫无意义"了。

在审美文化的大视野里,尽管有人说"美学"和"审美"的概念是西方的,但美学之门自远古开启以来,美也罢,审美也罢,美学也罢,在中华传统文化的审美视域中,从来都是缘着"一阴一阳之谓道"的美学大"道"理——当然更是哲学的大"道"理——两两相对着呈现出其天地之美,男女之美,生死之美,成败之美,得失之美的"一阴一阳之谓道"的中华美学的无尽学说。一"阴"一"阳"两仪之道筑就的"美在阴阳之关系"的中华美学大厦,在经历了三千多年的风风雨雨之后,特别是在经历了五四运动之后近百年来的中西方文化的融流通会之后,我们倘要再论及美、论及审美、论及美学、甚至最终要肯定"美在天人合一之关系"时,恩格斯曾说过:"如果说,有谁

---

① 朱狄:《当代西方美学》,北京:人民出版社,1984年第1版,第87页。
② 王建疆:《自调解审美学》,兰州:甘肃人民出版社,1993年第1版,第45页。

为了'对真理和正义的热诚'而献出了整个生命,那么,例如狄德罗就是这样的人。"①狄德罗曾提出"美在关系说",他说:

> 我把凡是本身含有某种因素,能够在我的悟性中唤起"关系"这个概念的,叫作外在于我的美;凡是唤起这个概念的一切,我称之为关系到我的美。②

面对美,狄德罗无疑有着源自生命的热诚。如果说他对关于美的真理追寻的悟性是借助"关系"这个概念的,那么"外在于我的美"显然应该是一种"真实的美"的客观"物在",而"关系到我的美"则肯定是一种我"见到的美"的主观"我在"。狄德罗的"关系"之所以"为研究美的历史内容和社会内容打开了大门"③,其"关系"的核心认识无非即"没有什么抽象的、绝对的美,只有与一定的条件相联系的具体的美"④,这与中国美学所讲的阴阳之道的美学大道理是异曲同工的。

倘若"美学应该叫审美学"⑤的认知是美学研究认知上的一大进步的话,那就是因为"美"和"审美"有语义差异的事实得到了学界的重视。按起码的美学逻辑来推演,所谓"在美中",肯定应该是一种对具有客观意义的"物在"的发现,这样才使我们发现的外物客体具有"外在于我的美"的"唯物"的意思;这样,在"审美中",则是一种具有主观意义的"关系到我的美"的能动"发现"。进而言之,就审美"主体"而言,艺术审美不单是一种对"外在于我的美"的"实审",它同时也应该是对"关系到我的美"的一种积极的艺术"虚审"。而在"客体"中,审美则应该是一种对这一既实又虚的"存在"的"发现"。且看:

---

① 《马克思恩格斯选集》(第4卷),北京:人民出版社,1972年第1版,第228页。
② 《狄德罗美学论文选·译本序》,北京:人民文学出版社,1984年第1版,第8页。
③ 同上书,第9页。
④ 同上。
⑤ 王建疆:《自调解审美学》,兰州:甘肃人民出版社,1993年第1版,第2页。

美—在美中—审美
审美—在审美中—美学

"美"是"在美中"的条件,"在美中"是"审美"形成的过程,这是就"审美"而言的三位一体关系。就"美学"而言,"审美"是"在审美中"的条件,"在审美中"是"美学"形成的过程。就这便是一种关系:一种虚中有实,实中有虚的精神与物质的阴阳关系。正如恩格斯所说:

一切都在中间环节融合,通过中介过渡到对方。①

一部中外美学史无论如何繁杂,简要认识起来无非也就是这样一种从"我在"到"物在"或从"物在"到"我在"的两两相对着从"中间环节融合"或者"通过中介过渡到对方"的问题,然而经过无方法论的概念教条的反复演绎,很多本来一目了然的问题反而变得十分棘手了。就美学的认知体系而言,"美在阴(地)阳(天)之关系"这一问题的提出,显然有着如何在美学中发现中华美学审美论的研讨价值,因为它才是真正具有中国"三才"文化特色的"物在"和"我在"的全方位认知。

那么,"什么是美学？美学不应该叫美学,而应该叫审美学"②的理论纠正,显然是对美学研究框架体系理论缺失的一种整合的愿望。那么审美学又应该叫什么呢？因为有"美"才能"审","审了"才叫"美学",原来美、审美、美学三者是不可以分割体认的。如果把美学称为审美学,那美学又应该到哪里去呢？这样岂不越加麻烦了。当一个约定俗成的概念已被误以为是的时候,抛弃显然是不行的,这样肯定会阻断概念对文化渊源的认知秩序,那么就只有在原来的基础上重建。重建不是换一个概念,而是使原有的概念在新的建设框架里重新产生新的内涵和外延,使之更合理、更科学。也就是说,当我们把"美"还是叫"美"、"审美"还是叫"审美"、"美学"还

---

① 参阅劳承万:《审美中介论》,上海:上海文艺出版社,2001年第1版,第15页。
② 王建疆:《自调解审美学》,兰州:甘肃人民出版社,1993年第1版,第2页。

是叫"美学"的时候,才有可能把它们三者之间的认知"关系"理顺。因此,才可以用国学方法论推论说:没有美,就没有审美;没有审美,就没有美学;没有美学,就没有关于美、关于审美的方方面面的问题。美—审美—美学"三位格"是不能分割体认的,因为虽然它们的所指和能指有着不一样的含义,但它们在艺术创造中所呈现的美学情韵、评价尺度,却不是单一的,而是与它们三者都有着一脉相承、互为因果的"一统"和"统一"的联系。

或许我们一直有着这样的误解,以为中华传统美学尽管有着深厚的哲学基础,但不是哲学文化的直接演绎,因而大多没有精致的理论构架。其实,倘若更为客观冷静地回望一下文艺界近几十年来"拿来""引进"的一些"框架",也同样是不"精致"的,甚至是东拼西凑的。譬如曾经最为热门的美学即走了一圈"很不精致"的冤枉路。如果看看20世纪80年代初引进的苏联奥夫相尼科夫的《美学》"前四讲"①的篇目就会知其一斑:第一讲,共产主义建设与苏联人民的美育;第二讲,生产美学;第三讲,日常生活中的美;第四讲,行为美。如果我们去看它的细目,在现在看来,这怎么也不能叫"美学",甚至连"美育"也算不上。或许这不是一个哲学上、美学上的错误,但毕竟应该算是概念上的一个错误。如果在这四讲中除了看到诸如"美育的客观必要性""共产主义建设"外,几乎没有今天所讲的任何具有艺术色彩意义的美学。但是当这样无哲学底蕴来支撑的所谓美学被"引进"的时候,正是因为赶上了改革开放,我们才得以同时引进了诸如亚里士多德、柏拉图、黑格尔、狄德罗等人的心理学美学、分析美学、自然主义美学、实用主义美学、表现论美学、现象学美学等。然而尽管上述派系林立的美学思想的介入,却并不意味着真正意义上的"洋为中用"的美学学科的繁荣,因为紧接着便看到了号称"世界美学中心"的美国"教授都有他们自己的体系,并且都使他的学生把这个体系的问题视为'哲学最重要的问题'。它既没有一个为所有大学公认的哲学活动的标准,也没有'关键性问题'的标准。哲学家们也不必煞费苦心地探究他们所从事的工作是不是'真正的

---

① 奥夫相尼科夫:《美学》,上海:上海译文出版社,1982年第1版。

哲学'。"①西方哲学的自由和西方美学的"不可信赖",即使我们"拿来",又怎么能成为一种科学的借鉴呢?或许朱狄先生整理出的下面一段文字,对看清楚西方哲学美学的大致轮廓是有些启示意义的。朱狄先生说,在某些人看来,20世纪整个西方哲学是方法论的时代,也即分析哲学的时代。他列举了美学十种流派的代表人物:(1)完形心理学美学:鲁道夫·安海姆;(2)心理分析美学:西格蒙德·弗洛伊德、C. G. 融恩;(3)自然主义美学:乔治·桑塔耶那;(4)实用主义美学:约翰·杜威、斯蒂芬·C. 佩珀;(5)新自然主义美学:托马斯·门罗;(6)表现论美学:R. G. 科林伍德、阿诺·理德;(7)现象学美学:M. 杜夫海纳;(8)新实证主义美学:I. A. 理查兹;(9)分析美学:路德维希·维特根斯坦、莫里斯·韦兹;(10)符号论美学:恩斯特·卡西勒、苏珊·朗格。② 我们之所以罗列以上十大美学流派的名目,并不是要读懂它、吃透它,也没有必要深究西方美学流派孰是孰非的问题,因为我们的"美学"是应该建立在中华文化的基础上的。因此,首先应该澄清这样一种误解:我们曾经以为"传统美学尽管有着深厚的哲学基础,但不是哲学文化的直接演绎,因而大多没有精致的理论构架"③的说法,其实它忽略了中华哲学文化的理论渊源。近百年来我们几乎是在完全抛弃了国学传统文化的理论根基,大量"拿来"和"引进"舶来品的刺激中,获得了前所未有的所谓美学繁荣,但也避免不了由于生吞活剥西方文论带来的理论框架重组的被动,同样也陷进不求甚解的洋概念织就的理论网络中不能自拔。譬如在文学批评领域,"欧美近几十年有一些批评家提倡精研作品的字句,而完全抛开作者、时代的因素,这样做的结果不但抛开了文学批评的社会评论和道德评论的职责,而且可能把文学批评变成枯燥的技术性分析,的确是'伤其真美'。另一些批评家则主张只需衡量作品美的属性,不必讨论善与真的问题。法国的戈蒂埃说:'一件东西一旦变得有用,就不再是美的了;一旦进入实际生活,诗歌就变成了散文,自由就变成了奴

---

① 朱狄:《当代西方美学》,北京:人民出版社,1984年第1版,第8页。
② 同上书,第9页。
③ 邓牛顿:《中华美学感悟录》,北京:社会科学文献出版社,1999年第1版,第116页。

役。所有的艺术都是如此。艺术,是自由,是奢侈,是繁荣,是灵魂在欢乐中的充分发展。绘画、雕塑、音乐,都决不为任何目的服务。'但是,美也和社会、和历史相关联,和人类的生活相关联,并没有适应一切时代、一切人群、一切范围的绝对的美"①。如此的西方美学观点,其实是不得美学之要"道"的,因为"美的属性"是不能与"真"和"善"分而论之的;"绝对的美"如果是对美的"道"理的肯定就毋庸置疑,如果是对美的"术"理追问,那谁都不会说美是绝对的。

其实我们也已经看到,既然当代的美学研究者都能够发现"相当多的哲学家都已把美学领域看作是毫无希望的混乱的领域,审美经验的理论就像恩培多克勒所说的'浑沌状态'。在这些年代里,我们已看到一些美学理论的概念,它们忽而分离,忽而又重新拼凑成一些奇怪的组合"②。这现象已经笼罩着美学界,那么就应该清醒地意识到"拿来"和"引进"是必须要建立在"中学为体,西学为用"的中华文化基础上的,特别是不能因为要"拿来"和"引进"就拼凑成一些"奇怪的组合",否则美学也就成了"崇洋媚外"的洋奴美学、洋奴哲学。可以说,正就是因为西方美学和西方哲学没有"百家腾跃,终入环内"的三位一体认知的哲学基础,故而只能用所谓精致的框架"标新立异"。或许"因为标新立异本身可以转变为一种'价值',所以一种学派所坚持的主张是否真正具有科学的严肃性仍然是个问题。同时,如果我们仔细分析各派所坚持的主张,那么就不难发现,表面上完全对立的主张,有时是相互影响甚至是相互转化的。它们之间的对立远不如它们自己所标榜的那样巨大。对立是相对而言的,在变化多端的不同流派之间,有时也会出现一些明显的共同点"③。因此,不仅应该对所有"拿来"和"引进"的舶来品,进行一番去伪存真的"黑"与"白"的验收,而且要对其冷静反思,刮目相看。我们大可不必对当代西方美学估计过高,而妄自菲薄中华美学。譬如美国现在虽然号称是世界美学的中心,但是在一个没有深厚哲

---

① 王先霈主编:《文学批评原理》,武汉:华中师范大学出版社,1999年第1版,第5页。
② 朱狄:《当代西方美学》,北京:人民出版社,1984年第1版,第8页。
③ 同上。

学底蕴的国度和商业资本竞争日趋剧烈的社会中,哲学也好、美学也好是不可能最终成为一门有道理、学理、术理三位一体总体格局和逻辑框架的学科的。而中华文化中具有传统的道、学、术三位一体的研究,中华哲学、中华美学的思想虽博大精深,但它们从来都是在"百家腾跃"中"一以贯之"为道、学、术三位一体的。中华传统文化中的哲学思想才是中华民族传统文化积淀下来的人类精神家园里最为优秀的智慧瑰宝。我们完全有理由认为,中华古代哲学美学在世界哲学史和美学史发展的总格局中是占有重要地位的。作为东方哲学美学的一支,我们有着迥异于西方的得天独厚的美学特征。譬如"天人合一"的自然情怀,"物我两忘"的人生境界,"法而无法"的术理之道的经典结论,它们既是审美过程的,又是审美意识的、审美境界的、审美思想和审美观念的,它与诸多艺术美学的门类与艺术表现形式的审美情韵叠合沟通而触类旁通,有着"化"艺术哲学与艺术美学的"真、善、美为一体"的一致性和兼容性。从为人生的人生哲学和艺术美学的理论建设而言,它们都是高屋建瓴的经典结论,有着极高的学术哲学的人文价值。而这些,才是我们建设中国特色的中华美学取之不尽、用之不竭的源泉。且看中国古代先哲们围绕着天、地、人"三才"关系所阐释的"天人合一——以人为本——以和为贵"的中华美学的三位一体要义:

道

阳—阴

天—地—人

崇真—扬善—赞美

天(阳)—地(阴)—人(道)

天(圆)—地(方)—体(分)

天(玄)—地(黄)—色(杂)

天道—地道—人道

天文—地文—人文

天才—地才—人才

  天大──地大──人大

  天心──地心──人心

  天生──地就──人成

  天作──地合──人生

  天时──地利──人和

  天质──地本──人性

  天文──地理──人事

  天象──地貌──人形

  天籁──地气──人声

 天人合一──以人为本──以和为贵

  中华国学的先哲们在面对天、地、人"三才"时所表现出的审美胸襟是极为睿智旷达的。且不论他们"心广大如天地,虚明如日月";"囊天地于形内,挫万物于笔端"①的美学视野是如何看透了这天、地、人构筑的三位一体天机,仅就我们所看到的以上"关系",就足可明了存在于这自然、社会、人生中人间万象的本来面目。国学先哲们伟大的是,当他们将这种三位一体关系归结为"阴阳和合"的审美之"道"理来认知时,他们又将这一认识提高到了"对立统一"的高度:人间万象中的一切产物都由"道"来生成,所谓"道生一,一生二,二生三,三生万物。万物负阴而抱阳,冲气以为和"的哲学美学思想便是他们最伟大的总结。当他们描述具体的哲学问题和美学问题时,则将被恩格斯称为"中介"的所有具体问题的过渡环节──即"学"理和"术"理略去不言,一下子便抓住了"道"理"统其关键"的枢机。譬如他们总是把"天─地─人"三才关系中的"地"略去一样,仅说"天人合一"就一下子让我们识破了这自然、这社会、这人生所构建的最为"简易"的哲学关系。因为有"天"的"阳",就有"地"的"阴",在"天"之下的关键是如何认识"地"之上的"人",于是"天人合一"便"一言以蔽之"地表达了他们"天不离地,地不离天,天地不离人"的哲学美学思想的"道"之理。在中华美学实践

---

 ① 陆机:《文赋》。

中，当先哲们把这种对立统一的哲学关系推演到人类文化的审美关系时，那些被他们省略掉的作为"中介"的过渡环节又会马上回归我们的视野。

于是，我们便看到了以上国学方法论所描述的三位一体的"道"理位格。至于随之而来的"学"理和"术"理，在我们需要论述某一问题时，它们便会紧随每一问题的三位一体关系按国学方法论的逻辑级次演绎。于是，当我们认为"美在天人之关系"应该成为中华美学研究的核心主题时，中华文化"天人合一""天人相与""天人之分""天人本无二"等有关主客体之间的"关系"说，就成为认识中华美学重在"物我交融""神与物游""物以情迁""物我两忘"等天人关系的艺术审美的最高境界。譬如说"自然—社会—人生"三位一体的关系是对"天人合一"义理的透解时，也就意味着说：自然是关乎人的自然，因为人是自然的人，自然是人的自然；社会是关乎人的社会，因为人是社会的人，社会是人的社会——"自然界、社会网、人生态"三位格，构成了艺术家美学情韵所能认知的全部审美领域。故而我们就会下定义来概括这一审美结论，说自然美是关乎人的美，因为自然是人的自然，人是自然的人；社会美是关乎人的美，因为社会是人的社会，人是社会的人；艺术美是人的美，因为艺术是人的艺术，人是艺术的人；"美在天人之关系"的美学描述，才有可能使艺术成为美学情韵哺育下有生命的、有感情的、有意义的、有价值的艺术创造的"化蝶"。

我们不妨给美、审美、美学下有一个具有"国学美学"[①]意义的学科定义：

美，是天、地、人之间存在着的层递循环、互为因果的三位一体文化关系在自然界、社会网、人生态中的和谐显现。简言之，美是天—地—人三位一体文化关系的和谐显现。

审美，是作为人的审美主体介入审美客体进而走向审美载体所呈现出的三位一体关系"在美中"的认知过程。简言之，审美是主客体关系融会贯通之后对"美在"的一种发现和肯定。

---

① 其实，我们的人文科学研究领域，是应该建立国学美学、国学文化学、国学文艺学……具有中华文化特色的学科的，这样才会形成中华文化的整体人文特色。

美学,是研究审美主体与审美客体在"美"的情境中,以实现真、善、美三位一体为审美准则的一门人文学科。

"美—审美—美学"三位格一体化,不可分割体认;三个概念"层递循环互为因果",任何一方的关系缺失,都不是完整的美学概念。这是建立任何一门美学研究框架体系的基本学术认知。

譬如以诗为例,倘若"诗"给了我们"美"的文化情境,"读诗"便是我们对这一文化情境所进行审美发现的鉴赏过程,"美学"则是研究这一美的文化情境与我们审美鉴赏过程之间的关系的一门学科——便可将这一学科称为"诗歌美学"。如果仅仅说"诗是美的",或者说"诗歌审美",不把它们二者与"美学"的审美原则联系起来,便就是我们所说的经验审美、个体审美、习惯审美……就美学学科的学术意义而言,诸如此类的审美都不是严格意义上的"美学",只能是人们的审美经验。

在现今的美学理论体系中,有关于美的确切定义吗?有审美的原则吗?有美学研究的框架吗?当然,这样的发问,是不不大合乎美与审美之间"只可意会,不可言传"的审美情调的,但"情调"只是经验的、个体的、习惯的。当我们在学术界谈到美、谈到审美、谈到美学,就无疑应该有着必须回答的学术理由。仅就文艺美学的要义而言,倘若文艺美学是有准则的,那么它就应该"致广大"于整个艺术世界,"尽精微"于每一位艺术创造者的心灵;审美倘若有原则,作为审美主体的"人"便会一下子跳出来向原则发问,与原则对话。因为文艺美学的原则、准则肯定应该是具有真理性学术概括,而不能是所谓经验的、个体的、习惯的,它必须有着"致广大"的理论价值。

且不论什么是美,审美的关键则在于人的心灵。"心灵"真是一个美妙的语汇,它可广大如天地,虚明如日月,可容纳万物,包罗万象,囊括宇内,神思宇外,所以古人认为天大、地大、人大,最终还应该是人的"心灵"大。于是所谓"日月叠璧,以垂丽天之象;山川焕绮,以铺理地之形"[①]的"道之文"的五彩缤纷,便成为自然造化中人的"心灵"的审美世界。人类的

---

① 刘勰:《文心雕龙·原道》。

文艺美学史可以说就是艺术创造造化的审美心灵史。"心生而言立,言立而文明"的"自然之道",真像一道时隐时现、亦幻亦真的彩虹,永远都不弃不离于心灵的天空。它的伟大之处就在于既能前瞻于未来之"真",又能回望于过去之"善",还能关照于现实之"美",且能一如既往地将真、善、美向往的艺术审美世界归于"自然"的怀抱,让我们在"蓦然回首"的天地里,总能发现"灯火阑珊"的美的存在。王国维先生在《人间词话》中说:"古今之成大事业大学问者,必经过三种之境界:昨夜西风凋碧树,独上高楼,望尽天涯路,此第一境界也;衣带渐宽终不悔,为伊消得人憔悴,此第二境界也;众里寻他千百度,蓦然回首,那人却在灯火阑珊处,此第三境界也。"①《诗的技巧》说得好,此三种境界,正是那种突然顿悟、获致灵感的审美状态。第三境来自第一、二境,"望尽天涯路";"衣带渐宽终不悔,为伊消得人憔悴"等句,都突出了第三境中的"众里寻他千百度"的审美过程。没有这一"物我两忘"的审美过程,是无论如何也不可能在"灯火阑珊处"寻觅到艺术灵感的。此三种境界亦是艺术家们终生须要领悟的三大境界。此三大境界的三位一体关系可表示述如下:

望尽天涯路—为伊消得人憔悴—灯火阑珊处
第一重境界—第二重境界—第三重境界
道理境界—学理境界—术理境界
物在情境—我在情怀—艺在情韵
艺术语言—艺术语境—艺术语义
忘物之境—忘我之境—物我两忘
美在—审美在—美学在
现实—梦境—意境
再现—表现—显现

这样,我们便找到"美"和"美学"的位置。如果将所下定义"美在天人

---

① 王国维:《人间词话新注》,济南:齐鲁书社,1987年第1版,第1页。

合一之关系"的三位一体思维理路拓展一下来看,美其实是艺术家"我在思想"的"美意",整个艺术创造过程中的艺术表现形式;或者说是艺术家"我在思想"的"美意",在整个艺术载体中的审美观念的情感显现。当然,还可以说是艺术家"我在思想"的"美意"在整个艺术创造过程中对客体世界"美在"的审美再现。"再现—表现—显现"的三位一体关系的实质,就是要美学研究应该体现出读者和艺术家既唯物又唯心,最终却只唯"美"的审美真相。倘若"从语义学上讲,美学不叫美学,而应叫审美学"①的判断是一种美学概念认识上理论进步的话,那么美学界关于美学的研究就应该呈现出这样一种认知关系:美、审美、美学三者是"三位一体"的。其认知的逻辑关系可定位为:有了"美—审美—美学"的层递循环、互为因果的逻辑关系的存在,才能有对"美"认可的"物在"前提,才能有"审美"时"我在"的中介,才能有美学"艺在"的可能。否则,单一而言,双向而言都不能说明美在、审美在、美学在的问题。

这样一来,什么是美、什么是审美、什么是美学,以及三者之间的关系问题,就成了被我们发问质疑的美学研究的焦点。因为没有美,就没有审美;没有审美,就没有美学;没有美学,就没有关于美、关于审美的所有问题的方方面面。"美—审美—美学"三位格是不可分割体认的,因为虽然它们的所指和能指有着不一样的含义,但它们在艺术创造中所呈现出的美学情韵、评价尺度,却不是单一的,而是与它们三者都有着一脉相承、互为连理的"一统"和"统一"的联系。从艺术审美论的角度讲,艺术创造首先应该是"唯物"的理念、"唯我"的理念、"唯美"的理念。因为只有这样的理念才能给艺术美的存在以真正和谐的理由:没有艺术的"物"在,便没有艺术的"我"在;没有艺术的"我"在,便没有艺术的"美"在;没有艺术的"美"在,便就没有文艺美学存在的任何理由,也就谈不上文艺美学研究框架体系的建设。"美"字,是建设文艺美学研究框架体系的最为根本、最为原始的美学定位——这就是它之所处的"道"理位格的原因。

---

① 王建疆:《自调解审美学》,兰州:甘肃人民出版社,1993年第1版,第2页。

这样讲决不是纯粹地赞赏西方的艺术理论的"唯美主义"[①]，也不是宣扬极端的"艺术个人主义"[②]，更不是无条件倡导"艺术至上论"。我们要的是文艺美学所孕育的活的艺术观、活的思想，而不是哲学教条下翻拍的美学定义。我们曾经在认识论和方法论上存在的最大流弊，就是用机械唯物论的哲学概念来"死"套他人"活的思想"的教条。曾经，由于我们总是用机械的哲学概念和死的教条来论定他人的美学思想。于是就忽略了"人性""人本""人生""人道"的美在情感而在"艺术美"的肯定上显得无人性、无人本、无人道、无人生意义、无人文价值。应该承认：无论何种艺术形式，真正意义上的文艺美学的方法论，都应该是建立在"以人为本"的美—审美—美学三位一体关系上的。且看我们对这一关系的认知定位：

天人合一—以人为本—以和为贵
客观视野—主观视野—艺术视野
自然美—社会美—人性美
客观美—主观美—微观美
再现—表现—显现
开端—过程—结果
物在—我在—艺在
情思—情怀—情韵
智性—感性—灵性
美—审美—美学

就文艺美学研究中存在的"道"理而言，"物在"和"我在"是不一样的，在"美"中和在"审美"中是不一样的，在"主体"位和在"客体"位是不一样的：一个静态，一个动态；一个被动，一个主动；一个客观，一个主观；一个冷

[①] 就美学和文化审美的角度讲，只要不是"主义"的，"唯美"其实是文艺最大的、最核心的学术特点。

[②] 艺术就是要张扬艺术家的"个性"，没有个性的艺术是艺术的失败；"个性"是个人的，但"个人"不是艺术的。

静,一个热情;一个侧重群体,一个侧重个体;一个强调共性,一个强调个性……如此对立统一的"一个个",才是"一阴一阳之谓道"的中国美学应该倡导的"天人合一"的美学之"道"理、美学之"学"理、美学之"术"理。我们应该在肯定"物在"的客观前提下围绕着"我在"的主观能动性来理解微观的"艺在"。"艺在"的"情韵",是艺术家智性、感性、灵性三位一体的思维结晶:"智性"是"物"理的,"感性"是"情"理的,"灵性"是物我交融、情理兼容的;从文艺应该是为人性、为人本、为人道、为人生意义的审美价值而言,所谓"三位一体论美学观"是说"美"因"审美"而使"美学"有了生命,"审美"因"美学"而使"美"青春不老,"美学"因"审美"而使"美"有了生机……且看文艺美学研究应该呈现出的逻辑关系:

美—审美—美学
美的概念—审美概念—美学概念
基本原理—基础理论—操作理论
道理研究—学理研究—术理研究
道—学—术

这样,我们就可以发问:什么是美、什么是审美、什么是美学?因为没有美,就没有审美;没有审美,就没有美学,此三者是不可分割体认的"三位格"形成的层递循环、互为因果的逻辑"关系"都有着不一样的含义,但是却互为因果、层递循环,不能单独体认而得出结论,否则就无法建立科学的美学研究体系。

从学术研究逻辑定义的所指和能指的关系来讲,包括那些曾经在"美"中、在"审美"中、在"美学"中的所谓主观与客观、真与假、善与恶、美与丑的一些不应分割体认的相互关系,都向曾经的美学概念提出了"物在"和"我在"是不一样的,在"美"中和在"审美"中是不一样的,在"主体"位和在"客体"位是不一样的对立统一的质疑。譬如艺术想象作为美学的"第一要素",理应有着诸如一个静态想象、一个动态想象、一个客观想象、一个主观想象,一个必然想象、一个偶然想象的哲学思辨。这些具有对立统一哲学色彩的"一阴一阳之谓道"的问题,都昭示了学术的概念如无"道"理的"级次"是不能归纳演绎的,充其量只能说是经验的总结。所以在我们所涉猎的众多文艺美学著述中,很多诸如"直觉""意境""想象"等概念几乎都只能算是一个宽泛论域的轮廓。在声势浩大的理论阵营里少有系统的道理、学理、术理逻辑"级次"的归纳演绎,更多的都是散论的片段,或者说是从概念到概念、从经验到经验的零碎的分析综合。在文艺美学的研究中,关于"美学"的道理、学理、术理的研究和发现,基本上没有整体的逻辑框架和理论格局。那么,怎样才能让规律形成一定的理论格局来指导文艺美学研究实践,并且让美学真正成为"人学"、成为人的"生命美学"?

古人云:"心生而言立,言立而文明,自然之道也。"①"道"即规律,规律即"道"。康德说:"人们要认识自然,要受教于自然,就必须接近自然,可是从来理性不能听任自己为自然所支配,它受教于自然,决不能像一个小学生那样唯教师之言是听,而要充当法官,强迫证人回答它自己的问题。"②

康德在这里强调人在实践中的主动性,是想通过对理性的"解放"正面提出人的主观能动性,侧面却回答人类审美最高层次的精神境界里最为要紧的是人性的自我解放,这样才能够使人类精神家园永远因"审美理想"的存在而绚丽多姿。继康德后,德国的另一个哲学代表人物费希特,在探讨人的主观能动性方面比康德更为极端。在他看来,整个世界只是自我意识的实现,因此应该从"自我"出发。"自我"不是存在,而是行动,它是绝对的、毫无任何限制的东西,它不是事实,而就是行动本身。费希特高唱:"行动,行动——这就是我们存在的目的。"③是的,无论费希特怎样"唯心"地强调他的哲学的出发点的"绝对的自我"是无条件的,不为任何更高的东西所决定的观点有着怎样的学术偏执,"绝对的自我"的要义显然是要使"自我"的活动成为自觉的活动,使"自我"与"非我"的对立通过"自我"活动的

---

① 刘勰:《文心雕龙·原道》。
② 康德:《纯粹理性批判》,北京:三联书店,1957年第1版,第11页。
③ 汝信:《西方的哲学和美学》,太原:山西人民出版社,1987年第1版,第10页。

"行动"去建立起来,从而使"自我"成为整个世界和行动的动力源泉。一切都决定于"自我"活动的行动意识,显然是以"我"为中心的。我们不必给费希特一顶唯心论、唯意志论的帽子,也且不说他有着和尼采、叔本华一样的味道,就"审美"而言,审美作为人类精神世界的理想境界,其实应该是"唯心"的、"唯人"的、"唯我"的、"唯情感"的、"唯意志"的。倘若一定要认为人的主观能动性被费希特极端夸大而陷入唯心主义,那么德国古典哲学美学的完成者黑格尔,则更能给我们以近乎真理性的启示。他说:"人类的努力,一般地讲来,总是趋向于理解世界,能自己适应并宰制世界,目的总在于将世界的实在加以陶铸锻炼。换言之,加以理想化,使符合自己的准则。"①什么是"将世界的实在加以陶铸锻炼",怎样才算"加以理想化",怎样才能"符合自己的准则"? 就文艺的本质而言,人类只有在"审美"的哺育和陶铸锻炼下,才有可能"将世界的实在,加以理想化"。而"审美"就是这一陶铸锻炼的过程,美学就是通过这一陶铸锻炼的过程积累起来的"将世界的实在,加以理想化"的理论结果。《中国艺术精神》说李普斯从心理学的立场说明美的观照体验,而认为"把所有于心的杂多的东西,将其统一于全体之中,这是心的本性。所以心是一,同时也是多,心是多数中的统一,也是统一中的多数性"②。

从和谐文化同样应该"以人为本"的角度讲,审美显然应该有着"唯心""唯人""唯我""唯情感""唯意志"的审美理解。这一理解其实就是对艺术家"心力"的解放与认可。这一点在中国近代美学史上离得最近的当数王国维先生。对于他的美学思想一般认为是:"王国维的文艺美学观从认识根源上,基本上是接受了叔本华的美学思想,但就美的本质和作用上又加进了康德的美学思想。这个问题虽然未像对于叔本华那样公开地介绍、阐发,相对来说,比较隐蔽。但是,只要我们认真对照、研究,康德关于美的分析论断,不是不可以在王国维的美学中找出相似的反响的。康德把美当成人类在评价美的事物时,表现的一种判断能力,他要批判这种判断力,力求

---

① 黑格尔:《小逻辑》,北京:三联书店,1954年第1版,第133页。
② 徐复观:《中国艺术精神》,桂林:广西师范大学出版社,2007年第1版,第65页。

寻找人类审美判断的普遍性。而这种美,必然是不夹杂任何关系的纯粹形式,为一切人所喜爱。这是《判断力批判》关于美的分析的中心思想。"①在我们看来,王国维深受叔本华和康德的影响。但是如果我们认为,他以中国绘画为例说虽然画的是驰骋之马、栋梁之松,然而它给人的美的享受不在"驰骋之乐,栋梁之用",而是激起人们的情感,是唤起美感的形式起作用的认识,便说明了他认为"人们对于艺术品的审美是离开其内容的,只是感受着无限的快乐,生产着无限的敬仰"②。这是与康德如出一辙的话,那他为何又概括了美术这一特征,引申出艺术美的定义,说了这样一段被我们"误解"的话呢?

王国维先生认为艺术美的真谛是"物我两忘",显然是超出了叔本华的"唯意志"论美学和康德的"形式美学"的。因为"物我两忘"不是不要内容只要形式,而是形式和内容的高度统一。按我们的理解,形式是有内容的形式,内容是有形式的内容,不可能孤立存在。王国维先生所说的"驰骋之马、栋梁之松",当然不在"驰骋之乐、栋梁之用",为什么非要让人家说画中的"驰骋之马、栋梁之松",是应该被"骑"被"砍"的物质的内容,才算是被他割裂的艺术和现实的关系联系起来的唯物主义呢?就这一"物我两忘"的美学关系来说,正是界定三位一体艺术论的中华美学传统的精髓所在,我们不认为他"搬运了叔本华的学说"③。因为他并没有否定"物"与"我"的关系存在,而是悟透了物我关系的结果应该是"物我两忘"的高境界之后的美学情韵所在。

就艺术类的美术教育而言,王国维先生说过这样一段话:"吾人于观人类之美后,始认其美;但在真正之美术家,其认识之也,极其明速之度,而其表出之也,胜乎自然之为。此由吾人之自身即意志,而于此所判断及发现者,乃意志于最高级之完全之客观化也……美术家先天中有美之预想,而批评家于后天中认识之,此由美术家及批评家,乃自然之自身之一部,而

---

① 卢善庆:《王国维文艺美学观》,贵阳:贵州人民出版社,1988年第1版,第7页。
② 同上。
③ 同上书,第1页。

意志于此客观化者也。"①如果认为王国维先生所说的"美术之源",按现在的说法就是美感的来源问题。这个问题在西方美学发展史上确实是个重大问题,一直争论不休。王国维先生把这场争论分为两大阵营:一出于先天,一出于经验,说得十分妥贴。这是因为在马克思主义产生以前,把美感的来源看成是来自人们对外界事物反映的经验,一般是属于唯物主义的论断。它以英国经验主义者休谟和洛克为代表,他们认为:美感即快感,美即愉快。然而,把美感的来源看成先天就有的,同人的意识以外的客观世界没有任何关系,则是唯心主义的论断。那么在这场争论中,对王国维先生认为叔本华关于美感出于先天的唯心主义的论断是"最为透辟"的,便认为王国维先生也是唯心主义的,那就是对他的"物我两忘""美学关系说"的误解。

另外,我们认为:"王国维先生介绍叔本华的美学思想,牢牢地扣紧叔氏《意志及观念之世界》一书,这也就从哲学体系角度来观察美感的来源问题。叔氏《意志及观念之世界》一书,第一句话便是'世界是我的表象',他把这称为一切生物都有价值的'真理'。他认为现象即观念,但主张'自在之物'即'意志'。自然界只是现象,'意志'才是宇宙的本质。人是宇宙的一部分,因此人的本质也就是意志。而美呢?在于'美术家先天中有美之预想',这种'预想'是先天的,也就与'人之自身之意志'相互沟通,并成为这种意志'最高级之客观化'。"②既然如此,那么王国维先生所说的"美术家先天中有美之预想"的这句关于率性描述想象的话,便形成了这样一种认识:"他认为,一方面,把美感的根源说是出于先天,'美术家先天中有美之预想',这种美是意志'最高级之客观化';因此,美似乎只是主观的理念物,只具有主观的性质。另一方面,事物之所以是美的,它的美的程度,却又决定于它是一定等级的理念的表现,而理念则是客观存在。如他把自然美看成低级的、人体美看成高级的,在人体美中体现了审美标准'不能增也,不能减也';好像并不能够随心所欲,任人宰割,美又怎么能说是主观、

---

① 卢善庆:《王国维文艺美学观》,贵阳:贵州人民出版社,1988年第1版,第2页。
② 同上书,第3页。

先天的呢？实际上在叔本华的美学思想中，主客观的区分本是毫无意义的。虽然他说'批评家于后天中认识'，'美术家先天中有美之预象'，仿佛要说到艺术品对象化的问题。但他的笔锋一转，把美术家、批评家都看成'意志于其客观化'，就不存在什么先天、后天，和主观、客观的区别了。这不能说叔本华从根本上颠倒了存在与意识的关系。"①这样便麻烦了，即使用全部的"唯物"和"唯心"的概念来给王国维先生的"先天预想说"下定义，也无法否认他认为的"艺术之美所优于自然之美"的原因就在于艺术"预想"的高境界是"物我两忘"的。"物我两忘"既肯定了"物在"，又肯定了"我在"；既否定了"物在"，又否定了"我在"；既是"唯物"的，又是"唯心"的，我们为什么非得要将它赶到唯心的圈子里去呢？从中国古代哲学"有生于无"和"法而无法"的大"学"理上讲，王国维先生是深谙其"道"的。

因为王国维先生的认知本身就没有错，只是曾经在认识论上和方法论上存在着的一大流弊就是用教条来死套别人话语的错误，忽略或者说是歪曲了"美学情韵"的艺术价值，故而使得我们的理论成了"八股调"。在这一点上，众多的学者已有所警觉，且指出："人类作为主体则为了克服自身的片面性，高举着自由的旗帜，不断追求着自身的解放。而每个人对于自身本质力量占有的程度恰正标志着人类社会发展进步的水平。论者们往往忽视了这一基本的历史观点，认为艺术消费活动是消费者对于对象的认识，消费者的使命就在于力求客观地抽象把握对象的属性、特征，由此出发，他们无视艺术消费和艺术生产的关系与物质消费和物质生产的关系的本质差别，将二者简单强行合一，这就助长了艺术理论中的庸俗社会学，艺术创作中的公式化、概念化、理性化。"②艺术理论中的庸俗社会学，艺术创作中的"公式化、概念化、理性化"的错误显然应该警惕，有学者早就断言："在商业浪潮的冲击下，随着通俗文化的泛滥，各种各样匆匆赶制出来的、包装精美而又内容贫乏的精神快餐也充斥市场。其至一些名家的序、跋、

---

① 卢善庆：《王国维文艺美学观》，贵阳：贵州人民出版社，1988年第1版，第3页。
② 郭郁烈：《论马克思艺术消费与生产关系的思想》，载《西北民族学院学报》1995年第2期。

书评,都变成了推销货物的商业广告。难得有几本货真价实的好书,也往往淹没在文字垃圾的汪洋大海之中……"①我们之所以在这里强调这些令人"心灰意冷的事实",是想因为层出不穷的美学概念所编织的虚伪的学说已经警告我们:不应该在美学中发现"商品",而应该在"商品"中发现美学。换言之,我们已经看到了一些美学理论所玩的概念游戏的失败。它们不是从人的生命的角度去发现人,也不是从人的角度去发现美、审问美,而是让"商品"牵引着的学界的概念枯燥了美学,枯燥了艺术创造的"道"理询问,还美其名曰"世界潮流""全球文化"。当然,在这一"泛美学""泛审美"浮躁的背景下,我们也分明看到了艺术圈里依然有艺术家在恋恋不舍地反刍着寻根、怀古、复兴传统文化的学术研究。他们在回味现实的迷惘与焦灼带来的个中滋味时,依然还在承前启后地延传着中华传统文化赋予的美学历史。然而,我们也分明看到了艺术理论和美学园地的尴尬:艺术家在千方百计把持物质与精神、抽象与形象、过去与未来、理智与情感的概念天平的同时,自以为通过审美概念的天平必能将其平衡到其精神家园的时候,却突然发现,美学却在商品经济的潮流中如深秋的香山红叶在慢慢地凋零枯萎,想象中的艺术世界的沧海桑田已被精神生产的商品化工具耕耘得今非昔比;在当今的审美观念里,一方面是具有逻辑数理的规则秩序模仿人脑使电脑时代重组的理智概念,轻而易举便熄灭了人类童年时代艺术创造力的青春火焰;另一方面则是具有艺术情感的理念力终于难耐世俗锐气的磨砺就范委靡于庸俗生活审美化的圈套,使艺术的生命在悄悄流动中便无端失去了艺术创造所依附的心灵自由。这就是"物质消费与精神生产强行合一"造成的时代阵痛,也是21世纪美学要走出后现代思潮面临的新课题。

就上述要义而言,完全应该抛弃艺术创造上庸俗生产论造成技术模仿的"人本"错位和"人性"异化的审美无能,还艺术以围绕"我在"的主观能动性来理解艺术创造为"人道"、为"人性"、为"人生"的艺术本真。艺术创造无论怎样去"生产",其本质是艺术家"个体"的审美理念,所以其"唯心"的、"唯人"的、"唯我"的、"唯情感"的、"唯意志"的、唯美的主观能动性是不

---

① 高尔泰:《显现与对话》,南昌:百花文艺出版社,1993年第1版,第1页。

能忽略的。且看这一理由的三位一体性：

美—审美—美学
物质—精神—艺术
唯物—唯我—唯美
唯人—唯我—唯心
唯意志—唯情感—唯人生
自然美—社会美—人性美
客观美—主观美—微观美
审美情境—审美情怀—审美情韵
道理认知—学理认知—术理认知

在这里，我们并不否定"物"在，但"物"只能是艺术情韵存在的"道"理前提。当我们进入艺术创造的"术"理操作时，艺术创造活动就应该是"艺术情境—艺术情怀—艺术情韵"三位一体思维运动牵引下的审美活动，没有它们三者层递循环、互为因果关系的运动牵引，不仅无法获得艺术的美学情韵，艺术创造的思维灵动也必致枯萎而陷入死寂。说到这里，我们也应该看到，美学情韵虽然是艺术家在整个艺术创造过程中所依赖的一种心理素质的外化，是通过艺术想象实现的一种境界，或者说是通过想象的境界实现的一种艺术的情调和韵味。在我们的经验中，美学情韵当然应该是一种"心理活动"的结果、一种"特殊的思维活动"的结果，而正就是因为它是源于"心理"的，并且是"特殊"的，这也就肯定了它是一种只有艺术才具有的关于"美"的心理活动、关于"美学"的思维活动。如果说艺术创造必须借助"美学情韵"才能实现其审美价值的话，那么对这样一种"具有美学意义"的心理活动和思维活动的肯定，目的就是要让我们认识到"思接千载，悄焉动容，视通万里，吟咏之间，吐纳珠玉之声，眉睫之前，卷舒风云之色"[①]的艺术创造的美学高境界的获得，要借助美学情韵的驱动，这样才能

---

① 刘勰：《文心雕龙·神思》。

使艺术家的艺术熠熠生辉。美学情韵的旋律和基调一旦被确定,我们的艺术就会用会飞的翅膀,借助我们的艺术想象力将天地间的语言之美、文字之美、宗教之美、哲学之美等等的美融为一体,使艺术家动情于帷幄之中,决胜于千里之外。真可谓"神思方运,万涂竞萌,规矩虚位,刻镂无形"[①]。就这一要义而言,美学情韵的"神与物游"对艺术世界"物在"和"我在"的"物我交融两忘说",其实也就打开艺术创造从宏观到微观的认识基础——这就是我们应该首先认识的美学情韵从"物"到"我"的艺术创造的"情境"。譬如就文艺理念而言,说到底就是形象图画的"道"理审美实践;而审美,就是作为艺术家的理念主体对作为客体存在的"道"理图画所进行的具有审美意义的品鉴和领会。

从艺术创造的"物与我"的艺术审美情境走向艺术创造"我与文"的审美情怀,是"美学情境—美学情怀—美学情韵"三位一体层递循环、互为因果的运动必须经历的认知过程。就美学情韵的"学"理范畴而言,它涉及的范围是既大且广的,它起码应该涉及三个大的方面:一是对客体世界"物在"的"美"的发现和认可,二是对主体世界"我在"的"审美"的发现和认可,三是对载体世界"艺在"的"美学"的发现和认可,此三者构成的三位一体关系,即构成了美学研究所交织的艺术世界中的全部认知环节。且看:

知—情—意

真—善—美

美—审美—美学

物在—我在—艺在

唯物—唯心—唯美

外物—我心—文艺

情境—情怀—情韵

自然美—社会美—人性美

客观美—主观美—微观美

[①] 刘勰:《文心雕龙·神思》。

美在情境—美在情怀—美在情韵
审美情境—审美情怀—审美情韵
美学情境—美学情怀—美学情韵
艺术感觉—艺术直觉—艺术想象

　　这是美学研究按"级次"进行的层递循环、互为因果的"学"理认识，没有这一认知基础，任何所谓艺术美学中的"情感说"，都只能是无源之水的经验之谈。应该再强调一个事实，在艺术创造实践中，没有对艺术创作客体世界真、善、美三位一体的关系发现，就没有艺术创造主体世界知、情、意三位一体的审美肯定；没有艺术创造主体世界知、情、意三位一体的审美肯定，就没有艺术创造载体世界中天、地、人三位一体的哲理体现。天、地、人三位一体，是艺术创造过程中客体世界中哲理情思的发现；知、情、意三位一体，是艺术创造过程中主体世界宗教情怀的发现；真、善、美三位一体，是艺术创造过程中载体世界美学情韵的发现。此三者互为"三位一体"的关系蕴含着艺术创造的全部诀窍和奥秘。应该承认，美学情韵所牵涉的艺术研究领域是非常庞大而繁复的，譬如，当我们说"艺术感觉—艺术直觉—艺术想象"三者的关系是三位一体的，便意味着感觉是着重"物在"心力而言的，直觉是着重"我在"心力而言的，想象是着重"艺在"心力而言的。换言之，有了这一理论定位，就应该得到这样一个结论：艺术创造时的感觉是一种源于"物在"的"美"的判断，直觉是一种源于"我心"的"审美"结果，想象则是源于"艺在"的"美学"理念。三个概念表示了三种不同级次的审美心力的不同程度。同理，美学情韵的实现是通过美学"情境—美学情怀—美学情韵"的三位一体关系才能得以圆满的。在这里，"情境"是针对"物在"而言的审美"外化"，"情怀"是针对"我在"而言的审美"外化"，"情韵"是针对物我交融之后显现在艺术载体中的"艺在"而言的审美结果的"外化"，三者层递循环、互为因果的三位一体运动，才能构成美学情韵所表征的艺术"美"在的完全状态。因此，美学情韵作为艺术创造过程中的审美追求，显然应该成为艺术美学中最为核心的一个范畴。当我们说"美学情韵即艺术家在整个艺术创造过程中所依赖的审美素质的外化"时,就意味着我们发现了美学情韵的"道"理所在,而这一结论则是对我们所发现的"道"理的"学"理定位。一旦形成这样一个结论之后,随之而来的便是一系列的"术"理质疑:什么是"整个艺术创造过程"?什么是"审美素质"?什么是它的"外化"?而这种"是什么""为什么""怎么办"的探索和发现无疑是艰难的,因为它要穿透现象织就的思维迷雾,找见艺术创造规律的明灯。而"从艺术价值的终极意义上看……艺术根本上是人的本质力量的确证,是一种审美享受",要寻找艺术是审美享受的终极意义,显然应该从艺术这一具有审美价值的活动在人类历史发展的长河中找到它可以确证的理由。然而"确证"的难点在于驱动艺术创造的美学的力量并不一定会与我们想要确证的人的本质力量的良好愿望并驾齐驱,甚至不能同日而语。所以,迄今为止美学界似乎还在等待着一个有确证意义的回答。

当然,每一种结论都是一个概念。在真正的美学家眼里,对概念的肯定往往是勉强的;但是从逻辑学意义上讲,概念就是墨绳,就是规矩,就是种规律和属规律构建的逻辑框架。譬如"什么是美"的问题,不就是被我们界定为美的三大基本类型的社会美、自然美、艺术美的"三位格"吗?可是"三位格"是谁的理念呢?结果是谁都不能跳出被认为是"社会美是关乎人的美,因为社会是人的社会,人是社会的人","自然美也是关乎人的美,因为自然是人的自然,人是自然的人","艺术美更是人的美,因为艺术是人的艺术,人是艺术的人"的"三位一体"的关系所形成的"美在天人关系之和谐"这一认识的全过程。这样一来,不管我们如何诅咒概念的残酷性、顽固性的不近人情,还是要无条件地规范概念的牵引,就像上摩天大楼的阶梯一样,即使是乘坐电梯也无人可以超越其"过程"。所以,概念所形成的一层层的具有"级次"意义的阶梯,就成了学术研究界最为头疼的"过程论"的询问。譬如我们在《文艺想象论》里论及的艺术想象中的"级次"问题。马克思说"想象力是十分强烈地促进人类发展的伟大天赋",应该说这是对想象力的性定概念,凡是与性定相关的概念,均可以与之进行同一层次对话。而恩格斯说,诗人不同于法学家和辩护士,在于具有"才气横溢的幻想"。

这是关于想象力的定向概念,凡是涉及想象的不同对象对想象有不同指向的方向性问题,均可以与之进行同一层次的对话。列宁说,对于诗人来说,长于幻想,富于想象,"是极可贵的品质"。换言之,对于其他人来说想象则不然,这同样是一个定向概念,是能够与恩格斯在同等层次进行对话的同一级概念。黑格尔说:"最杰出的艺术本领就是想象。"这是一个条件概念,有此概念牵引,我们便可得出"没有想象便没有艺术","没有想象力就没有艺术家"的属概念;别林斯基说"在诗中,想象是主要活动的力量,创作过程只有通过想象才能够得到完成",这是一个类比概念,意味着与诗并列的小说、戏剧等的文体有着与之进行类比对话的可能;赫兹利特说"诗歌是幻想和感情的白热化",不用说赫兹利特完全可以同上面的别林斯基和下面的柯勒律治进行广泛的同一级别的类比对话,因为柯勒律治说"想象是写诗的才能和欣赏诗的能力,是两者的根源"。至此,可以肯定一个结论:所谓学术研究上的荒谬、诡辩、有误区、不正确等错误,说到底,如果不是哲学意义上的认识错误,那么肯定就是逻辑学意义上概念"级次"发生错乱导致的偷换概念的无奈与无能。因此我们在《中国文章分类学》中对概念的提出有了这样的界定:从逻辑推理的大关系上讲,所有被定义划分的所谓"概念",几乎都应该不可违背地规范着对立统一、质量互变、否定之否定这一马克思主义哲学三大规律的牵引。我们可以简单地做这样一个关于道、学、术三位一体的关系推理:如果说学术研究的基本原理即"道","道"即对立统一(质与量的对立统一,否定与肯定的对立统一),那就意味着我们进行的一切学术研究,都必须有着合乎所谓"正反""虚实""情理""有无""是非""真伪"等对立统一的互动关系的逻辑牵引,即中国古代哲学所讲的阴阳之道的牵引,我们便可用演绎之法则,将整个学术研究活动的种种现象进行"一分为二"的"性"定、"理"定、"象"定、"种"定、"类"定……既然有"分",自然有"合";既然可以用演绎使"道"之理"尽精微"至末节,自然也可通过归纳让"道"之理"致广大"于无边——譬如"天下的文章有多少"的问题,倘若我们用"道"理来发问,那还用问吗?一定非"两门"莫属。至于"一"分为"二"之后,那就更"简易"了。或许这便是哲学美学会让人变"复杂"、变"糊涂",也会让人变"简单"、变"聪明"的缘故。如果说"道"理之所以要我们发现"智慧"发现"简单"、发现"聪明"的话,那么三位一体中的"学"理之所在,便是要我们有用科学的学术研究语言对发现的"道"理进行"非此莫属"的界定的勇气和智慧。而"术"呢?"术"的全部意义就在于将我们发现确立的理论存在,推向运动的终极——使概念形成的道、学、术三位一体的理论关系实现其指导学术研究操作实践的理论价值。任何概念必须是也只能是在实际操作中"致广大,尽精微"的理论体系中的"非此莫属"的一环。譬如李泽厚先生是有自己的美学体系的。他说,"想象是审美心理感知、理解、想象、情感四要素之一"[①]。以我们的理解发问,那么感知、理解、想象、情感四要素是并列的类比概念呢,还是层递的递进概念?如果是类比概念,四要素中的想象和其他三要素如何进行类比,应该怎样下手,我们对它的判断显然应该有着"并列"的级次意义;如果是层递概念,那么就应该有着从"此一层"向"彼一层"递进的级次判断。李泽厚先生说:"情感、想象、理解、感知是审美的要素,它们密切联系在一起。感知中没有理解,最多不过是一种动物性的信号反应;想象中没有情感参与,想象便失去了动力;情感没有理解,情感就失去了方向、规范;理解没有情感,思想就成了外在形式……在审美过程中,这四种要素不可分离。它们自由地运动组合,表现为千姿百态的艺术品和丰富多彩的审美感受。"[②]这种"不可分离,是它们自由地运动组合"的状态,就是我们所说的三位一体状态。而"理解没有情感,思想就成了外在形式"的担忧,正就是因为我们在"理解"时没有正确的概念牵引,所以情感就无所寄托,思想也就成了灵魂的外壳。

"术"理的变通绝不意味着对概念的随意界定。譬如就有"美感心理活动六要素"之说在李泽厚先生的"审美心理四要素"的基础上加了两要素一样,说:"根据审美体验和审美心理研究已取得的成果,可以认为:感知、表象、通感、想象、理解、心境和情绪这几种基本心理形式,互相渗透,互相

[①] 王生平:《李泽厚美学思想研究》,沈阳:辽宁人民出版社,1987年第1版,第152页。
[②] 同上书,第152—164页。

作用，构成了审美心理综合活动过程，最后化成审美的情感现象。"①这样便麻烦了：因为如果六要素中的感知、表象、通感、想象、理解、心境、情绪"构成了审美心理综合活动过程，最后化成审美的情感现象"，那么从概念形成的逻辑关系来推理，"审美的情感现象"就等于"美感心理活动"了。进一步推理，"情感现象"等于感知、表象、通感、想象、理解、心境、情绪六要素，"情感"一词作为一个种概念，便是审美心理活动的全部。再进一步推理，如果说"情感"一词作为一个概念的存在，就是审美心理活动的全部。那么我们上述的审美心理四要素感知、想象、理解、情感中的"情感"，是一个种概念呢，还是一个属概念？在美学研究领域，这样的例子不胜枚举，都是因为这些概念是没有"道"理、"学"理的三位一体性牵引，而乱了阵脚。

再譬如，就美学情韵在艺术创造活动中"感觉—直觉—想象"的三位一体性而言，艺术家的艺术感觉是美学情韵之所以生动运转的长久链条，艺术直觉则是造就艺术灵感的卓越锋刃。艺术感觉在不断地磨砺中形成直觉的敏锐；卓越的直觉则在瞬间发力，将艺术创造的灵感全部交于艺术想象的怀抱，让艺术的审美想象力的腾飞而超凡脱俗功德圆满。所以当艺术家说有了感觉就靠近艺术，有了直觉就走进艺术，有了想象力就去理念艺术的时候，它们三者如果不是三位一体同时出现的，我们就不能招之即来，来之能战，战之能胜，给艺术创造以有"情意"的审美回答。

显然，我们之所以说"感觉—直觉—想象"是三位一体的，就是因为我们知道当以"物"在为认知基础的"感觉"和以"我"在为认识基础的"直觉"不能在想象力的审美世界中尽情欢愉着思维时，一切艺术创造中的失败都是可能的。事实上，当审美想象力采取不同的形式生发于想象者的心灵，且让想象的场景展现于想象者赖以附着的艺术载体时，艺术家的审美感觉和审美直觉便会因为想象力的存在而五彩缤纷，且不至于让审美感觉和审美直觉的"悄然凝虑"中失去自己的"位格"。当然，当想象者赖以附着的"载体"的审美程序还尚未被我们准备就绪时，被感觉和直觉激起的想象的

---

① 全国十一所民族院校编写组：《美学十讲》，昆明：云南人民出版社，1982年第1版，第156页。

烈焰也会因为想象力的不济,而陡然冷却于心灵的谷底而沉睡不起。这时候我们便会突然失去审美的欢愉而猛地感叹"艺术创造"是痛苦的,因为我们让审美感觉和审美直觉在不知不觉中逃离了想象力造就的"美"的家园。当我们执意要用理性和概念的教条唤醒它、追回它时,它很可能会用滑稽可笑的装扮给我们以虚假的一笑,然后将想象的绝妙景色悄然敛起,一头扎进所谓"天才"们的乐园,让平庸的艺术家永远不识感觉—直觉—想象三位一体的庐山真面目。当然,发现感觉—直觉—想象三位一体的庐山真面目是艰难的,难就难在我们对艺术创造时的审美感觉和审美直觉的早期丢失,使想象无缘与之牵手。这就难怪大发明家爱迪生也说"想象必须是热的,才能够使它从外界的东西所受到的形象留下模印"[①];诗人歌德也忧心忡忡,"有想象力而无鉴别力是世界上最可怕的事"[②]。所谓"想象必须是热的""世界上最可怕的事",就是因为艺术审美想象的每一次思维行动都应该是抓住艺术感觉和艺术直觉趁热打铁的,趁热打铁会使审美感觉和审美直觉的炉火烧得更旺——终至艺术想象力成为爱迪生用自己一生的近三千项发明证明了自己天才的想象力永远是热的,也给这世界留下了最为美好的关于想象力的科技童话。歌德的鉴别力就在于他对浮士德博士的痛苦的发现,以至人们再言及文艺复兴时期就不能不想到他的艺术想象力的伟大情怀。

新儒学的代表人物、已故去三十多年的唐君毅先生说过:

> 吾人谓中国文艺艺术之境界,较西方由更进一层处,首可由西方之美学名词(注意:非至理论内容)以取证。西方美学之论美,柏拉图、亚里士多德皆以模仿为根本观念。康德则以超实际利害之观照为言。黑格尔、希勒以理性之表现于感性为言。叔本华以意志情绪之客观化或表现为言。利浦斯以移情于物为言。现代之克罗齐则以直观表现之合一为言。吾昔亦尝综括艺术之精神于欣赏(观照)表现,

---

① 参阅谢文利、曹长青:《诗的技巧》,北京:中国青年出版社,1984年第1版,第80页。
② 同上。

以通物我之情，以为可以尽美学之蕴。夫通物我之情是矣，然言欣赏、观照，则有客观之物相对。言表现或表达，则有我在。言移情于物，将此注彼，直观表现合一，终未必能表物我绝对之境界。真正物我绝对之境界，必我与物俱往，而游心于物之中。心物两泯，而唯见气韵于丰神。孔子所谓游于艺之游，与中国后代诗文书画批评中所谓神与气，在西方皆无适当之名词足资翻译。谓游为游戏，神为想象力，气为表现力，皆落入主观，于其意犹未尽。此诸字之义，盖皆只可意会而不可言传。然要为完全泯除物我主观客观对待分别，不似模仿、欣赏、观照、表现之词，不免物我对峙之意味，此乃人皆可读中国古代文艺批评之论神气者而知之者也。①

陈望衡先生说："中国艺术哲学的核心是意境的创作，它筑基于先秦，发端于魏晋，丰富于唐宋，完成于明清。这个理论的支柱是情景合一，虚实相生。它将中国古代哲学的天人合一论、有无相生论在艺术上发挥到极致。"②这一概括无疑是准确精到的，它与唐君毅先生的"境界说"的见解是一致的。且看二位先生所阐明的三位一体美学意义：

天—地—人

实—虚—物

精—气—神

真—善—美

无—有—道

景—情—意

物境—心境—意境

外物—我心—艺术

物在—我在—艺在

---

① 唐君毅：《中国文化之精神价值》，南京：江苏教育出版社，2006年第1版，第202页。
② 陈望衡：《当代美学原理》，北京：人民出版社，2003年第1版。

自然美—社会美—人性美

唯意志—唯情感—唯人生

无为之道—有为之学—无不为之术

还是国学先哲们说得好,"道之在天下,犹川谷于江海……天下皆知美之为美,斯恶矣"①。老子关于的"美"的论断是依附于他的"道"理论的。在老子那里,美是自然天成,是不雕镂、不文饰的自然美。因此,真正的美是来自自然的,它呈现为一种似有若无的状态,存在于恍惚朦胧之中,是"无状之状,无物之象"②。在"大巧若拙"的审美境界中,老子的"无为"思想便是对"自然"状态的最高肯定。而"有为"则不然,它专事斧凿而重雕镂,以铺排词藻为博,以雕章琢句为美,追求"文饰"而丧失"质朴",只能给人以感官刺激,不具有更高层次的审美价值。在老子那里美与善、美与真存在着一种先天的"血缘"关系——美就是善,美就是真,恶就是丑,假就是恶的真相。因此他才会说:"美之与恶相去若何?"③一个视角便印证了真、善、美不是孤立存在的,而是一个统一的整体。老子的思维理路,显然是三位一体的,他所阐发的"无为而无不为"的认知世界的"术"理方法论,自然应该成为美学研究领域里最基础的学术法则。

是的,发现"美—审美—美学"三位一体的关系是艰难的:因为没有文艺美学理论的"审美情怀",便没有艺术审美实践中的"诗言志,诗主情"之说,就没有"千古的文章一个情字"的"一言以蔽之"的美学肯定;有了艺术审美的情怀,艺术家才能"物以情迁""辞以情发"为"情"而造文,进入文艺审美的最高境界,最终营造出艺术创造所期待的艺术品中的美学情韵。从"道—学—术"三位一体最终进入的实践操作理论而言,中华国学文化在讲具体操作的"术"理变通之法则时,讲了很多箴言,譬如"法而无法","似与不似""先入规矩之中,后出规矩之外";"设文之术有道,变文之术无方"④

---

① 《道德经》。
② 同上。
③ 同上。
④ 刘勰:《文心雕龙·总术》。

等。并且说,"穷则变,变则通,通则久,应知变、适变、应变、通变"。毫无疑问,"变而化之"是事物运动绝对的"术"理法则。所谓"《易》之为书也,不可远,为道也,屡迁,变动不居,周流六虚,上下无常,刚柔相易,不可为典要,唯变所适。其出入以度,外内使知惧,又明于忧患与故,无有师保,如临父母。初率其辞,而揆其方,既有典常。苟非其人,道不虚行"①。

在古人看来,《易经》是与人类日常生活密切相关、不可疏远的一部书,但《易经》的法则即是认知"变易"之"道"理。唯有因应变化,才能知变、适变、应变。《易经》教人进退要有节度,对外对内要知道谨慎戒惧,又能明察忧患的事实与原因,就能够发现法则变化都有一定的规律可循。但也因人而异,如果不是具备深厚学养的人,《易经》的法则,就不能凭空实行。也就是说"美"是存在的,关键在于怎样去发现;审美也是存在的,关键在于怎样去审视;美学也是存在的,关键在于怎样去建设。

"万变不离其宗"的"道"理法则和"百家腾跃,终入环内"②的"学"理自信,是对提出的每一个问题都要进行最终的"术"理询问的前提。而美学界迄今为止似乎对于一些基础的、常规的、基本的、"简单"的学科概念并无形成共识的理论界定,好像美学的问题最难说也最好说,随便从哪儿说起都行,于是说来说去,便没有了法则,没有了论域,没有了范畴,没有了学科应该设置的理论框架,使得"所有的美学命题都变得毫无意义"③。而所谓美学的"术"理操作问题,归根到底其实就是通过操作实践的具体询问,来实现"美在"的"道"理和"审美在"的"学"理,从而使"美学在"具有一定的学术研究存在价值。这样才能积极有效地指导人们的审美实践活动。否则,"西方哲学已经死了"④,美学也会因为丧失中华国学"以人为本"的学术研究初衷而寿终正寝。

---

① 《易经·系辞下》。
② 刘勰:《文心雕龙·宗经》。
③ 王建疆:《自调解审美学》,兰州:甘肃人民出版社,1993年第1版,第45页。
④ 参阅黎鸣:《西方哲学死了》,北京:中国工人出版社,2003年第1版。

四、审美文化学研究领域中的三位一体运用

从文艺理论进入文艺美学,再从文艺美学进入审美文化学,是因为文艺学学科门类中的文艺理论、文艺美学、审美文化学在"审美规律—审美规范—审美规则"的认知上是三位一体的:文艺理论是以文艺审美的"道"理体系为核心的研究,文艺美学是以文艺审美的"学"理体系为核心的研究,审美文化学是以文艺审美的"术"理体系为核心的研究,三者构成的道、学、术三位一体的学术关系,是文艺学之下的诸如文艺批评学、中国文艺学、外国文艺学、比较文艺学等其他学科的审美认知基础。没有这一认知基础的存在,文艺学科得出的所有研究结论都不可能是完备的、科学的。①

"美在天人关系之和合;审美在以人为本之和谐,美学在以和为贵之合理。"②

没有"美在"的肯定,就没有"审美在"的可能;没有"审美在"的可能,就没有"美学在"的理由。"美—审美—美学"是三位一体的。就"美—审美—美学"三位一体的"关系"而言:审美,是指"审美主体"介入"审美客体"进而走向"审美载体"所呈现出的三位一体审美关系在"美中"显现的认知过程。

没有"美",就没有"审美"③。审美文化是文艺领域中体现了"以人为本"的真、善、美三位一体和谐关系的文化。"审美"的全过程,实际上就是将人的知、情、意完美结合为一个统一体,从而使自身的文化理念具有真、善、美三位一体文化属性的认知过程。因此,当我们说"美就是三位一体关

---

① 文艺学科下设:文学理论、文艺美学、审美文化学、文学批评学、中国文艺学、外国文艺学、比较文学等其他三级学科。

② "和合—和谐—合理"三位一体,是中华民族文化审美的最高境界。

③ "没有'美',就没有'审美'。"这句话的下言,并不是我们曾经一元论的"美是客观的",而是指二者不能分割体认,是互为因果的关系。

系的和谐"时,便意味着在文化审美的视野里,对"自然界—社会网—人生态"所构建的三位一体关系进行了具有审美文化意义的界说。所谓"自然美是关乎人的美,因为自然是人的自然,人是自然的人";"社会美也是关乎人的美,因为社会是人的社会,人是社会的人";"艺术美更是关乎人的美,因为艺术是人的艺术,人是艺术的人"——这便证明了当审美主体介入审美客体进而走向审美载体时,"文化"所呈现出的三位一体和谐关系在人们的审美实践中显现出了"以人为本"的"行为"价值。

如果以上三位一体关系的判断是正确的,那么就可以说"美在天人关系之和谐"这一概念,便是中华国学文化审美精神中最为切当的结论。在涉及"美"的学问中,恐怕再没有比"审美"更大的文化"行为"概念。

德国哲学家卡西尔曾经指出:"人是符号的动物。所谓文化,就是人类符号思维活动的产品及其生成的意义之总和。文化包括一个社会的艺术、信念、习惯、制度、发明、语言、科学、技术和价值等。绝大多数人成长于一个特定社会从而习得文化,通过语言的使用、通过观察和模仿社会各种行为而习得文化。凭借这些方式,社会成员共享特定的文化并一代代地承传不止,文化提供的共同经验将一个社会联结为整体。文化是在符号的活动中形成、发展和传播的。这里所说的符号是广义的,包括了音乐、绘画、雕塑、建筑、服饰、神话传统与民间风俗、汽车型号与家具式样、社交礼仪与体育竞赛规则,如此等等。"[①]

是的,"人是符号的动物"。而文化作为"一个社会的艺术、信念、习惯、制度、发明、语言、科学、技术和价值等等广义的"社会现象的存在,最为核心的价值肯定就是"人"对其审美价值的发现和肯定。

审美是文化的审美,文化是审美的文化;没有文化就没有审美的对象,没有审美的对象就没有文化的审美结论。就文化审美主体和载体的关系而言,文化是人类"大"的人文精神,审美是人类"小"的人本思想;文化是"大众"信仰的规范,审美是"个人"情志的教条;文化是一个民族长远生存的"骨架",审美是一个民族延续文化传统的"血肉";文化是"长"的历史之

[①] 转引自南帆主编:《文学理论新读本》,杭州:浙江文艺出版社,2002年第1版,第25页。

源,审美是"短"的渊薮之流;没有文化就没有民族审美"精神",没有民族审美"精神",就没有一个民族生存的理由,也没有一个民族跻身于世界民族之林的可能。因此我们才会说,无论是何种国家和何种民族的文化理念,无论是何种领域里的学术文化研究结论,都应该有着能够"一统"于道、学、术的学术文化背景,"天人合一"的文化渊源和文化史观。这样才能在自身的文化进程中永远持守人类文化真、善、美三位一体审美价值的文化追求——这一学术文化理念的审美观和价值观,表现得最为集中、最为突出的便是文化审美中的核心文化理念——"审美文化"的理念。

学界一直以为"审美文化"这一美学概念是外来的,是席勒的《美育书简》中引发的。可是打开中华国学文化的典籍从,无处不有"审美"这一文化理念的存在。譬如,所谓"故好而知其恶,恶而知其美者,天下鲜矣"[1]。——这便是审美。意为之所以喜欢它,却知道它的丑恶;之所以厌恶它,却知道它的美好的人,是天下少有的啊。所谓"子谓《韶》:'尽美矣,又尽善矣';谓《武》:'尽美矣,未尽善矣'"[2]。——这便是审美。意为孔子论到《韶》,说:"美极了,而且好极了。"论到《武》,说:"美极了,却还不够好。"所谓"……否,谓棺椁、衣、衾之美也"[3]。——这便是审美。意为不是这些,我是指棺椁和衣服、被褥的精美程度不同。所谓"君子黄中通理,正位居体,美在其中而畅于四支,发于事业,美之至也"[4]。——这便是审美。意为君子具有坤顺之德而居中藏内,于理无所不通。身居尊位却能甘处人下。其柔顺之美藏于内里,而且无所不在于体外,又能表现在治国、平天下的事业上。这样的美德已达到无以复加的地步。所谓"……彼其之子,美无度……彼其之子,美如英……彼其之子,美如玉"[5]。——这便是审美。意为他那个人,人才无人可比;他那个人,人才长得像朵花;他那个人,人才

---

[1] 《礼记·大学》。
[2] 《论语》。
[3] 《孟子》。
[4] 《易经》。
[5] 《诗经》。

长得像一块宝玉。所谓"天下皆知美之为美,斯恶已"①。——这便是审美。意为因为大家都知道什么是美,所以才有了不美。所谓"天地有大美而不言"②。——这便是审美。意为天地与人世间存在着无以言表的美,但天地始终沉默不言,并不张扬。

陈望衡先生说:"中国古代文化对审美意识也有很多研究,中国最古老的文字甲骨文就有'美'字,老子、孔子、庄子、孟子各自从自己的哲学思想出发,讨论过什么是美。只是先秦时期,各家对美的探讨,都未能让美独立。美或是依附于道德本体(仁、礼),或依附于宇宙本体(自然、道)。魏晋玄学时期,随着人的觉醒,审美意识也有所觉醒,特别表现在对山水的审美上。尽管对山水的审美也未能完全摆脱宇宙本体——'道',比如宗炳讲'澄怀观道',但实际的山水审美,则摆脱了'比德'与'观道'的约束,仅为'畅神'。"③

这一"审美"结论的发现无疑有着高屋建瓴的学术意义。怪不得中华国学文化中没有明确的"审美"概念,原来中华国学文化中"审美"这一动名结构的行为动词是在"美中"的、是"美美"的。也就是说,国人其实早就懂得了"天地有大美而不言"④的审美规律,并且一直都用"天人合一"的审美观审视着周围的人、事、物、景。所以我们也不用探究到底是谁最早提出了"美"和"审美"的概念,才有了"美在"的文化事实。面对"活"的文化,概念往往是苍白而无力的,中华民族其实早就用自身的审美实践把真、善、美相统一的原则,运用在自身的文化实践中了。

当然,从席勒的"审美王国"⑤中对"审美文化"的理解来看,审美文化是一种理想的文化,是人类理想文化的最高境界;而"理想的人"是知、情、意完美结合的统一体。在这个统一体中,包含着三种协调的基本冲动,即以自然原则为基础的感性冲动、以理性原则为基础的形式冲动和以审美原

---

① 《道德经》。
② 《庄子》。
③ 陈望衡:《当代美学原理》,北京:人民出版社,2003年第1版,第261页。
④ 《庄子》。
⑤ 参见席勒:《美育书简》,北京:中国文联出版公司,1984年第1版。

则为基础的游戏冲动。它们形成了三种文化状态：自然状态、道德状态、审美状态。由于人性在自然状态和道德状态中受到强制和压抑，而现代人性的分裂与创伤又需要一种统一的机制和医疗手段，因而只有通过审美状态，人才可能以美的形象为感知对象，并以自由想象的关系与之游戏，从而实现感性和理性、形式与自由的统一。这就是说，当人们既摆脱了对自然实在的需要，又摆脱了道德或政治原则的强制性，使种种对立的二元因素达到最佳融合时，整个文化就具有了审美的最终属性。可见席勒一方面把审美文化作为实现人类理想文化的基本途径，同时又把审美文化作为人类文化的最高理想境界。席勒认为审美文化实际上代表了一种真、善、美重新融为一体的文化。而文化理念的全部实践，就是将人的知、情、意完美结合为一个统一体，从而使人们的理念具有真、善、美相统一的文化属性。这一见解对"审美文化"的性质肯定是"以人为本"的。且看这一"审美文化"概念，在道—学—术三位一体国学方法论下形成的关系"和谐"：

道—学—术
真—善—美
知—情—意
美—审美—美学
崇真—扬善—赞美
自然美—社会美—人性美
自然原则—理性原则—审美原则
感性冲动—形式冲动—游戏冲动
自然状态—道德状态—审美状态
天人合一—以人为本—以和为贵

在这里，"真—善—美"是三位一体的，它牵引着人们对"自然原则—理性原则—审美原则"三位一体的文化理解，也牵引着人们在思维活动"感性冲动—形式冲动—游戏冲动"的三位一体过程。在这个过程中，人们完成了由"自然状态"到"道德状态",再到"审美状态"的文化认知秩序,于是"真—善—美"相统一的三位一体的关系也就自然而然地被显现出来。

有学者认为"中国古代的艺术审美价值观,从一开始就与哲学的、伦理的观念血肉相连。产生在春秋战国时期的'比德说',就是对自然美进行伦理观照的重要观点。这一时期有关资料所记载的关于自然美的欣赏实例,绝大多数都是'比德'性的。这就说明对自然物象的伦理观照,是那一时期主要的审美方式,并对后世美学思想和艺术观念产生了巨大的影响,成为中国古典美学的显著特点之一"①。

所谓"比德",显然是审美观念促使的文化理念的比较。没有文化理念的比较,便没有真、善、美、假、丑、恶的文化判断。"'比德说'的基本内涵是将自然审美对象的特征同人的某种精神品格相对照,从中意会到自然物中所表征的某种道德人格。例如《管子·水地》篇云:'夫水淖弱以清,而好洒人之恶,仁也;视之黑而白,精也;量之不可使概,至满而止,正也;唯无不流,至平而止,义也;人皆赴高,己独赴下,卑也。卑也者,道之室,王者之器也。'在此,管子从水的自然属性中观照出仁、精、正、义、卑等君子应备有的品格,尔后又将'卑'提升到政治伦理的高度来对待,认为善于处卑,正是王者器识的表现。管子对水的审美观,实质上表现出他对君子美好品格的审美观,以对象物的外在特征来象征和比况某种人格精神,正是'比德'这种自然审美观的政治伦理内涵所在。孔子对'比德说'也多有论述,且由于他的特殊地位而对后人的观念产生了很大的影响。《荀子·法行》中记载了孔子答贡云:'夫玉者,君子比德焉。温润而泽,仁也;栗而理,知也;坚刚而不屈,义也;廉而不刿,行也;折而不挠,勇也;瑕适并见,情也;扣之,其声清扬而远闻,其止,辍然,辞也。故虽有珉之雕雕,不若玉之章章。诗曰:'言念君子,温其如玉。'孔子在此对玉的自然属性加以道德伦理性提升,进而将君子之德归结到'温其如玉'的伦理属性之上,旨在提倡儒家所追求的那种'温柔敦厚'的人格理想。"②

---

① 墨白:《中国古代文学价值观的政治伦理特征》,见中华文史网。
② 同上。

这一具有追根溯源意义的审美理解，让我们看到了中华传统文化"美学"这样一种三位一体审美结论：

真—善—美

哲学观念—伦理观念—审美观念

自然对象—精神品质—道德人格

自然属性—政治伦理—君子品格

温润而泽—温其如玉—温柔敦厚

自然属性—社会属性—人文属性

天人合一—以人为本—以和为贵

天—地—人

看来古人在真、善、美三位一体的认知上是完美无疵的。于是才得出了这样的结论："先秦艺术审美观中的'比德说'，着眼于人与自然的关系，将对象物的自然性赋予观赏者所期待的社会思想属性，显示出人可以从自然美中直观自身的理论意义。从这个意义上看，'比德'的审美观又与先秦时期所奠定的真、善、美相统一的美学观念达成了一致的思想倾向。从上引管仲、孔子的两段论述中不难看出，'比德'的审美方式，从自然对象中观照的是'德'，即人格品质中仁、义、知、廉等属于善的思想行为属性，所以说'比德'的审美就是对'善'的审美。审美主体对审美对象的本性（即真），观照出人格精神的伦理意义（即善），从而获得审美娱悦（即美），由此即达到了真、善、美的和谐统一的境界。审美主体在这种完满自足的道德境界中，获得了政治伦理人格的提升，体悟出道德精神高扬的美感。"[①]

当然，我们也可以认为，在人类文化的大视野里，确定的"审美文化"概念在人类历史文化的进程中是一个后成性的概念。在西方社会的现代化进程中，尤其是在后现代工业社会思潮影响下的文化进程中，包括审美文化在内的人类文化，其实都是人类的对象化实践，因而也是人们生活于其

---

① 墨白：《中国古代文学价值观的政治伦理特征》，见中华文史网。

中的"人化"了的审美世界。因此,一切文化本质上是同人的物质生活与精神生活融为一体的,成为人类感性世界的直接显现。文化作为人类生存的基本方式与社会实践的实现形式,与人的物质存在与精神存在,在本质上是直接内在同一的。在整个现代生活及其文化领域中,正在极大地丰富着人们的精神空间与时代生活。其实,审美文化概念的界定,西方也早在工业革命时代的19世纪就已经出现。当时,受工业革命和商业化大潮,以及世俗化和消费化的侵袭与冲击,西方文化和艺术何去何从,开始受到西方人文学者的强烈关注。于是他们提出了"审美文化"的概念并开始着手审美文化的研究。概括起来,这一时期西方关于"审美文化"研究的观点主要有三种,即英国学术研究者提出的"审美文化即把艺术作为文化核心的文化",美国学术研究者提出的"审美文化即生活与艺术融为一体的文化",以及欧洲大陆学者提出的"审美文化即文化的各个领域在审美原则下融合的文化"。以上三种既有区别又有联系的关于审美文化的代表性观点与界说,事实上为认识、理解、研究审美文化提供了一个相对完整的学术视域。但是作为对国学审美文化的理解,则应该有以下三个方面的理论认知:

(一)"天人合一"的"美"在情境

从文化审美的源头看,没有"美",便没有"文化";没有文化,便没有"审美";没有"审美",便没有"美学";没有"美学",便没有文艺理念"真、善、美三位一体"的审美文化结论。

显然,一个结论要想一言以蔽之是艰难的。叶朗先生在他的《中国美学史大纲》中说:"中国古典美学体系是以审美意象为中心的,它也包含有哲学美学、审美心理学、审美社会学、审美文艺学、审美教育学等多方面的内容,而以审美文艺学(文艺美学)的内容占的比重最大。在中国古典美学体系中,'美'并不是中心的范畴,也不是最高层次的范畴。'美'这个范畴在中国古典美学中的地位远不如在西方美学中那样重要。如果仅仅抓住'美'字来研究中国美学史,那样一部中国美学史就将变得十分单调、贫乏、索然无味。"[①]在这里,显然有一个非常重要的问题:什么是"美"?什么是

---

① 叶朗:《中国美学史大纲》,上海:上海人民出版社,1985年第1版,第3页。

"审美意象"？意象与美学是何关系？王建疆先生在其《自调节审美学》中以王维"大漠孤烟直,长河落日圆"为例,指出:"'要领会这两句话,得睁开眼睛来看','在想象中睁开眼睛来,看这十个文字所构成的一幅图画'。'假如死盯着文字而不能从文字看出一幅图画来,就感受不到这种愉快了'。这种驱遣想象,通过文字,看出图画的过程,就是跨越逻辑思维达到理性直觉的顿悟的过程,是读者不断地进行反馈调节的过程。"[1]这种直觉顿悟的过程,是不是就是发现"美"的意象生成的过程呢？叶朗先生为什么说"如果仅仅抓住'美'字来研究中国美学史,那样一部中国美学史就将变得十分单调、贫乏、索然无味",显然我们没有必要回答"什么是审美意象,意象跟美是何关系"的问题。因为即便是柏拉图也会同样深陷在什么是美的概念中发出了"美是难的"的感叹;即便是能够唤醒所谓审美意象的内涵和外延也不能说明本来"美"的中国美学史,为什么会因为"美"而将其变得十分单调、贫乏、索然无味。

其实,审美文化理论从来都没有形成过关于"美"和"审美"、"审美"和"美学"关系问题的共识,也没有确定过"美"到底应该在美学史和审美中应该有着怎样的地位。因此,也就不能回答诸如柏拉图所言的"美是难的"的问题和"美"到底难在何处的问题。但是应该首先肯定:在中国美学史上"美"不是一个单纯的概念,而是与中国文化发展过程中的"真"和"善"融为一体的审美概念的话,那么结论就会大不一样。我们更不会觉得中华文化因为没有所谓"审美"的概念而显得单调、贫乏、索然无味,而正是因为有着底蕴深厚、无限丰富的文化审美精神,才有了中华民族审美文化的伟大与骄傲。且看这样的表述:

天—地—人
真—善—美
美—审美—美学
哲学文化—宗教文化—美学文化

---

[1] 王建疆:《自调解审美学》,兰州:甘肃人民出版社,1993年第1版,第42页。

崇真—扬善—赞美

那么,美到底在哪里?中国人究竟如何审美?中国审美文化的基本特征是什么?这是文艺美学应该首先界定的概念。不错,一个结论就是一个概念。概念的提出是艰难的,它必须是在发现规律之后对其进行"非此莫属"的文字界定。譬如我们说"美是三位一体的关系的和谐",就会面对自然、社会、人生的三位一体关系说:"社会美是关乎人的美,因为社会是人的社会,人是社会的人";"自然美也是关乎人的美,因为自然是人的自然,人是自然的人";"艺术美更是人的美,因为艺术是人的艺术,人是艺术的人"。如果上述"三位一体"的关系判断是正确的,那么就可以说"美在天人之关系"这一大概念是准确的审美概念。

应该肯定,美在天地之间,美在天人之间,美在人与人之间,就是我们所说的"顺天应人""天人合一"。这一概念既包括顺应天道、遵从自然的规律,又包括利用天道、开发人智,使自然来为人类服务。既顺应自然又征服自然,既重视自然的客观规律、又发挥人类的主观潜能,这才是科学的宇宙观、认识论与实践论,才算是对天人关系的正确理解,才算是对美的源泉的正确认识和审美范畴的宏观论定。邓牛顿先生在《中华美学感悟录》中说:

> 天人合一,是中国审美文化的基本特征。这一基本特征,是中华各族人民长时期的天人之际关系和探究与实践过程中所逐渐形成起来的。它体现在(两个大的方面):(一是)人在认识自然的过程中,建立了与自然的亲合关系;(二是)人在艺术创造的过程中,确立了与自然的泯合关系。
>
> (人与自然的亲合关系表现在):(1)自然是美的重要源泉,人们赞赏自然美,描摹自然美……(2)兴寄比喻,皆以自然作为依托,作为象征,产生了独特的区别于其他民族的审美文化内蕴与审美文化意味……(3)坚持按照自然的本来面目来营造自己的生活,向往天纵

天放;强调融入自然,与自然同生同化;将心凝神释,与万化冥合,与大自然合而为一,(被)视作最理想的人生境界与审美目标。

(人与自然的混合关系表现在):(1) 注重意象的理念……(2) 化自然之理为艺术之理……(3) 以"自然"(或称"天然")作为艺术美学的最高规范……(4) 把艺术"通盘的人化或生命化",视文本为人本,视艺术体为生命体……①

(注:为方便阅读,引文括号内文字为作者所加,文中例证用省略号省略)

以上的观点可以概括总结为:

第一级次认识:中国审美文化的基本特征——天人合一。
第二级次认识:人与自然的亲合关系;人与艺术的混合关系。
第三级次认识:人与自然的亲合关系表现在三个方面:(1) 自然是美的重要源泉,(2) 自然是文化的"象征",(3) 自然是人生的审美对象。人与艺术的混合关系表现在四个方面:(1) 注重意象理念,(2) 化自然之理为艺术之理,(3) 自然是艺术美学的最高规范,(4) 艺术的生命化。

可以说,《中华美学感悟录》总结出的中国美学中关于什么是美、美在哪里、什么是审美、如何审美等问题的解答,是最为通俗易懂、简捷明快的具有中国特色的美学研究的基本框架。且不论以上概念的逻辑合理性达到了什么程度,但由此框架走进中华美学的家园应该算是大道之行,审美文化中的艺术创造也会与其同步而前途无量。且看以上观点在三位一体视野下所呈现出的艺理逻辑认识的"级次":

文艺学研究的方法论:道—学—术三位一体

---

① 邓牛顿:《中华美学感悟录》,北京:社会科学文献出版社,1999年第1版,第6—8页。

审美文化的基本特征：天—地—人三位一体

艺术人化的人化定位：他在—我在—你在三位一体

艺术创造的研究视野：自然界—社会网—人生态三位一体

艺术创造的情境条件：自然环境—社会环境—人文环境三位一体

艺术创造的道理启示：天（圆）—地（方）—体（分）三位一体

天（玄）—地（黄）—色（杂）三位一体

天（阳）—地（阴）—人（道）三位一体

物质世界—精神世界—艺术世界三位一体

物理相—情理相—艺理相三位一体

心生—言立—文明三位一体

物化—人化—文化三位一体

是的，每一种结论都是一个概念，它不是"情境"的物在现实，而是对"情境"物在的理论描述。在真正的美学家眼里，对概念的肯定往往是勉强的；但从逻辑学意义上讲，概念就是墨绳，就是规矩，就是范畴，就是论域，就是种规律和属规律构建的逻辑框架。什么才是"术"理变通之下的"美在情境"呢？且看：

道—学—术

天—地—人

真—善—美

美—审美—美学

客体—主体—载体

物境—心境—真境

天象—地象—人象

忘物—忘我—得道

物理形似—心理神似—形神兼备

有法可依—无法可循—法而无法

崇真—扬善—赞美

情境—情怀—情韵

这样,便一目了然。从艺术创造"法而无法通大道"的"术"理来看,"情境"是具有"物在"意义的"物境","情怀"是具有"我在"意义的"心境","情韵"是具有"艺在"意义的"真境"。此"三境"三位一体才能营造艺术创造、美学情韵所期待的"美在"氛围和"美在"环境。就这一要义而言,曾经关于什么"美是客观的""美是主观的"的论争是毫无意义的,这种仅仅停留在"物境"的论争,它割裂了我在"情怀"与物在"情境"关系,也割裂了艺在"情韵"与我在"情怀"和物在"情境"的关系,因此,早已被学术研究界所不论不取。但是这种哲学直接牵动的"学术研究相对论"的遗害,却不应被忽视。这真是千古的文艺,一个"情"字了得。在这里,应该以文艺理念的语言为例,看看美学情韵所指的审美"情怀"有着怎样的"美"在话语情境。

关于"天、地、人",明人程登吉在《幼学琼林》中言:"混沌初开,乾坤始奠。气之轻清上浮者为天,气之重浊下凝者为地。日月五星,谓之七政;天地与人,谓之'三才'。日为众阳之宗,月乃太阴之象。"[①]古人"天人合一"的文化理念是直接指向天、地、人"三才"的。也就是说天、地、人"三才"是实现"天人合一"文化理念的"三位格"。且看以上"图腾"在三位一体视野下所呈的艺理逻辑对艺术创造的认知启示:

  文艺学研究的方法论:道—学—术三位一体
  审美文化的基本特征:天—地—人三位一体
  艺术审美的属性定位:真—善—美三位一体
  艺术创造的研究视野:自然界—社会网—人生态
  艺术创造的情境条件:自然环境—社会环境—人文环境三位一体

[①] 程登吉:《幼学琼林》,乌鲁木齐:新疆青少年出版社,2002年第1版,第104页。

艺术创造的道理启示：天(圆)—地(方)—体(分)三位一体

天(玄)—地(黄)—色(杂)三位一体

天(阳)—地(阴)—人(道)三位一体

物质世界—精神世界—艺术世界三位一体

物理—情理—艺理三位一体

心生—言立—文明三位一体

物化—人化—文化三位一体

真在—善在—美在三位一体

……

对以上各"级次"三位一体关系的最基本的审美解释是：人在对"天"的认识中必然要与"自然"产生一种关系，可以将它称为"道"理关系；人在对"地"的认识中必然要与"社会"产生一种关系，可以将它称为"学"理关系；人在对人的认识中必然要与"人"产生一种关系，可以将它称为"术"理关系。这种同生共死不弃不离的"关系"，就是天、地、人三位一体存在的理由，它是把握人类所有艺术创造的基本原理和基本方法。

(二)"以人为本"的"审美"情怀

就"美—审美—美学"三位一体的关系而言，当"美"面对"审美"时，学问家和艺术家一开始总是非常"唯物"地、"客观"地、"现实"地面对着"美在"而想入非非的。而"美"则总是那样高傲地目空一切不与学问家和艺术家的情怀搭界。于是就此止步者只好无可奈何地面对心灰意冷的教条，将获取美的愿望扼杀在概念编织的摇篮里。而真正的学问家和艺术家却不这样，他们总是用卓越的激情和天才的想象力时时冲击着概念的堤岸。他们陷入"激情"所留意的事物的包围之中的时候，不仅仅是在回忆、在思考，也不仅仅是已经看见，而是看见之后在感动，感动之后在想象。通过想象力的驱动，他们能够在寂静阴暗的斗室里看见大海上孤独的守望者和麦田里稻草人点燃的星星之火；他们能够在赏心悦目的富饶田野上，在圆圆的月亮升起来的时候，听见怒吼的狂风和咆哮的大海，吟唱着《格尔尼卡》的恐怖并微笑着《最后的晚餐》的凄怆与悠然——这便是学问家和艺术家的审美情怀。

　　学问家和艺术家的审美情怀是缘于心灵的，它会采取不同的形式，以适应心灵特点对各种不同品质的"物在"进行"以我为中心"的艺理神思，在殚精竭虑于无声处的困顿中。他们一旦动情运思，便如天籁开启了冥思苦想的夜幕，驱散了翻滚着千万疑问的黎明时的云雾一样，"精骛八极，心游万仞"的神思之路就必然会直达艺术的彼岸。学问家和艺术家在理念整个艺术世界的过程中之所以能够"神思方运，万涂竞萌，规矩虚位，刻镂无形"①，就是因为他们深得艺术创造的"用情"之要道，且能将自己的"情怀"与外物之"情理"融为一体。然后才用"法而无法"的"术"理去进行艺术实践。就这一要义而言，无论掌握了多么复杂的艺术创造的操作技艺，不领悟"用情"之道理，同样不能走进艺术世界的门槛，只能成为模拟他人技艺的工匠。显然工匠是不需要"用情"的，他们只是在"用理"，所以与"神与物游"的艺术审美无关。简单地说，审美就是对审美文化现象中美的领会和品鉴的过程。从"过程论"的角度讲，它具有审美主体介入审美客体并进入审美载体所呈现出的三位一体内涵。因此，审美过程应该是主客体关系融会之后对载体美肯定和发现的一个过程。可以说，任何一种审美文化都可以成为学问家和艺术家审美的对象。当学问家和艺术家用审美的眼光、审美的标准去观察、看待、品鉴某一艺术现象时，也就意味着学问家和艺术家的审美感情得到审美实践的确证。就艺术创造的对象而言，虽然所有的艺术创造对象都有着"按照美的规律来构造"②的理念愿望，都体现着学问家和艺术家要实现的审美理想，但这只能说是某种"美"的现象随着学问家和艺术家的理念变成了"美"的艺术品，变成了人们的审美对象，但不能说"审美"就是"美学"，"美学"就是"审美学"。从审美主体的角度讲，虽然可以说只要以审美的态度来对待对象，以审美的眼光来观照对象，就可以进入审美状态、产生审美关系，但同样不能说这种态度、这种关系就是审美文化的

---

① 刘勰：《文心雕龙·神思》。
② 《马克思恩格斯选集》（第1卷），北京：人民出版社，1995年第1版，第47页。

态度和关系。在"美"与"审美"之间,"美"总是在生存需要的前提下首先被发现,而"审美"则是在"被发现"的过程中,一方面要让人的生存需要和生理感官觉得满足愉悦,另一方面要让人的精神、心理、感情上觉得称心如意之后,才将其"美在"认定为审美文化的。在审美要求的背后,显然有社会性的审美观念在起作用,而且常常是在暗中起作用,并不被欣赏者自己明确自觉地意识到。但审美作为人类社会精神层面的高级活动,其本身就是一种人的"情感"认同的过程。这一过程集中表现为审美主体所看待的文化现象是否具有真、善、美三位一体性。因此,对真、善、美三位一体性的认同,便构成了学问家和艺术家创造过程中的全部情怀。

《老子》言:"天下皆知美之为美,斯恶已;皆知善之为善,斯不善已。故有无之相生也,难易之相成也,长短之相形也,高下之相倾也,暗声之相和也,先后之相随也,常(恒)也。是以圣人处无为之事,行不言之教。万物作而不为始,生而不有,为而不恃,功成而弗居。夫唯弗居,是以不去。"老子的这段话显然有着中华传统审美文化的哲学意韵,它似乎既是审美智性的抽象又是审美感性的体悟。且看杨润根先生的译解:

> 世界上的人们一旦都知道了美的事物之所以为美的事物的原因,那么他们也就必然同时知道丑的事物之所以为丑的事物的原因了;世界上的人们一旦都知道善的事物之所以为善的事物的原因,那么他们也就必然同时知道恶的事物之所以为恶的事物的原因了。所以,正像人们关于世界中的各种片面有限的事物的多与少、难与易、长与短、高与低、声与哑、先与后的观念都是在人们头脑中同时产生、同时形成以至相互对立、相互倾轧而又相互掺和、相互缠结一样,永远处于同时产生、同时形成、相互对立、相互倾轧而又相互掺和、相互缠结的状态之中。正因为如此,最智慧、最崇高伟大的圣人只把关于普遍无限和绝对永恒的世界整体的知识当作知识,并只依据这种知识——这也就是关于那不可名状、不可言说的世界之道的知识——去生活、去行动。因为他们知道,千千万万的片面有限的存在物,它

们虽然诞生于世界之中,但它们的诞生并不是以自身为始基、为本原的,相反它们的诞生是以普遍无限和绝对永恒的世界整体为始基、为本原的;它们虽然成长于世界之中,但它们的成长并不能为自己所支配、所占有,相反它们的成长只能为普遍无限和绝对永恒的世界整体所支配、所占有;它们虽然都在依据自己的意志而有目的地活动着,但它们的有目的的活动并不是以自身为仰仗、为依靠的,相反它们的有目的的活动是以普遍无限和绝对永恒的世界整体为仰仗、为依靠的;它们虽然能够实现自己的目的或理想,但它们的目的和理想的现实并不是以自身为归宿、为寄托的,相反它们的目的或理想的实现是以普遍无限和绝对永恒的世界整体为归宿、为寄托的。正因为它们的诞生不是以自己而是以普遍无限和绝对永恒的世界整体为始基、为本原,它们的成长不能为自己而只能为普遍无限和绝对永恒的世界整体所支配、所占有,它们的有目的的活动不是以自己而是以普遍无限和绝对永恒的世界整体为仰仗、为依靠,它们的目的或理想的实现不是以自己而是以普遍无限和绝对永恒的世界整体为归宿、为寄托,所以,它们不是在自己的片面有限的诞生、成长、有目的活动以及自己的目的或理想的实现中,而是在世界整体的普遍无限和绝对永恒的诞生、成长、有目的的活动以及世界整体的普遍无限和绝对永恒的目的或理想的实现中代代相传、生生不息,并永不从世界中消失。①

杨润根先生"逻辑化"的译文应该说是独步学林的。这样一来,便让我们看到了中华国学先哲们对"天人合一"的"美",在所进行的"以人为本"的"审美"活动中,有着怎样的"普遍无限和绝对永恒"的"以和为贵"的美学高度、深度和广度。

顾祖钊先生对老子描述的"美"在的"道"的本真状态做了这样的评价,

---

① 杨润根:《老子新解》,北京:中国文学出版社,1994年第1版,第27页。

他说"冥漠恍惚之境"①,是美的最高状态,所以叶燮称为"至境"。由于它是文艺意象所达到的最高审美境界,因此,亦可称为"艺术至境",这个范畴具有很大的现代意义。②而杨润根先生能够突出地发挥它的文化批判能力,并且能够因着它的"审美直觉"设身处地地站在古人的角度译解出这样充满逻辑概念而又发人哲思的文字,真让学术界吃了一惊。他将仅仅五千言的《老子》译解出了五十多万言的以层层逻辑概念环环相扣的"现代化"新文本,不能不说是一大突破。倘若不是这样环环相扣"译解",我们又当如何直译呢?对文言文本的翻译采用直译的方法是译不出古文文本的"原意"和"原义"的,只有发挥译者逻辑思维的审美想象力,通过意译、义解按国学文化形成的语言文字逻辑规则去探究古人著述中审美的道理—学理—术理的三位一体思维理路,才能走进审美文化研究的大门。

是的,人在对"天"的认识中必然要与"自然"产生一种关系,在对"地"的认识中必然要与"社会"产生一种关系,在对人的认识中必然要与"人"产生一种关系,对这种同生共死、不弃不离的人文"关系"的认同,就是对中华传统文化精髓的哲学发现和方法论的认同。无论是何种领域里的文化研究,如果在借鉴西方文化或发掘古文化遗产的时候,只是做了"有用则用之,无用则弃之"的取巧的劳动,或者没有进行完整系统的深度挖掘和批判继承的话,那么这种劳动就只能说是一种断章取义的有害劳动,复兴国学、弘扬国故、发扬国粹,振兴中华民族文化就成了一句空话。

(三)"以和为贵"的审美文化

从构建具有中国特色的和谐文化的角度讲,要想使审美文化成为为人本的、为人性的、为人生的、为人道的和谐文化,就必须首先理解国学方法论"天人合一"的文化理念所牵引的"道"路。只有循着这一"道"路前行,才有可能明了国学文化阐发的真、善、美三位一体"以人为本"的文化真谛,才能理解文化理念中人的知、情、意,自由、自在、自为"以和为贵"的美学含

---

① 《道德经》言:"道之为物,惟恍惟惚,其中有象,恍兮惚兮,其中有物,窈兮冥兮,其中有精,其精甚真,其中有信。"

② 顾祖钊:《华夏原始文化与三元文学观念》,北京:北京大学出版社,2005年第1版。第223页。

义,才能在哲学思想上解放审美洞察力,在美学观念上解放审美想象力,在艺术活动中解放审美理念力,最终描绘出人类文化真、善、美三位一体的审美和谐,才能发现这样的审美逻辑:

在文化审美的实践中,没有对审美文化客体世界真、善、美三位一体美学关系的发现,就没有审美文化主体世界知、情、意三位一体的审美肯定——没有对审美文化主体世界知、情、意三位一体的审美肯定,就没有审美文化客体世界天、地、人三位一体的哲理发现——天、地、人三位一体,是审美文化过程中客体世界与主体世界"天人合一"认知的必然;知、情、意三位一体,是审美文化过程中主体世界与载体世界对"以人为本"认知的必然;真、善、美三位一体,是审美文化过程中客体世界、主体世界、载体世界三位格对审美文化"以和为贵"认知的必然。

在审美文化的学术研究过程中,对以上三位一体关系最基本的理解是:

人的(真)"知",是审美主体对审美客体认知后的"理性"和"理智"的反映,它直接关系到审美主体的知识体系对审美客体认知的科学化程度。因此,往往把它跟科学的"真"意联系起来,它关系着对审美文化研究领域中的真理性发现和科学化认知的成败得失。

人的(善)"情",是审美主体对审美客体认知后的"意愿"和"情感"的反映,它直接关系到审美主体对自身精神世界把握的道德水准和伦理观念的"善"意尺度;因此,往往把它跟宗教的"善"意联系起来,它关系着审美文化研究领域中对"人"的快乐和幸福以及痛苦和灾难的审美发现的肯定或否定。

人的(美)"意",是审美主体既融合了"真"的含义又融合了"善"的含义之后,在审美载体中表现出来的审美水准,它是审美主体对具有道德水准和伦理观念意义上的精神满足和对审美载体所呈现出的审美状态的最终实现。

从"道"理的层面来看,审美之为"人"的审美,是以"真"的"知"来肯定其"道"理存在的;从"学"理层面来看,审美之为"人"之审美,是以"善"的

"情"来肯定其"学"理存在的;从"术"理的层面来看,审美之为"人"之审美,是以"美"的"意"来肯定其"术"理存在的。

审美文化中的人道——就是天道、就是地道、就是世道,所谓"致虚而得道"①的"自然之道"。古人所谓"失道而后德"②,即回归自然;只有认识自然,才能进入社会;只有进入社会,才能理解社会;只有理解世道,才能洞察人生;只有洞察人生,才能从事审美文化的活动。这是审美文化认识论中最为"简易"的"道"理所在。

总而言之,"天人合一"之"和合"—"以人为本"之"合谐"—"以和为贵"之"合理"三位一体,是中华民族审美文化精神的最高境界。就中华审美文化学科体系建设的"道"理环节而言:"道理规律—学理规范—术理规则"的三位一体性毫无例外地牵引着审美文化活动的全过程。审美文化研究,应该有总体的逻辑框架和基本的理论格局,都应该从这一最高的、最大的、最基础的道理、学理、术理出发,去"驾一驭万,举要治繁"③,这样才能避免受制于由于商品经经济冲击引发的低级的、零散的、琐屑的、暂时的、庸俗实用主义的现实功利驱动,走出"泛美学""泛审美"④的学术误区。

五、文化人类学研究领域中的三位一体运用

"道—学—术"三位一体,是由"一体化—二元素—三位格"的学术理

---

① 《道德经》。
② 同上。
③ 刘勰:《文心雕龙·总术》。
④ 在商品经济大潮的利益驱动下,人们把很多无审美意旨和审美价值的文化现象都纳入了"生活审美化"的怀抱。这便使"审美"这一具有真、善、美三位一体的文化行为,更多地蒙上了庸俗实用主义的色彩。

念构建的道理、学理、术理三位一体的学术研究方法论,有着无限广阔的学术研究论域和无限广阔的学术研究"级次"进行平行统一对话的"递阶"关系。在中华民族学术研究文化的大视野里,没有中华国学"道—学—术"三位一体学术研究方法论的逻辑认知牵引,所有牵涉文化人类学、文学人类学的学术研究问题,都无法得出科学的结论。因此,我们应该首先认识到:

学术研究的法则作为学术研究逻辑形成的学术"概念",一旦提出,总是先有属(门、科)的大概念,才有种(体、样)的小概念,这是起码的学术研究概念的逻辑"级次";没有学术研究逻辑"级次"形成的逻辑体系的"递阶"框架,属概念和种概念不能进行同一级次、同一水平的学术对话。

就"文化人类学"这一学科概念而言,应该首先肯定:文化是人类文明的标记,文学是人类文化之一隅。文学人类学是文化人类学"面"上的一个"点",就像一个民族的文化是中华民族文化的一个"点"一样,一个民族的文学同样也是中华民族文化的一个"点"。国学方法论学术研究思维理路的"点—线—面"是三位一体的。

在文学人类学研究中,"三重证据法"[①]的提出,是有"道"理、"学"理、"术"理的;无论我们再发现"四重证据""五重证据""多重证据",都只能是对"学"理论据的再发现;从学术研究"道"理在、"学"理在、"术"理在三位一体方法论的角度讲,我们所发现的所有证据,都应该归纳整合为"道理证据—学理证据—术理证据"三位一体的学术证据链。

"时运交移,质文代变。"[②]人类世界随着文化传统的脚步走来,文化传统伴着人类世界的生存意识前行;文化人类学研究因为"人类"的存在而贯通中西、纵横古今,有着非常广阔的学术研究论域。就像审美文化一样,由于文化人类学的概念被认为是源于西方的,所以学界则更注重从西方文化人类学的研究背景中寻找文化人类学研究的理论依据和研究方法。但是当回过头来重新审视国学方法论的历史结论时,中华国学文化中其实早就

---

① 参阅叶舒宪《文学与人类学》等论著中所提出的文学人类学研究"三重证据法"思想。
② 刘勰:《文心雕龙·时序》。

有了具有文化人类学研究意义的原初启示。

譬如群经之首的《易经》这样描述："古者包牺氏之王天下也,仰则观象于天,俯则观法于地,观鸟兽之文与地之宜,近取诸身,远取诸物,于是始作八卦,以通神明之德,以类万物之情。作结绳而为网罟,以佃以渔,盖取诸离。包牺氏没,神农氏作,斫木为耜,揉木为耒,耒耨之利,以教天下,盖取诸益。日中为市,致天下之民,聚天下之货,交易而退,各得其所,盖取诸噬嗑。神农氏没,黄帝、尧、舜氏作,通其变,使民不倦,神而化之,使民宜之。易,穷则变,变则通,通则久。是以自天祐之,吉无不利。黄帝、尧、舜垂衣裳而天下治,盖取诸乾、坤。刳木为舟,剡木为楫,舟楫之利,以济不通,致远以利天下,盖取诸涣。服牛乘马,引重致远,以利天下,盖取诸随。重门击柝,以待暴客,盖取诸豫。断木为杵,掘地为臼,杵臼之利,万民以济,盖取诸小过。弦木为弧,剡木为矢,弧矢之利,以威天下,盖取诸睽。上古穴居而野处,后世圣人易之以宫室,上栋下宇,以待风雨,盖取诸大壮。古之葬者,厚衣之以薪,葬之中野,不封不树,丧期无数,后世圣人易之以棺椁,盖取诸大过。上古结绳而治,后世圣人易之以书契,百官以治,万民以察,盖取诸夬……"①

如果把以上文言"意译"②出来,便可以看到这样一幅中华民族文化人类学生成的历史画卷:

  华夏上古时代的帝王伏羲氏,在称王统治天下的之后,便时常仰观天文、俯察地理。夜晚便看着天上的星辰宿象观察思考,白天则对着大地的山川河流观察思考。甚至观察研究植物和动物的生存状态,以及天上地下存在着的一切事物所反映出来的"道"理。特别是从"人"作为万物之灵的自身存在进行人之为人的取象思考,终于理

---

① 《易经·系辞下》。
② 很多"直译"的文言文典籍,在阅读时的解读效应都是令人尴尬的——因为"直译"出的白话,是不能准确反映古代文言语体本身的表意功能的。所以对文言国学典籍,能直译的,应尽量使其语义与现代语法沟通;不必直译的,应尽量存其原句,心领神会则可。"意译"其实是一种大众文化传播的不得已手段。

解了万物万有之所以存在的"道"理。并且在"道"理认知的基础上理念了"无极生太极,太极生两仪,生两仪生四象,四象生八卦"的万物万有的"术"理认知法则。有了这一法则,人们便可用来与神明的品德相贯通,从而认知了万物万有分类生存的各种境况和生存法则。于是在《易经》的六十四卦中看到了这样一幅幅人类生活的原始图画:人们把绳索编结成捕鸟捕鱼的网,大概是取法于"离卦"的卦象义理的。伏羲氏去世之后,神农氏一族兴盛起来,神农氏的人们砍削树木而做成了用来耕地的犁头,把木棒弯曲而做成了犁柄,这种农具给耕田除草带来的便利。他们就把这些教给了天下民众,这大概是取法于"益卦"的卦象义理的。把中午作为集市贸易时间,招致天下民众,聚集天下的货物,互相交换货物之后而返回,各自得到他们所需要的东西,这大概是取法于"噬嗑卦"的卦象义理的。神农氏去世之后,黄帝、尧、舜的氏族相继兴起,贯通了《易经》的变化规律,改变了前代的制度和器具,使民众不倦怠而勤劳勇敢地生活着……这就是文化人类学所描述的人类民众的生存状态。

　　《易经》所体现出来的规律是:事物一旦有了极限就要改变它,改变就能通达,通达就能保持得长久。因此可以从上天得到保佑,吉祥如意而没有什么不好的事情发生了。黄帝、尧、舜,制作出各种宽大的衣服用来区别人的等级,因而天下太平安定了,大概是取法于"乾、坤"两卦的卦象义理的。人们把挖空树木的中间而做成了船,砍削木棒作为船桨,凭借船和桨的便利,用来渡过无法通行的水域,能够使人到更远的地方以便给天下带来更多的利益,这大概取法于"卦涣"的卦象义理。用赶牛骑马的方式来运输沉重的货物到远方,以便给天下人带来便利,大概是取法于"随"卦的卦象义理。人们设置层层大门,用敲梆子的办法进行警戒,用来防备暴徒强盗的袭击,大概是取法于"豫"卦的卦象义理的。砍下木头做成捣米的木杵,在地上挖出坑作为臼,利用杵和臼的便利,使人们在加工粮食方面得到了帮助,这大概是取法于"小过"卦的卦象义理。用木棒拴上绳子做弦造成弓,砍削木棒做成箭,用来增强天下民众的威力,这大概是取法于"睽"卦的卦象义理。上古时代的人们靠在绳子上打结来记事,治理天下,后代的圣人用书写和刻画记事,文武百官因此得到了有效的管理,民众的一切情况因此能够得到了充分的体察,这大概是取法于"夬"卦的卦象义理。古代的人们在埋葬死者时,只用木柴厚厚地把死者包裹起来,埋葬在荒野之中,不堆起坟头,也不栽种树木作为标志,服丧的时间也没有具体的限定,后代的圣人则用棺材来改变这种情况,这大概是取法于"大过"卦的卦象义理。上古时代的人们居住在山洞而露宿在野外,后世的圣人用房屋取代了这种生活方式,房屋上面有栋梁,下面有屋檐,用来防备风雨的侵袭,这大概是取法于"大壮"卦的卦象义理……

这是一幅伟大而壮观的文化人类学的原始图画。国学文化中的《老子》《庄子》《论语》及"四书""五经""诸子百家"中的人类学思想同样博大精深,只是在这里,我们不可能对具有国学文化意义的文化人类学话题进行深入探讨。但是就"人类学"的概念与我们曾经认知的"民族学"的概念有着密不可分的学术渊源而言,则可以从"民族文化"的一个"点"上来展开话题。

譬如面对"中华多民族文艺史观"[①]这一文学人类学问题时,肯定应该给"中华文化"先下一个定义,再给"多民族"下一个定义,然后才有可能将"文学史观"引入"多元一体"[②]的文学人类学大视域中进行"三位一体"审视。因为"中华文化"的概念要比"中华文学"大,"多民族"的概念要比现行的"少数民族"的概念大。概念作为学术研究逻辑的法则,一旦提出,总是先有属(门、科)的大概念,才有种(体、样)的小概念,这是起码的学术研究概念的逻辑"级次";没有学术研究逻辑"级次"形成的逻辑体系的"递阶"意

---

① 《民族文学研究》对此问题,曾展开学术研讨。
② "多元一体"与"三位一体"不同,"多元一体"是"多民族"的定位,"三位一体"是学术研究方法论的位格。"多元一体"参见郎樱:《多元一体中华民族文学史的体认与编纂》,载《民族文学研究》2007年第4期。

识,属概念和种概念不能进行同一级次、同一水平的"平行统一"①的学术研究对话。但是正如前述,我们也真不好给"中华文化"和"多民族"下一个定义:因为任何定义都应涵盖学术研究的视野对这一学术研究问题的整体理解,而任何定义却又很难确定这一概念对学术研究论域的全面包容,何况"中华文化"后面紧随着的是一个新概念——"多民族文艺",什么是"多"呢?既然说"多"就有"少"与之相对,既然说"大"就有"小"与之相对,这是"数序"提醒的"术"理常识。而一说到"术"理,又必然会牵引出"学"理和"道"理的"平行关系",因为"术"理的结论不可能孤立存在,有什么样的"术"理结论,就会有什么样的"学"理框架;有什么样的"学"理框架,就会有什么样的"道"理原则。学术研究的"道理原则—学理框架—术理结论"形成的三位一体的逻辑"递阶"关系,是构建所有学术研究领域学科体系的必须;三者层递循环、互为因果的运动,抑或是"平行统一"的对话,才能使"多元一体"的中华民族文艺史的建立具有学术研究逻辑的认知次序。否则,我们的结论就不是"科学的"。

从国学方法论的角度讲,"对立统一"无疑是有"道"理的哲学常识,它是对中华古代哲学"一阴一阳之谓道"的外域文化的现代肯定。但是如果在具有辩证法意义的三位一体学术研究领域里它所呈现的"学"理是什么,运之于学术研究操作的"术"理是什么,怎样才能形成道、学、术三者"平行统一"的"递阶"逻辑关系,并实践于人类学术研究的所有领域,这些都是学术研究的难题。因为"道"理并不能直接成为学术研究的"学"理和"术"理。学术研究的"学"理和"术"理是要靠学问家的学术观和方法论的指导,才能形成所谓道—学—术三位一体的"平行统一"的学术研究对话的。否则,我们的学术观和方法论就会成为哲学的附庸。故此我们才肯定:在"三位一体"的视野里,所谓"平行统一",即是中华文化"道—学—术"三位一体的平行统一,是由"道"理—"学"理—"术"理三者"关系"所构成的"一体化、二元素、三位格"的平行统一。"一体化—二元素—三位格"三位一体才是中

---

① "属概念"和"种概念"运用于学术研究领域里的所有学科,其"级次"并不"平行相对";属概念是外延大的概念,种概念是外延小的概念,它们并不能在同一"级次"上进行"递阶"对话。

华文化的学术研究观,才是中华学问家的方法论,它有着无限广阔的论域和无限广阔的各个研究级次"平行统一"对话的"递阶"关系网。譬如我们认为"多民族"要比"少数民族"在论证"文艺史观"的问题上科学得多,即是以此学术研究观和方法论来进行论证的。因为什么是"中华文化"、什么是"多民族"、什么是"中华文化"视野下的"多民族文艺史观",没有"道—学—术"三位一体学术研究方法论的逻辑推论,显然无法得出科学的结论。

显然,文学是文化之一隅,文化是文明之全部。一个民族的文化,体现在一个民族的文明进程中;一个民族的文明进程,蕴含在一个民族的文化背景中。中华民族的文化,体现在中华民族的文明进程中;中华民族的文明,蕴含在中华民族五千年来的文化背景中。而文化又包含着文学这一语言艺术行为,文学作为文化之一隅,又体现着中华民族五千年文化的博大精深。我们一旦把"多民族文学史观"称之为"少数民族文学史观",岂不把中华五十六个民族分成了人数多的一个汉族的汉族文学和一个人数少的五十五个民族的少数民族文学——在学术研究领域,"少数民族"的称谓真是引出了不少这样的误解:或许因为历史的原因,我们至今还称谓着的少数民族文学、少数民族文艺、少数民族美学、少数民族审美文化学等,好像它们与中华民族这一具有五千年文明史的文明古国、文化大国没有什么关系似的。岂不知没有五十六个民族大家庭的"多民族"的"大"概念,哪有什么中国文化、中国文学、中国文艺、中国文明之说、之论、之谈、之辩。但是某一个民族曾经的区域"小"、人数"少",都是由中华民族能"统一"之"大",能"一统"之"多"的文化背景和文化渊源来包容的。而不是由"大"的、"多"的"一"和"小"的、"少"的"五十五"来做对比的。学术研究领域里曾经以"少数民族"做定语的一门门的学科研究,都应该是中华文化大背景、大视域、大文化之下的研究,都应该以"多民族"的"和谐"而不是以"少数民族"的分别来确定其民族特点的:是什么民族就是什么民族的,是什么地域就是什么地域的,是什么特色的就是什么特色的。不要像有的挂着中国少数民族文学、中国少数民族美学、中国少数民族审美文化学等的学术研究名目,根本就没有"一统"中华大文化而再言各类民族特色的学术研究台阶,更不用说也就不会有什么学术研究的逻辑"递阶"意识和"级次"推论,反而让人误以为少数民族的文化是"小区域"的、是"少数人"的,与由五十六个民族和谐产生的中华文化的大背景、大视域、大文化无大关系。这一学术研究误区真应该在各个民族问题研究领域里,都应得到清醒的认识和尽快的纠正,因为中华民族永远都应该是有"统一"文化背景的国家,在中华大文化的大视野里,"多民族"永远都有着能"一统"认知中华民族文化的大背景和中华民族文化大渊源的兄弟姐妹般的共识。

有史以来,中华民族都是一个由多民族兄弟姐妹组成的大家庭,有着自己的"文明—文化—文艺"的三位一体辉煌。各个民族的文化从来都是与中华文化的大背景亘古相随、生死相依的。虽然各个民族繁衍生息在自己的每一个区域里,但无论大小多少,中华多民族大家庭"一体"的和谐则为"大"。一个"大"字了得:既然为"大",那肯定要"丰富"、要"宽广"、要"繁荣"、要"博览"、要"盛旺",要"东南西北""九州八荒""五湖四海",才能称其为"大"的;并且要"容纳"、要"凝聚"、要"集结"、要"包举"、要"海纳百川""融会贯通",才能称其为"大"的。而五十六个民族五千年来形成的中华文化大家庭,即是"大文化"生成的最美丽家园,即是"多民族"生存最和谐的家园。有了这样的文化认知背景,才能使"中华多民族文艺史观"学科研究思想的建立大得人心、大成气候。就这一要义而言,我们曾经称除汉族之外的五十五个民族为"少数民族"的学术研究定语,实在是产生过不少民族学意义的歧义误导的。"多民族"的称谓是有"道理、学理、术理"的,是科学的。且看,蒙古族学者扎拉嘎指出:

>……这之前的上千部中国文艺史,基本上是汉族文艺史。长期以来,少数民族文艺从未进入过文艺史。这有诸多原因,其中,文艺史的主创们尚未树立多民族文艺史观是主要原因……树立多民族文艺史观是编写文艺史的指导思想。否则,在文艺史的编纂中,少数民族文艺在中国文艺中就永远会处于"配角"地位。无论人口十多亿的主体民族,还是人口只有几万的小民族,他们在文化上是平等的。这

也是联合国教科文组织《保护文化多样性宣言》与《保护文化多样性公约》的基本精神。①

是的,这一问题确实应该引起民族学研究领域的全面注意。譬如少数民族文化、少数民族文艺、少数民族文学以"少"定位的学术研究、文化研究学科,都应该以"多民族"来定位,才会让研究者有着中华民族文化的"广度—深度—高度"的三位一体学术研究认知。否则就会产生以因"少"而"小"的学术研究盲目,甚至产生因"少"而"小"的民族自卑感。譬如蒙古族学者朝戈金这样论说了该问题:

> 长期以来,在中国文艺学科格局中,少数民族文艺属于"二级学科",是包容在中国文艺学科之内的。但是,在实践中,惯常的做法是把汉语/汉族文艺拿来,与一个集合概念——"少数民族文艺"——并列或对举。这种划分方法和表述,或隐或显地传递着这样一个意思,就是汉族文艺传统历史悠久,传世作品极为丰富,且成就很高,是中国文艺格局的主流,当得起以一对多。各少数民族的文艺传统,或者因人数少而传播不广,或者因历史不够久远而积累不丰,或者因尚处于"无文字社会"而没有文人创作,自然难以与汉族文艺传统"平等对话"。②

应该肯定,中华民族是在"世界民族"中的,是不应该以大、小、多、少的量词来确定其文化背景的。中华民族五十六个民族,是在宏观的天、地、人三位一体的背景下生存的民族;而"中华文明—中华文化—中华文艺(含文学)"三位一体的认知告诉我们由五十六个民族的文化凝结而成的"中华多民族文化",上下五千年,纵横九万里,不离不弃,生死相随于中华大地,结成了九百六十万平方公里中最为动人魂魄的今古奇缘,最为令人骄傲的

---

① 扎拉嘎:《20世纪哲学转向与多民族文学史观问题》,载《民族文学研究》2007年第4期。
② 朝戈金:《"中华多民族文学史观"三题》,载《民族文学研究》2007年第4期。

中华文明。

因此我们才有理由说：中华文化是"大"的人文精神，民族文化是"小"的人文思想；中华文化是"大众"信仰的规范，民族文化是"个体民族"情志的信条；中华文化是中华民族的"骨架"，民族文化是民族精神的"魂魄"；中华文化是"长"的历史之源，民族文化是"短"的渊薮之流。没有中华文化就没有中华民族的"脊梁"，没有民族文化就没有中华文化的"血肉"，没有中华文化就没有一个个民族生存的理由，没有民族文化就没有中华民族跻身于世界民族之林的可能。文化中有民族，民族中有文化，你中有我，我中有你，但一个个的民族文化终能因"我思故我在"，使自己的民族文化还中华文化以"一统"的信任、长远的信仰。我们要避免因"少"而"小"的学术研究的盲目和因"少"而"小"的文化狭隘，要有"多民族文化""多民族文艺"的包容。因为无论是何种国家和何种民族的文化理念，无论是何种领域里的学术研究文化结论，我们遭遇到的学术研究的尴尬，都是固然想海纳百川、高屋建瓴，但却既不能"包"亦不能"容"；我们固然想壁立千仞、见解独树，则往往会包容有心，而学术研究无能——而"多民族文艺"，这一概念应该是明确的，它确认了中华民族是由人数"多"或人数"少"的五十六个民族组成，中华民族的文化史也是由人数"多"或人数"少"的五十六个民族的文化史凝聚集结而成的——在这里，一个民族人数的"多"和"少"，并不能确定一个民族文化的"多"和"少"——就像我们通常称中华民族中人数"少"的民族为"少数民族"一样，显然只能指某一民族的人数"少"，并不是要说明他们民族的文化"少"。为了免除文化理解和学术研究上的歧义误导，应该充分认识到：中华民族的文化无疑是由五十六个民族的文化凝聚集结而成的"一统"的文化，而不是占人数"多"的汉文化加上五十五个人数"少"的民族文化拼凑的文化。没有这一大的"多民族统一"的文化史观背景的"一体"认知，显然是不行的。所以"多民族文艺史观"的研究亦然。中华多民族的文艺，显然应该有着中华多民族"一统"背景下的文化渊源和文化史观，以及中华多民族文化共同追求的审美价值——这一文化的审美观和价值观，表现得最为集中和最为明显的便是审美文化中的核心文化——

"多民族文艺"这一语言艺术形式的存在。作为审美意识形态的语言艺术,在多民族文艺中表现得最为突出的便是:多民族中的各民族文艺,无一例外的都是紧紧攀缘着中华文化"天—地—人"三位一体的思想文化渊源,所以才构成了中华多民族的文化和谐,构成了多民族文艺史观之所以能够形成的学术研究理由。在作为各个民族的"人"与"天、地"之间到底应该是一种怎么样的文化关系的追问上,中华各民族的先哲们在这方面做了极为深刻而精到的义理描述,譬如所谓"以人为本""人与天为一"的思想,重在强调主体的人与客体的物在天人对话时的"和谐"性——即"你中有我,我中有你"的天人关系;"天人之分"的思想,重在强调主体的人与客体的物在内外之分后的各自的"位格"性——即"无物即无我,无我即无物"的关系;"天人相与"的思想,重在强调主体的人与客体的物之间的"互给"性——即"你就是我,我就是你"的关系;"天人本无二"的思想,重在强调主体的人与客体的物对立统一的"绝对"性——即"你就是你,我就是我"的关系;"天人合一"的思想,重在强调主体的人与客体的物对立统一的"相对"性——即"天地是人的天地,人是天地的人"的关系。显然,这些理解是渗透在中华各民族的学术研究、文化研究领域中的。中华学术研究是中华文化的抽象结论,中华文艺是中华文化的形象演绎。抽象结论也好,形象演绎也罢,一方面是学术研究的严谨,一方面是文艺的自由,我们的确是在学术研究文化的研究中因为概念的不科学而矛盾的。但是倘若我们一旦走进中华传统文化开辟过的学术研究义理,就能进入"道"理的"圆"(○)、"学"理的"方"(□)、"术"理的"三角"(△)织就的"道—学—术"三位一体的学术研究文化研究领域的最高境界;就能一方面看到由中华各民族文化理念的"圆"的天—"方"的地—顶天立地的"三角"的人所构建的学术研究文化世界,另一方面则能看到学术研究结论牵引的"自然界—社会网—人生态中"最瑰丽最神妙的学术研究文化图腾。这便是中华五十六个民族的文化凝聚而成的"一统"的中华多民族文化的大背景。

在这里,且不论这一学术研究文化"图腾"有着怎样广阔的文化含义,就"多民族文学史观"的建设而言,有一点应该首先肯定:无论是世界文艺还是中华文艺,"多民族文艺史观"的建立,都必须进入"道理—学理—术理"三位一体的学术研究方法论的学术研究逻辑框架。在人类所理念的三位一体的大文化面前,中华各民族陶醉的是一种心灵与天地神明及社会网络沟通时的真性流露和真情表白。而当中华各民族在"物我两忘"的学术研究文化情境中去进行研究理念时,悟以心灵的感性经验,便会在豁然融通了"天—地—人"三位一体的状态下焕发出迷人的哲学思辨色彩。于是具有逻辑思维意义的学术研究的"道理—学理—术理"这一人类特有的三位一体的精神活动便诞生了。且看这一具有"三位一体"意义的中华文化背景下的方法论的逻辑推论:

第一级次的"道"理体系认知:
道
阳—阴
天—地—人
道—学—术
天文—地文—人文
自然界—社会网—人生态
世界观—学术观—方法论
道理论据—学理论据—术理论据
提出问题—分析问题—解决问题
……
第二级次的"学"理体系认知:
阳—阴
天—地—人
世界观—学术观—方法论
世界民族—国家民族—个体民族
世界文明—国家文明—民族文明

民族文明—民族文化—民族文艺①
……
第三级次的"术"理体系认知：
不易—简易—变易
世界观—学术观—方法论
民族文化—民族文艺—民族文学②
外域民族—内域民族—个体民族
文化广度—文化深度—文化高度
世界文艺史观—国家文艺史观—民族文艺史观
世界文化史观—国家文化史观—民族文化史观
……

至此，我们便可以从"多民族文艺史观"的"点"上，走到人类"文化环境"的"面"上，继而理解文化人类学研究人类文化的"广度—深度—高度"应该拓展的三位一体学术视域。

就人类文化建设的大视野而言，一个地域的文化，就是这个地域的"人"的理念有别于其他地方的人文特点。从文化生成的角度讲，不是每一个地方都有自己的本土文化，而是一个地方之所以形成了自己的本土文化，是因为这个地方有着与其他地方不同的优越的自然景观、优秀的人文传统，以及有着这个地方一代代的人对这一地域所形成的优良文化精神的承传。当这个地方的自然景观、人文传统、文化精神三者形成一种更适合人们生存的和谐氛围时，这个地方的文化也就自成一格，被他人所艳羡。这就是我们所说的文化的地域特点和地方特色的吸引力。这一特点和特色的文化吸引力，便是建设文化环境最基本的价值判断。

显然，"建设文化环境"在现今看来是一个非常有经济发展眼光和文

---

① 在"民族文明—民族文化—民族文艺"三位一体的关系中，"文艺"的概念处在第三位格的"术"理位置。

② 在"民族文明—民族文化—民族文艺"三位一体的关系中，"文艺"的概念处在第三位格的术理位置。"文学"的概念要比"文艺"小。

化前瞻胆略的行动。我们姑且不论作为一个"行动",应该有着怎样建设目标、策略重点、主要任务等的具体措施,仅就建设文化环境的指导思想的要义而言,不管"文化"一词怎样包罗万象,就其建设的整体思路来说,它总是体现在一个地方的自然景观、人文传统、文化精神三个层面上。这三个层面的问题总而言之便是"天人合一"的文化精神得到发扬光大。所以无论是哪个国家、哪个民族、哪个地域的文化建设,都应该由"自然景观—人文传统—文化精神"三位一体的整体思路形成。也就是说,任何一个地域的文化建设,都是以这个地域的地理条件和自然景观资源为条件的。文化建设就是要建设具有经济价值和审美意义的新文化。但是无论如何"新",我们所要建设的文化依然是要建立在"人与自然—人与社会—人与人"三位一体和谐的基础上的文化。这"和谐"的文化理念,是被中华民族文化称之为"天人合一"的"自然之道"生成的。"天人合一"的道理告诉我们只有顺应自然、遵从自然规律,才能利用自然、开发人的心智。当人的心智与自然和合为"一体"时,人们也就能在顺应自然的前提下征服自然、利用自然,最终回归自然。所谓既重视自然的客观规律,又发挥人的主观潜能的科学的发展观、认识论、实践论,说到底就是对以人为本、"天人关系"的道理的认可与规范,依此道理去处理建设中的一切实际问题,就能进行科学有效的文化行动和切实有益的文化作为。

"自然景观"虽然是"自然"存在的,但是要发现它的文化价值却是不易的。我们之所以要达到"天人合一"的境界,就是因为在长期的文化实践中逐步形成了这样一种通俗的文化理念和审美定式:人们在认识自然的过程中,建立了与自然的和谐关系,认为自然是美的重要源泉;人们赞赏自然,描摹自然,兴寄自然,融于自然,都是以自然界生态和谐的美作为文化依托和精神象征的;并且人们都渴望按照自然的本来面目营造自己的生活,并且向往天纵天放,强调融入自然,与自然同生同化,将自己心灵世界中最理想的人生境界与审美目标完全交付在"自然之道"的手中,这便给了我们开发利用自然景观以最大的理由和最好的条件。在我们建设文化环境的行动中,对自然景观"美"的发现需要建设者的审美眼光。而文化精神领域里最核心的文化,是以真、善、美三者融为一体的文化。有了真、善、美为一体的文化建设追求,就能使自然具有独特的审美意义,并且与时代的政治、经济、科技、传媒等人文因素紧密联系起来,构成地域文化的独特风貌。

再则,自然景观作为一种文化产业倘要被开发利用,便意味着必须保护自然美的生态环境。但作为文化建设,除了积极的生态发现和有效的生态保护以外,也意味着对旧的、老的、原始的自然文化的"破坏",但是在"破坏"中又最容易急功近利,把一些本应该保护的优秀的"旧的""老的""原始的"自然美的景观丢弃。这一点在开发诸如旅游产业、文物考古、民俗风情、民间工艺等文化项目时,应该引起足够的重视,因为这是一个国家、一个民族、一个地方人文传统的"根"和"源"。优秀的人文传统,事实上都是以实现人生意义的完美与充盈为最高理想的文化内涵,也是在当前形势下要认知的全球文化竞争的背景。而种种的问题都在昭示我们,文化建设在很多地方都出现过"失语症",搞得不中不西、不土不洋。当然这是因为在"商品经济"的挤压下,没有很好地运用美学话语来建设本土的文化形象,丢失了甚至是抛弃了具有地域特点和民族特色的人文语言。因此对采用的建设话语方式一定要有足够的认识和谨慎的选择,千万不能鼓动时髦的商品经济的流行语而轻视传统、背离传统、抛弃传统。对中华文化留下的人文思想和宝贵遗产不去继承、不去发扬,建设就不是有效的,是没有长远眼光的。所以说,在文化建设的"开发"中一定要注意"保护",保护的关键就是对人文传统的理解,是对新的文化形象重塑的再思考、再理念。

是的,人类文化作为产业被开发利用的同时,我们也要看到,文化也是一种精神、一种思想、一种观念。时代发展到今天,文化建设显然已经超越了曾经的狭义人类文化界限,进入了人类文化的大视野、大环境、大文化。所谓大视野、大环境、大文化,即将一切具有审美元素的文化形态囊括其中的文化。诸如旅游文化、饮食文化、茶文化、酒文化、民俗文化、民间文化等都可以被建设文化环境的行动所接纳。但是不管今天的文化在当今世界有着怎样的新变化,有着怎样的新价值取向,有着怎样的实际经济追求,文化领域里最核心的审美精神依然应该是以具有真、善、美融为一体的

"天人合——以人为本—以和为贵"三位一体文化为主导的。因为它对科学、技术、伦理、道德、经济制度、生活器物的制作、生产方式的发展,以及整个人类文化素质的提高、理想人格的建构、和谐社会的进步都具有极大的促进作用。譬如曾经的文艺审美形式已经不能满足今天审美主体的审美经验,大都突破了审美禁区、跨越了传统的藩篱、超越了狭义审美文化的轮廓,使艺术走向平民化,走向生活化,但是这并不意味着文化这一概念也成为商品的代名词。而反过来,商品也已经由一个纯经济的概念,转换成了一个文化概念,含有文化的内容,文化也就成为商品,并以生活化的形式来实证自身的存在意义,这也是不容忽视的文化现实。因此,这一现象实际上已经向惯常的文化传统观念和审美经验提出了严峻的挑战。因此,我们更应该警惕,无论西方文化有着怎样的现实优势,但就其本质而言,"当今资本主义世界比地狱更坏,是一个普遍的社会压制时代,社会强制地消除了人们的个体性与差别性,人从劳动到需要、享受乃至思维,都被现代工业文明整体划一化,人被降低为单纯的原子,使人日趋非人化"[①]。——这样的结论是不能忽视的。

所以说,就人类文化建设的人文背景和未来文化的结论而言,文化建设的总体特征依然应该走向人性、人本、人生,走向生命的崇高,走向"人与自然—人与社会—人与人"三位一体的和谐。而这一认识只有从中华传统文化的情感关联和国学文化的继承发展中才能获得,它是解决人类文化中存在的实际问题的认知前提。虽然我们或许要通过商品经济中流通的方式"学他人",才能在文化建设中"见自我",但是对异域文化的建设思路和建设手段能不能有效地用来建设自身文化的问题,并不是一个简单的是与否的问题,而是需要用科学的理论设计和有效的实践过程来验证的,甚至是要以建设过程中的事实来回答的。也就是说,一定要将中华文化的"文化精神"继承与发扬,才能形成人类文化建设的民族传统和民族特色。

一个民族的"文化精神",其实就是一个地方人文环境的民族"传统"。

[①] 朱立元主编:《当代西方文艺理论》,上海:华东师范大学出版社,1997年第1版,第210页。

从世界范围内各种思想文化的相互激荡、相互竞争的整个文化形势来看，文化作为"传统"，是维系一个国家和一个民族的精神纽带，它实际上代表了这个国家、这个民族的经济发展水平和人的生命价值及生存环境的优长劣短的价值判断。所以说，一个国家、一个民族、一个地域，一旦丧失了它之所以存在的自然景观、人文传统、文化精神的地域特点和文化传统，就必然会导致其经济的衰落、文化的衰亡。文化精神是保持一个地域自然景观、人文传统的生机与活力的能源与精髓。因此，建设文化环境最重要的是要在弘扬民族文化优良传统的基础上，发掘文化的地域特点和文化特色的潜力，进而才能与时俱进，有所作为。从时代提供的文化建设的机遇来看，世界范围内全球化、多极化的认知条件显然为我们提供了汲取人类优秀文化的更大空间，同时也为检验我们的文化建设的每一个"行动"，提供了国内的、国外的、思想的、经济的、技术的多层面的参照条件。我们曾经说，只有是民族的才是世界的。因此，我们在理解人类文化建设的精神时，既要认识到文化是一种思想、一种观念、一种精神的"非物质"性质，还应该理解文化作为一种物质、一种产业、一种生产的经济形态判断的深远意义。我们曾经忽视"文化"的商品经济功能。在西方发达国家，文化一直都是作为产业而存在的。只有文化成为一种产业被生产者"生产"时，文化的物质形态价值等价值才会充分显现出来。通过文化的建设牵动经济的发展，进而形成一种"文化精神"，这是对文化作为"产业"的深度思考，也是建设人类文化环境的意志和感情凝聚起来的高度思考和广度思考。当然如果对以上建设人类文化"自然景观的发现与利用""人文传统的开发与保护""文化精神的继承与发扬"三个要点进行理论概括的话，就会发现以下的"三位一体"建设关系，才是最终建设人类文化环境的先决条件和必由思路：

     天—地—人
   自然界—社会网—人生态
   自然环境—社会环境—人文环境
   天人合一—以人为本—以和为贵

文化客体—文化主体—文化载体
全球文化参与—异域文化参考—本土文化参照
世界文化共性—国家文化个性—民族文化特性
历史文化结论—现实文化结论—未来文化结论
自然景观特征—地理比较—自然文化鉴别
人文传统特性—地域比较—传统文化鉴别
文化精神特点—地方比较—现代文化鉴别
天文资源—地文资源—人文资源
文化共性—文化个性—文化特性
全球文化—国家文化—地域文化
中华文化—民族文化—个案文化

在经济全球化的背景下，任何地域的文化都不可能再停留在原有的界限中孤立发展，必然要与各种文化碰撞融合，本土文化在与异域文化的抗争、理解、吸收中才能形成自己的发展。我们建设的文化环境，应该是在理解世界文化和中华文化的背景下的民族文化、个案文化，是在继承中华传统文化的基础上形成自身特点的民族文化、个案文化。这一文化环境应该是一个形成自身文化特征和具有鲜明文化个性的新文化综合体，这样才能成为中华文化中的一颗明珠。所以，当我们进行文化建设的具体考察时，异域文化的参照是区别于本土文化的最好资源，它既与传统文化疏离，又与传统文化、当代文化的形成有着紧密的联系。我们的文化始终处在与各种异域文化相互交流、抗争之中。随着历史的发展，我们肯定要对整个中华民族文化建设的结论负责，这样才能将我们对人类文化的理解、补充、删改、重写的过程，最终呈现为一种有效的文化建设"行动"和理想的文化建设结论。

承前所论，文学人类学是文化人类学"面"上的一个"点"，就像一个民族的文化是中华多民族文化的一个"点"一样，一个民族的文艺同样也是中华多民族文艺的一个"点"。在文化人类学研究领域，近年来具代表性的著作有叶舒宪的《中国神话哲学》《老子与神话》《诗经的文化阐释》《庄子的文化解析》等,它们均以原创的"三重证据法"方法论牵引,对中华国学经典中的文化人类学思想进行了深层挖掘和重新审视,获得了一系列有价值的学术研究成果。另外诸如徐新建的《从文化到文艺》[①]《苗疆考察记》[②]《罗吏实录——黔中布依族村寨个案研究》[③]等,彭兆荣的《人类学仪式的理论与实践》[④]《文艺与仪式:文学人类学的一个文化视野》[⑤]《人类学关键词》等,萧兵的《楚辞文化破译》,臧克和的《说文解字的文化说解》等论著,同样取用国学思想擘古析今,形成了文化人类学与文学人类学的强大理论阵营。而叶舒宪先生的"三重证据法"经过长期的学术研究实践,已在学界获得了广泛的认可和赞誉。一路同行的研究者也纷纷开拓论域,建言立说,在文化人类学研究领域取得了令人瞩目的理论成果。下面且以三位一体国学方法论的思维理路来看其"三重证据法"存在的科学性和合理性。

(一)三重证据法的"道"理存在,是文化人类学研究"基本原理"的存在。

"三重证据法",其实是指人类学研究对文化的考据,应该有三个证据源。这是从古代的"典籍考据"的第一重证据,到王国维先生提出的"地下文献考据"的第二重证据引发的。第二重证据"地下文献考据"经闻一多、鲁迅、郭沫若、郑振铎等前辈学者的开拓,特别是半个多世纪以来地下文献和考古实物的大量出土而大成气候,开阔了文化人类学研究的探索视野。20世纪80年代中期,以北京大学乐黛云先生为代表的比较文艺研究的兴起,使叶舒宪先生的"三重证据法"的形成和出现成为一种方法论诞生的必然。

当然,作为一种理论研究的总结和实践操作的结果,也有学者对这一

---

① 徐新建:《从文化到文学》,贵阳:贵州教育出版社,1992年第1版。
② 徐新建:《苗疆考察记》,上海:上海人民出版社,1997年第1版。
③ 徐新建:《罗吏实录——黔中布依族村寨个案研究》,贵阳:贵州人民出版社,1997年第1版。
④ 彭兆荣:《人类学仪式的理论与实践》,北京:民族出版社,2007年第1版。
⑤ 彭兆荣:《文学与仪式:文学人类学的一个文化视野》,北京:北京大学出版社,2004年第1版。

研究方法产生过质疑,质疑其方法论的学术真理性和实践的准确性,认为在具体问题的论述上,"三重证据法"存在较多的问题:其论证虽然视野开阔取材广泛,但在具体论证实践中和方法论的运用上,以西例中、以今例古的痕迹过于明显;在关键问题的论证上,多用西方文论例证类比,中国古籍例证则用得较少;在研究方法上和论点确立上,对本土文化学取向关注较少,等等。从国学方法论的角度来看,其实这些质疑都是对"变易"的具体操作的"术"理过程是否合理的担忧。但"三重证据法"的毋庸置疑,正就是因为"第三重证据"——"人文资料源"作为文化考据的又一证据,才使曾经的"二重"证据——古籍文字文献证据和考古实物文献证据有了落到实处的确据——即对第"三重"的"民族图腾文献",这一最为有力的文化证据的"道"理发现、"学"理认知、"术"理认可的毋庸置疑——因为没有这一证据的发现,前两个证据都是"空"的,即使不空也不足为凭,只有"第三重证据"才是人类繁衍文化存在的"铁证"。

从国学方法论的"道"理发现—"学"理确认—"术"理操作三位一体的角度来看,"三重证据法"所进行的理论和实践上的学术努力,给人类学研究提供的方法是"致广大",让我们用三位一体方法论进入"三重证据法"理论关系秩序:

"道"理关系三位一体推论:

道—学—术

自然界—社会网—人生态

天人合一—以人为本—以和为贵

基本原理—基础理论—操作理论

第一重证据—第二重证据—第三重证据

道理证据—学理证据—术理证据

不易属性—简易属性—变易属性

自然环境—社会环境—人文环境

天文—地文—人文

"学"理关系三位一体推论：

道—学—术

不易—简易—变易

自然环境—社会环境—人文环境

学科定性—理论定位—实践定向

第一重证据—第二重证据—第三重证据

天文资料源—地文资料源—人文资料源

古籍文字文献—考古实物文献—民族图腾文献

世界文化共性—国家文化个性—民族文化特性

全球文化参与—本土文化参照—异域文化参考

历史结论—现实结论—未来结论

文化差异—文化比较—文化鉴别

文艺差异—文艺比较—文艺鉴别

艺术差异—艺术比较—艺术鉴别

社会差异—社会比较—社会鉴别

不易之道—简易之学—变易之术

"术"理关系三位一体推论：

不易—简易—变易

自然界—社会网—人生态

对立统一—肯定否定—质量互变

第一重证据—第二重证据—第三重证据

历史文化结论—现实文化结论—未来文化结论

纸上资料—地下资料—实证资料

阳性本原—阴性本原—万物本原

自然环境—社会环境—人文环境

论点源—论据源—论证源

必然性—偶然性—或然性

应该一目了然,以上所有"三"位格构成的三位一体关系,都是文化人类学研究课题必须关照的"点—线—面",亦可称之为"面—点—线"或"线—面—点",因为它们每一项三位一体关系形成的结论,都是通过层递循环、互为因果的学术研究过程的三位一体运动才能最终得以实现的。

是的,20世纪90年代以来,如何把以考据学为核心的学术研究方法引向足以同国际学术研究相对话的层次,是文化人类学研究领域里回顾学术研究传统时应该反思的问题。叶舒宪先生等人从学术研究发展的历程中获得了启示:正当传统考据学从乾嘉辉煌的顶峰日渐走入晚清的困境时,河南安阳出土的殷墟甲骨,为古史研究提供了新的材料。王国维先生才适时地提出了"二重证据法",即"六经""先秦诸子"、《史记》等"纸上资料"和甲骨文金文这一"地下资料",在学界引起广泛响应,也给延续千年的考据学方法带来了生机,拓宽了曾经的那种固守一隅、自我封闭式的治学思路。而后来郭沫若先生在《甲骨文字研究》一书中尝试用恩格斯的人类学思想考察古史传说和祖妣概念的发生,闻一多先生则用考据学和人类学结合的方法考察高唐神女传说,学者们便不约而同地认为以人类学研究的"第三重证据"是存在于人类文化的现实中的——人类文化存在的"实证材料"才是最为有力的证据。于是"三重证据法"被提高到方法论的高度。叶舒宪先生相继发表了《"世界眼光"与"中国学问"——我的文学人类学研究》《人类学视野与考据学方法更新》和《人类学"三重证据法"与考据学的更新》《"三重证据法"与人类学——读萧兵〈楚辞的文化破译〉》等文,正式提出"三重证据法"这一新的方法论原则,即在"纸上材料"和"地下材料"二重证据的基础上再增加跨文化的人类学材料这个"第三重证据"。其间当然有相当大的难度。因为"援西"能否"证中",外来文化的材料能不能有效地用来阐释中国的材料和问题,并不是一个简单的是与否的问题,也不是纯粹的理论问题,它需要用学术研究实践来验证,以研究事实来回答。是的,"三重证据法"能否成立,要通过一系列研究个案来检验,需要在学术研究理论基础和学术研究方法两方面同时努力,二者缺一不可,才能有所建树。也就是说,在学术研究领域,如果没有科学的基础理论作为支撑,几乎所有的结论都难免是经验的、分散的、不成体系的。就像有的"不科学"的结论,都有一个通病,那就会被引用的西方文论的艰涩所淹没,或者被中国古文论的深沉所吞噬,或者因为不成体系而无"级次"、无"递阶"关系的逻辑框架而终致散乱。但毋庸置疑的是:"援西"也罢,"证中"也罢,正就是因为有了"三重证据"对"二重证据"的理论完备,"三重证据法"才有了以上所呈现的研究风貌。

(二)"三重证据法"的"学"理框架,是文化人类学研究基础理论的存在。

如果说"三重证据法"简单来说是指在"纸上材料"和"地下材料"二重证据的基础上再增加跨"外域文化"这个"第三重证据"构建的,那么这里所谓的"外域文化"证据,其实是应该遍布于整个"西学为用"的研究过程中的。也就是说,"三重证据法"作为一种"东海西海,心理攸同;南学北学,道术未裂"[①]的文化关照,怎样才能挖掘出传统文化的真实内涵与现代意义是问题的关键。至于是通过传世文献、考古资料与异文化参照材料三者进行比较互文,从而突破传统"二重证据"所造成的歧义和多义;还是更应该注重先有"三重证据法"本身的方法论意义的确认,才能使问题更加趋于三位一体性的整体思考,其实都是由"学"理规范所限定的"术"理操作的问题。也就是说"三重证据法"有了它的基础理论,是不用"外域文化"如何进入、能不能进入、怎样进入"三重证据法"的,因为进入是必然的,它本身就是一种不可或缺的证据。

有观点认为,在研究方法上,"三重证据法"对本土文化学的取向关注较少。对于持有这样看法的学者,我们的理解是,在全球化的背景下,一方的文化不再也不可能再停留在原有界限中发展,一方文化与各种文化的碰撞、融合是无法避免的。所谓本土文化学取向也受着该变化的影响,在抗争、理解、吸收中发展,并没有固定的范式来约束我们的研究。"三重证据法"本身就是一种跨文化、跨学科的研究方法,它所要面对的是各种文化背景的共同参与。但我们对文化人类学研究的目的是为了理解我们所拥有

---

① 参阅钱锺书:《谈艺录》,北京:中华书局,1993年第1版。

的文化,至于关注多少、怎样关注,其实都不是问题的焦点。问题的关键是我们是否建立了文化人类学研究的基础理论框架。

我们可以将"三重证据法"在基础理论建设上做这样的三位一体"学"理整合:

道——学——术
道理——学理——术理
纸上资料——地下资料——现实资料
文化共性——文化个性——文化特性
古籍文献——考古文献——异域文献
历史结论——现实结论——未来结论
全球文化——本土文化——异域文化
自然环境——社会环境——人文环境
自然界——社会网——人生态
主观——客观——微观
共性——个性——特性

从"纸上资料——地下资料——现实资料"三位一体的关系来探讨"三重证据法"的理论意义,便会看清"三重证据"的理论意义。我们之所以将"三重证据"做这样的三位一体"学"理序列,是因为"纸上资料"源于古代的原始资料,是古代文化的主观话语呈现。它既是传统文化的发展元素又是传统文化的综合载体,是考察传统文化的重要依据,因而"纸上资料"在文化研究的层面占有"主观"的位置。"地下资料"是原本存在的传统文化的真实资源,它既与过去有着真实的联系,又承接着传统文化与现在有紧密的联系。在全球化的背景下文化始终处在与各种异域文化相互交流、相互抗争的文化环境中。但是它作为一种历史的存在,在文化研究的层面占有"客观"的位置。"现实材料"即"民族图腾文献"的实物存在。这一存在是源于古代文化的基础性资料,随着历史的发展被补充、被删改、被重写,但最终呈现的便是它的文化历史。而中华传统文化正是一个不断演变、融合的复杂的综合体,而现今的文化中依然存在着这些历史文化的元素,它是我们吸收传统文化、理解当代文化的重要资料,在文化研究的层面上应该占有"微观"的位置——所谓"微观",正是"第三种证据"存在的文化理由——没有"微观"的"学"理,就没有文化人类学的"术"理操作。

在这一框架理解的基础上,便可以对由该方法引起的质疑做出这样的"学"理判断。譬如有学者认为,"三重证据法"在具体运用上"以西例中""以今例古"的情况多。但是问题在于,在传统文化研究领域中总是忽视异域文化的参照作用,认为异域文化的参照是可有可无的,这样一来就从理论结构上缺失了客观审视所应有的学术态度,使研究仅仅落在主观一方或主观与微观比较的文化断裂状态之中,造成了许多学术研究不应有的困扰和论争,而对于这些困扰和论争又无法从其他方面给予合理解释和梳理。因此依据"三重证据法"出现的"以西例中"的现象,不但不应是质疑的对象,反而应当是在文学人类学、文化人类学研究中应该得到充分肯定重视的方面。至于说"以今例古",这更是"三重证据法"的特点之一,以往的研究总是注重传世文献的作用,希望从中发现今日理论的渊源所在,却忽略了传世文献的不可靠性。我们在前面说过,传世文献随着历史的发展,这类文献被补充、删改、重写,最终呈现的是中国传统文化不断演变、融合的复杂综合体,而将一种已被重新整合过的资料,假定为固定不变的参照物来进行研究得出的结论,肯定是值得怀疑的。这是由于在研究方法上缺少"三重证据"的观念,"三重证据法"就是要将考古资料与传世文献纳入跨文化的比较中来,从而还原古代文化的真实面目。

通过上述的辨析,我们可以发现,将"三重证据法"纳入到"三位一体"方法论的解释体系中,便可以证明"三重证据法"的优势,对于学界的质疑做出了理论层面上的道—学—术三位一体的理论阐释。

再譬如有学者曾质疑叶舒宪先生的研究有一个预设的前提,即在横的方面,人类的共性超过了其个性;在纵的方面,古今之人的共性超过了其个性。换言之,人类的发展演化存在着某种"放之四海而皆准"的规律,而古人今人之间也存在着一种"人同此心,心同此理"的共鸣。提出人类或古人、今人的"共性"在多大程度上超过了其"个性"等问题,并认为其"小心求证"的观望尚待史学界同人的评估。这种看法的确反映了人们对传统方法论的因袭习惯和对这种研究方法的观望态度。其实应该大胆肯定,人类所有的研究必然都是以人的共性作为研究的"道"理前提的,如果无共性可言,又如何"归纳"人类之众人的"共性"从而去"演绎"人类之个体的文化行为呢?何况倘无"以人为本"的共性理解,何来人类社会"天人合一"的理想和谐;社会倘不和谐,人类的文化个性又有何意义呢?换言之,就像学术研究的目的就是要在"变中找到不变,在相对中找到绝对"的"道"理一样,在文化人类学研究中找到"个性"是容易的,找到"个性中的共性"则是艰难的。"人同此心,心同此理"的"道德"共性,通过"学"理求证"道"之理之所以能够存在的理由,才是文化人类学研究的真正意义所在。至于"小心求证"的观望,也是出于对这种新兴研究学科材料价值的怀疑,在当今对非物质文化遗产的深度挖掘诚然是一种审慎的学术态度,更能表明"小心求证"的怀疑是学术研究的必须。否则,稍不留意误入歧途而得出错误的结论,就会留下遗憾。

或许恰恰是"三重证据法"和跨文化比较方法使叶舒宪先生等人的研究接近了上古文化的真相,才使文化人类学的研究更具有中华文化特色。前人对《老子》《庄子》《诗经》等国学经典的研究虽汗牛充栋,但大多为注疏、考证和校释。而且那些注疏、考证和校释往往从书本材料出发,又囿于社会历史批评的影响,对其思想内容大都充满了道德伦理的评说,很少关心人类出于生存、繁衍、发展这最核心的三个因素影响下的文化记载和文明建构。以《老子》研究为例,人们多认为其返回"小国寡民"社会的理想是消极的,是当时社会矛盾尖锐化的表现。叶舒宪先生在《老子与神话》等论著中却另辟蹊径,从老子的类比推理联系到初民的神话思维,从老子的比喻论证联系到寓言、神话的隐喻含义,并在此理论之上展开对老子核心概念"道"的破译,将"道"与古希腊的"逻各斯"和古印度的"梵"进行比较,认为"周行而不殆"的"道"其原型是太阳(太阳即道中之"阳",与道中之"阴"相对)。他还指出老子回归初始的主题,并非老子的独特发明或个人主张,"而是对史前信仰中的回归神话的自觉继承与发扬",其循环回归的目标是"混沌"(即阴阳和合之世界),这种"混沌之恋"是与许多民族对"初始之完美"的信仰相一致。显然,叶舒宪先生以"前无古人"的丰富材料做支撑的这种研究结论给我们以更多的启发。譬如神话传说作为人类各民族历史文化发展过程中特定时段的话语喻体,它对每一民族发展过程中各个时段的政治、经济、文化、宗教,乃至整个民族的精神表现形式的影响是不言而喻的。每一个民族都能从神话传说的母胎中找到自己的族源史和迁徙史——走过的历史轨迹。神话传说话语原型的延续和流传,无疑能使它的族众和读者体验到该民族精神家园所指的深刻性和民族历史发展的连续性。就神话和传说分别而言,神话作为"原始时代的历史"[①],它确证着每一民族都能从自己的族源史和迁徙史中找到神话所隐喻的宗教情怀和种族精神;而传说作为"有文字或无文字记载的历史投影"[②],则涵盖着这个民族心灵所指的精神家园的大概风貌。

当然,也许文化人类学的研究可以不局限于"三"重证据,还可以有"四重"证据、"五"重证据、"多"重证据,但无论有多少证据的出现,都只能是"学"理论据的发现;从"道"理在、"学"理在、"术"理在三位一体方法论的角度讲,文化人类学各领域的研究都应该是"道理—学理—术理"三位一体的"三重证据法"。叶舒宪先生等人的研究已充分展示了"三重证据"的优势和魅力。而难度是,在中西众多的文献资料的"百家争鸣"中,如何找出庄子所谓人类的"有生命的无秩序"[③],或者说找出"无秩序中的秩序"[④],这

---

① 叶舒宪:《文学与人类学》,北京:社会科学文献出版社,2003年第1版,第216页。
② 马克勋:《保安族文学》,兰州:甘肃人民出版社,1994年第1版,第17页。
③ 对人生而言,庄子所要追求的是"有生命的无秩序"的人本自由。
④ 在庄子看来,人世生活是"无生命的秩序",他所要追求的却是"有生命的无秩序"。当天、地与人同在一条起跑线上准备起跑时,这种秩序是合理存在的。当天、地、人三位一体的关系打乱时,这种秩序是可怕的。因此,建立一种新秩序,使人的生命变得有价值,就应该"以人为本""天人合一"。

恐怕是最有挑战性、最能窥见文化人类学真相的学术课题。

（三）三重证据法的"术"理变通，是文化人类学研究"操作理论"的存在。

且看以下的三位一体关系：
道
阳—阴
天—地—人
道—学—术
不易—简易—变易
哲学源—史学源—文艺源
自然环境—社会环境—人文环境
文化差异—文化比较—文化鉴别
文化共性—文化个性—文化特性
纸上资料—地下资料—现实资料
古籍文献—考古文献—异域文献
历史结论—现实结论—未来结论
论点证据—论据证据—论证证据
主观视野—客观视野—微观视野
提出问题—分析问题—解决问题
天人合一—以人为本—以和为贵

不难看出，文化人类学的研究不仅有着跨文化的视野，而且始终是在跨学科甚至超学科的学术研究立场上，来提出问题、分析问题和解决问题的，在《中国神话哲学》一书的"导言"中，叶舒宪先生首次明确提出了借助人类学视野和演绎功能改造传统考据学方法的问题。为此，他有意识地打破了神话学与哲学、语言学与思维科学以及"中学"与"西学"之间的界限，通过比较文化的研究打通本来就不分家的文、史、哲三大领域。具体的方法就是使传统的微观考证服务于宏观的理论建构,反过来,又用思维科学的神话思维规律的普遍模式洞见文字的微观研究,使一些令传统考据学聚讼纷纭的古文字难题得到了合理的解说,这无异为传统的"中学"展示了一个光明的前景。同闻一多先生等前辈学者的整体研究相比,叶舒宪先生等人所做的跨文化与跨学科的研究,则更多地具有了现代人类学意识和文化人类学理论整合的特点。总之,"三重证据法",使当前文化人类学研究打出了一片学术新天地。它恰到好处地印证了中华"道—学—术"三位一体国学方法论的毋庸置疑,它对我国文化人类学研究融入世界文化人类学研究的整体学术圈,奠定了令人信服的方法论基础。

结论

"(道)提出问题—(学)分析问题—(术)解决问题"构建的三位一体国学方法论

通过以上诸学科研究领域中国学方法论的学术实践,我们应该看到:中华民族"天人合———以人为本—以和为贵"的三位一体文化理念,是中华民族文化人文精神的"原初"境界;而"道—学—术"三位一体,则是中华民族的先圣前贤们在中华文明的历史进程中凝聚而成的国学文化的智慧结晶。

国学方法论作为对中华传统文化这个有机整体中的方法论的肯定,它给我们"原初"和"最终"的学术启示是——

"思无定契,理有恒存"[①]:如果要"提出问题",没有"不易"的"道"理"规律"的统驭是不行的。

"文成规矩,思合符契"[②]:如果要"分析问题",没有"简易"的"学"理"规范"的制约是不行的。

"时运交移,质文代变"[③]:如果要"解决问题",没有"变易"的"术"理"规

---

① 刘勰:《文心雕龙·总术》。
② 刘勰:《文心雕龙·徵圣》。
③ 刘勰:《文心雕龙·时序》。

则"的牵引是不行的。

总之,"无以规矩,不成方圆"①;要想在学术研究领域里"登其堂奥,得其精义",没有中华道、学、术三位一体国学方法论的文化世界观是不行的。

国学方法论对"基本原理(○)—基础理论(□)—操作理论(△)"三位格所构成的三位一体学术关系的肯定,就是要我们在学术研究最终"解决问题"时,有"术中有道,道中有学;学中有道,道中有术——术是道之术,道是术之道;术是学之术,术是术之学"的"提出问题—分析问题—解决问题"的"三位一体"的学术理由。因为没有这一"三位一体"的学术理由,就"难入其堂奥,难得其精义"②,也就没有最终科学有效地解决学术问题的可能。

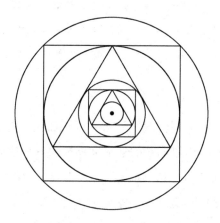

"道",是国学方法论"基本原理体系"的简称。"道理在天",是设置国学方法论总体逻辑框架和理论格局的学术哲学的理由。

"学",是国学方法论"基础理论体系"的简称。"学理在地",是国学方法论之所以成为"以人为本"的学术"中介"的理由。

"术",是国学方法论"操作理论体系"的简称。"术理在人",是"人"在社会实践中能够进行科学有效地操作的理由。

---

① 《孟子·离娄上》。
② 楼宇烈:《十三堂国学课》,北京:北京大学出版社,2008年第1版,第71页。

三个"理由"层递循环、互为因果的运动,构成了国学方法论"基本原理—基础理论—操作理论"三位一体的方法论的理论体系:

  天—地—人
  道—学—术
  天人合一—以人为本—以和为贵
  基本原理—基础理论—操作理论

道、学、术三位一体,将学术研究应该遵循的"基本原理"(○)的科学真理性、"基础理论"(□)的学科概括性、"操作理论"(△)的术科运动性,在"道"理、"学"理、"术"理三层面上呈现出的学术义理,最终归结到一个"点"(·)上,构筑了学术研究过程中"三位格一体化"地"提出问题—分析问题—解决问题"的学术逻辑思维理路的基本框架。

"道—学—术"三位一体层递循环、互为因果的关系,是学术研究"提出问题—分析问题—解决问题"的学术世界观和方法论的基本认知,也是哲学方法论"对立统一之'道'理—否定之否定之'学'理—质量互变之'术'理"三位一体的马克思主义哲学原理在学术研究中的具体实践。

如果说曾经的学术研究同样也是有"道"理、"学"理、"术"理三位格的,但我们并未发现道、学、术三者之间的潜在"关系",或者说只知道它的潜在,并且"发现"这一潜在关系是层递循环、互为因果的。因此,我们或者持其"一格",便行偏激之言;或者持其"二格",谈机械唯物的辩证法;或者也知其"三格"、论其三"格",但却少有发现"三位格一体化"关系之见解。其实,道、学、术三位格之间层递循环、互为因果的三位一体关系,才是建立学术研究理论框架体系的一把钥匙。中华文化的先圣前贤们对这一科学有效的学术实践方法论,早已深谙"五内"、心照不宣,且看这一不能分割体认的"三位格"一体化的学术研究方法论,在中华国学文化中鲜亮如初、恒久存在的逻辑推论的基本框架：

道

阳—阴

○—□—△

道—学—术

真—善—美

天—地—人

天才—地才—人才

天文—地文—人文

自然—家国—人生

心生—言立—文明

物化—我化—文化

崇真—扬善—赞美

真知—善情—美意

自然界—社会网—人生态

世界观—学术观—方法论

天人合一—以人为本—以和为贵

自然环境—社会环境—人文环境

物质世界—精神世界—人本世界

基本原理—基础理论—操作理论

学术原理—学术理论—学术结论

对立统一—肯定否定—质量互变

提出问题—分析问题—解决问题

不易之道—简易之学—变易之术

一般方法—特殊方法—个别方法

物我交融—博而能一—法而无法

科学真理性—学科概括性—术科运动性
道统于"知"—学统于"情"—术统于"意"
学术纯粹关系—学术纯洁关系—学术纯正关系
学术客体世界—学术主体世界—学术载体世界

概而言之,就"提出问题—分析问题—解决问题"的三位一体性而言,其下面有着可以无限延伸的不同级次的"三位一体"认知,都一一指向学术研究过程中的具体问题。仅从国学方法论"世界观—学术观—方法论"三位一体的角度看,我们之所以将一般方法称为学术的基本原理,说它是"不易"的,而作为基础理论存在的"特殊方法"是"简易"的,就是因为没有这一"简约""简要""简明"的学科研究理论框架作为学术研究的"中介",就不可能进入所谓"个别方法"的"推理""判断""归纳""演绎""分析""综合"这些个别问题的研究范畴。因为这些形式不仅是科学研究中阐释个别现象时运用的思维形式,也是一般方法和普通方法的逻辑思维形式。否则,一切所谓的方法都是"不合逻辑"的。国学方法论的可操作性之所以能够得以存在,就必须要首先遵循中华文化中诸如"阴阳""虚实""情理""正反""动静"等阴阳之道的一般方法的哲学指导。有了这一"不易"的"道"之理的哲学指导,才能在个别方法的操作实践中进行科学有效的"性"定、"理"定、"象"定、"数"定。有了这些"一定"的"学"理规范来指导学术实践,一门学科的"术"理意义和研究价值也便随之而存在。因为任何一门"学"科的存在都不是"空洞"的理论存在,它必须通过"学"理"中介"的运动走向它的逻辑终点——"术"理领域,才能实现"道"理所指向的学术研究价值。

其实,对学术研究领域里所有学术问题的质疑和询问,都是从"术"理角度发端的,因为"术"理是最终要解决问题的"道"理和"学"理所指的具体操作实践的理由。就像在中华国学文化中驰骋的古人,他们既然已经找到了"阴阳之道"的牵引,才可在几千年的文化家园里用"道"理之法则将整个学术园地里存在的种种问题进行"一阴一阳之谓道"的"性"定、"象"定、"数"定、"类"定、"理"定……时至今日,要想使我们建立的学术研究体系形成一定的研究"秩序","致广大"于无边、"尽精微"至末节,那就应该认识到:在学术研究领域,具体的"术"理"问题"是无限多的、千变万化的,但"道"理是唯一的"哲学"理由,"学"理是必须的"科学"理解。国学方法论"道—学—术"三位一体作为一种学术世界观和方法论,有着极为庞大的文化视域和研究范畴。就以上逻辑推论的基本框架而言,它们每一项三位一体关系的存在,都是因着"道—学—术"三位一体属性的"不易"性原则的牵引,其研究宗旨都是直接指向学术原理的发现和归纳;同时,也都会因着三位一体属性"学"理的"简易"性原则牵引,其研究过程直接受制于"道",旨在归纳整合出基础理论的框架体系;再则,也应该因着三位一体属性的"术"的"变易"性原则牵引,其操作理论直接受制于"学",归宗于"道",旨在使"术"的演绎成为一切学术活动中的不易之"法"、简易之"法"和变易之"法",这样便形成了整个学术研究秩序之间的"关系"。而这种三位一体的"关系",无疑是对学术研究过程中的"秩序"形成的学术研究框架的"整体特性"[①]的认定。也就是说,学术研究中的全部学术问题都是要通过"提出问题—分析问题—解决问题"这个三位一体的认知过程,才能最终得到解决。

"文变染乎世情,兴废系乎时序,原始以要终,虽百世可知也。"[②]不是我们人心不古,而是中华国学精神永垂不朽。面对中华国学"道—学—术"三位一体学术研究方法论,最终应该得出这样的"道"理结论,从而"一统""提出问题—分析问题—解决问题"的全部学术理由:

"道"理的核心,是道之为"道"的国学方法论"阴阳相生"的世界观所在;

道"理"的精髓,是道之为"道"的国学方法论"虚实相济"的学术观所在;

道"理"的灵魂,是道之为"道"的国学方法论"虚"在的精神价值所在;

---

① 见前引文。楼宇烈先生语:"文化整体中的一家、一科、一学,且每一家、每一科、每一学又都体现着这一文化整体的整体特性。"

② 刘勰:《文心雕龙·时序》。

道"理"的统帅,是道之为"道"的国学方法论"实"在的物质价值所在;

道"理"的能源,是道之为"道"的国学方法论"质量互变"的方法论所在;

道"理"的体性,是道之为"道"的"不易"的国学方法论的"规律"所在;

道"理"的本质,是道之为"道"的"简易"的国学方法论的"规范"所在;

道"理"的特点,是道之为"道"的"变易"的国学方法论的"规则"所在。

在"乘一总万,举要治繁,振本而末从,知一而万毕"[①]的中华民族文化的学术研究领域,中华民族的先圣前贤们"观天文以极变,察人文以成化;然后经纬区宇,弥纶彝宪,发挥事业,彪炳辞义"[②],终致形成了"摛文必在纬军国,负重必在任栋梁;穷则独善以垂文,达则奉时以骋绩"[③]的学术世界观和人生价值观——无论中华文化有着多么宏大的研究论域和多么广阔的认知视野,就国学方法论"道—学—术"三位一体的学术要义而言:中华国学"天人合———以人为本—以和为贵"的文化理念,依然是我们建设和谐社会、复兴中华民族优秀传统文化,应该坚守的学术"道义"。

---

① 刘勰:《文心雕龙·总术》。
② 刘勰:《文心雕龙·原道》。
③ 刘勰:《文心雕龙·程器》。

附录

国学方法论义理图示提要

从中华传统的"图、书"文化①角度讲,可以"以图攻图,按图索骥"。因为"图、书"所显示的学术义理是"不易"的。根据以下具有逻辑义理认知"递阶"关系的系列图示,我们可以看出中华国学"道—学—术"三位一体方法论生成的学术理由。

"道"理统驭的三位一体提示(道○·学□·术△):道中有学,学中有道;道中有术,术中有道——道是学之道,学是道之学;道是术之道,术是道之术。

"学"理规范的三位一体提示(道○·学□·术△):学中有道,道中有术;术中有道,道中有学——学是道之学,道是学之道;学是术之学,学是学之术。

"术"理牵引的三位一体提示(道○·学□·术△):术中有道,道中有学;学中有道,道中有术——术是道之术,道是术之道;术是学之术,术是术之学。

---

① "图、书"文化,即以《易经》"河出图,洛出书"为文化背景而延传至今的国学术数文化。

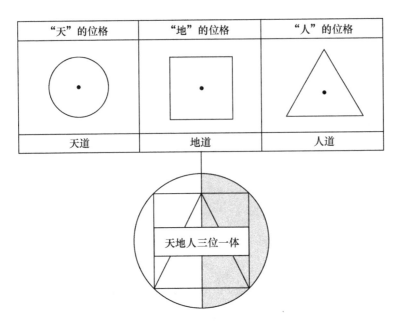

图解一 "天—地—人"三位一体义理图示

图解:"五经"之首之《易经》言:"《易》之为书也,广大悉备,有天道焉,有人道焉,有地道焉。"①在国学方法论的认知视野中,没有对人类文化客体世界中真、善、美三位一体的学术发现,便没有主体世界知、情、意三位一体的"人本"肯定——没有对主体世界知、情、意三位一体的"人本"肯定,便没有国学方法论载体世界天、地、人三位一体的文化世界——天、地、人三位一体,是国学方法论认知人类文化"客体世界—主体世界—载体世界"的"学术规律—学术规范—学术规则"的三位一体性的学术文化世界观,蕴含着中华民族"天人合一"文化理念的全部奥秘和所有诀窍。

---

① 《易经·系辞上》。

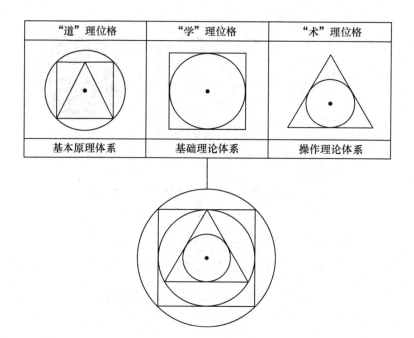

图解二 "道—学—术"三位一体义理图示

图解:《老子》曰:"道生一,一生二,二生三,三生万物。万物负阴而抱阳,冲气以为和。"①"道—学—术",是国学方法论认知学术研究逻辑"级次"的三个"递阶"。三位格层递循环、互为因果的关系,是建立学术研究整体逻辑框架和理论格局的原始依据。尽管道有"道"理,学有"学"理,术有"术"理,但"三位格"之理是合为"一体"的——道、学、术三位一体的思维理路,是中华国学文化研究领域中的"秉文之金科,含章之玉牒"②。

---

① 《道德经》。
② 刘勰:《文心雕龙·原道》。

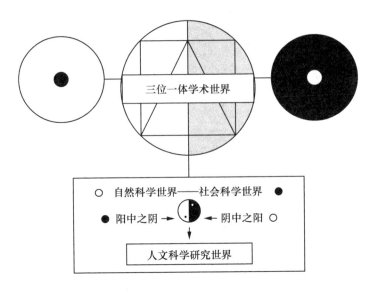

图解三　国学方法论三位一体学术世界图示

图解:"一阴一阳之谓道,继之者善也,成之者性也。成性存存,道义之门。"①在中华文化"天人合一"世界观的认知视野中,人类科学研究世界应分为自然科学研究、社会科学研究、人文科学研究三个世界。自然科学研究,是以研究"自然界"中的物质形态为核心的科学;社会科学研究,是以研究"社会网"中的精神现象为核心的科学;人文科学研究,是以研究"人生态"中的文化艺术为核心的科学。"三个世界"三位一体,构成了人类科学研究世界"心生而言立,言立而文明,自然之道"②的全部认知领域。

---

① 《易经·系辞上》。
② 刘勰:《文心雕龙·原道》。

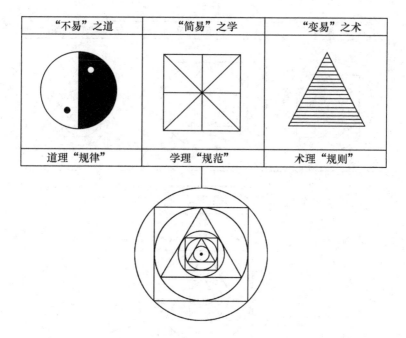

图解四　国学方法论三位一体属性关系图示

图解:"乾以易知,坤以简能"①;"振本而末从,知一而万毕"②。"道—学—术"的"道"理,是学术研究的"基本原理"所在;"学"理,是"基础理论"所在;"术"理,是"操作理论"所在。三位一体层递循环、互为因果——道中有学,学中有道;道中有术,术中有道——道是学之道,学是道之学;术是道之术,道是术之道的思维理路。这是国学方法论从"不易的道理规律",走向"简易的学理规范",再而走向"变易的术理规则",最终走向学术研究目标的必由之路。

---

① 《易经·系辞上》。
② 刘勰:《文心雕龙·章句》。

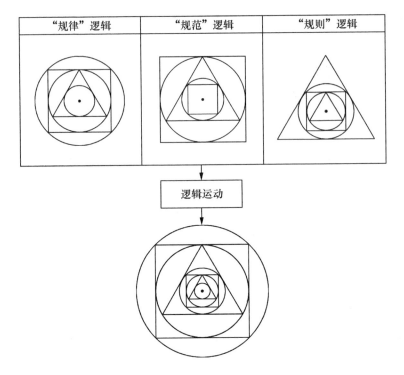

图解五　国学方法论三位一体逻辑关系图示

图解:"易者易知,简者易存……易简,则天下之理得矣。"①"道—学—术"三位一体的运动即:将"基本原理"(○)的科学真理性,"基础理论"(□)的学科概括性,"操作理论"(△)的术科运动性"三位格"所呈现的层递循环、互为因果的关系,最终归结到一个"点"(•)上的思维理路的肯定,显示了学术研究设置的总体逻辑框架和理论格局必须是"三位格一体化"的。否则,就不能"百家腾跃,终入环内"②;"致广大"于无边,"尽精微"至末节。③

---

① 《易经·系辞上》。
② 刘勰《文心雕龙·宗经》。
③ "致广大""尽精微"为《中庸·修身》语。

后语

应该记忆的图腾

记得小时候,我母亲的娘家有两个院子:上院和下院。上院里有一棵石榴树,下院里有一棵枣树;上院里住着老太爷(外曾祖)一家,下院里住着外爷一家。至今我还依稀记得老太爷在上院的石榴树下躺在椅圈里读线装书的样子;外爷在下院的枣树底下时常学着老太爷的样子读线装书,并且还教过我小学的课程。只是,我从来就没有见过我的爷爷和奶奶。据父亲生前说,爷爷是个读书人,在老家丹堡的那块文化之乡很有声望,只是去世得太早,只给父亲留下了一些他读书时的记忆。

"辞源倒倾三峡水,男儿须读五车书。"先人已逝,古训依旧,古风犹存。中华民族世世代代的读书人,其实都是我们的文化前辈。面对源远流长的中华文化,作为后辈的我们,是应该向他们致以真诚的崇拜之情和敬仰之意的。我在写这本书的过程中,时常会想起前辈先人们的音容笑貌,于是写成了这样几句散文诗,以表达我对他们的追忆与思念:

　　　　开门开门

　　　　　我

　　　　　真的

　　　　叩响了家门

　　　　小桥流水人家

　　　院子里有一棵枣树

　　　树上的果子告诉我说

　　　父亲、母亲，岳父、岳母

　　祖父、祖母，外祖父、外祖母

　　　在一个大雪飘飞的夜晚

　　　　他们悄然远走他乡

　　　　春风夏雨秋霜

　　　　　于是我

　　　　　惊讶

　　　　　　谁

　　　　　跃墙而入

　　　　带走了那棵枣树

　　"兴废系乎时序，文变染乎世情。"[①]这并不是我对那棵枣树的询问，而是对一个人、一个家族、一个民族、一个国家的"传统"失落的挽叹。中华民族自古以来，其实都是在一棵树底下生活着的，我们每一个人都应该给以施肥、灌溉、呵护，让它茁壮成长，荫庇后人。倘若那棵树被折断了、毁坏了，或是连根拔起了，我们也就没有了自己生命向往的源泉根基。说到底，中华传统文化之所以会断裂、破坏，甚至在一个时期被"否定"，还是与传统文化在其发展过程中未能被中华国人"承先启后""继往开来"，以顺应文化

---

① 刘勰：《文心雕龙·时序》。

发展变化的时代要求有一定的关系。对中华文化的"传统",我们应该继承什么、否定什么,其实是一个人、一个家族、一个民族、一个国家对自身命运的文化抉择。中华民族有五千多年的文明史,中华文化中的优良传统既然有着历久弥新的精神力量,经过我们的整理、扬弃、发展、继承,就一定能为一个有深厚文化根基又有和谐文化环境的社会服务,造福于今天的人类。所以我想,中华文化的优良传统是中华民族复兴的制胜法宝;无论外面的霓虹有多美,我们的文化建设,其实都应该是中华传统文化精神在当今的辉煌。如果我们轻视、蔑视、遗弃、丢失了那些光耀千秋的精神财富,让它没有在后辈的生命历程中得到延传承继和发扬光大,"为往圣继绝学,为万世开太平"①,我们就不能算是中华民族的子孙后代。

"慎终追远"②,我们应该学会"记忆"。如果中华国学的"三位一体图腾"真的可以算是对中华民族文化义理精要的概括的话,那我们真是不应该忘记,正就是这圆圆的"天"(〇道)—方方的"地"(口学)—顶天立地的"人"(△术)不弃不离、生死相随于中华民族的沧桑岁月,自然牵手为最为动人的古今奇缘,才使中华民族有了人间万象中最为和合的黄钟大吕、最为和谐的风月雅声。

一日为师,终生铭内,我是不应该忘记从小学到大学教导过我的老师的。《国学方法论》应该是给我从小到大的一个个教导过我的老师交的一份作业——因为有了他们的奠基,才有了我们的成长,才有了中华国学文化的青山不老、绿水长流。这本书也是我给我工作了多年的西北民族大学的一份薄礼。

感谢尊敬的全国高校名师、西北师范大学文学院教授赵逵夫先生曾为拙著《中国文章分类学研究》撰序,又为这部拙著撰序,指导学业,点化学术;感谢我校前辈学者刘文性先生曾为拙著三次撰序,扶掖鞭策之情深铭

---

① 此语为北宋理学家张载言:"为天地立心,为生民立命,为往圣继绝学,为万世开太平。"这句名言历代流传不衰。

② 《论语·学而》。

于心;感谢武汉大学文学院教授於可训先生、浙江大学文学院教授徐亮先生对我前著中的"三位一体"学术思想所做过的批阅评判;感谢我的学术朋友朱洪兴先生为本书出版所给予的真诚帮助……所谢甚多,然"言不尽意,圣人所难;识在瓶管,何能矩矱"①,就此打住。

---

① 刘勰《文心雕龙·序志》语。意为:我知道,《序志》的文辞是不能够完全表达我的心意的,即便是圣人也会感到为难;再加上自己的才识浅陋,犹如用瓶汲水,以管窥天,我怎能把拙著当作法度呢?